Marie-Claude L'Homme

# Initiation à la traductique

**Marie-Claude L'Homme**

# Initiation à la traductique

**Préface de Claude Bédard**

2e édition revue et augmentée

linguatech
éditeur inc.

**Catalogage avant publication de Bibliothèque et Archives nationales du Québec et Bibliothèque et Archives Canada**

L'Homme, Marie-Claude, 1963-

Initiation à la traductique

2e éd. rev. et augm.
Comprend des réf. bibliogr. et un index.

ISBN : 978-2-920342-52-1

1. Traduction automatique. 2. Traduction – Informatique. 3. Machines à traduire. 4. Linguistique informatique. I. Titre.

P308.L462 2008 418'.020285 C2007-941341-2

Révision et correction d'épreuves : Lucie Dubuc
Mise en page : Michel Séguin
Maquette de couverture : Michel Séguin
Illustration de la couverture : *La partie de billard*, par Alfred Amyot



Dépôt légal : 1er trimestre 2008
Bibliothèque nationale du Québec
Bibliothèque nationale du Canada

Imprimé sur du papier Silva Enviro lisse, recyclé à 100 % et approuvé FSC.

Linguatech éditeur
Case postale 26026, succursale Salaberry
Montréal (Québec) H3M 1L0
http://home.ican.net/~lingua
linguatecheditEur@bellnet.ca
Téléphone : 514 336-5207
Télécopieur : 514 336-4736

# Préface

*De nos jours, davantage même que dans les chiffres, l'information réside dans les mots. Le traducteur, maillon de cette chaîne de production de contenus textuels, est lui-même grand consommateur de mots dans l'exécution de son travail. Et l'informatique, de plus en plus omniprésente, lui fournit maintenant des outils, mais réclame de lui, en retour, qu'il sache les utiliser.*

*Mais pour utiliser, il faut connaître, et surtout comprendre. C'est ce double besoin que vient enfin combler l'ouvrage de Marie-Claude L'Homme. La traductique, ou traduction assistée par ordinateur (TAO), si souvent évoquée sur toutes les tribunes, mais si rarement expliquée, prend enfin un sens au fil de cet ouvrage, unique en son genre en français – et peut-être même aussi en anglais.*

*Une telle entreprise est courageuse, car les outils de TAO se sont grandement diversifiés et leur classification relève du défi, d'autant que leur vocabulaire notionnel reste confus et incomplet. C'est là justement un des grands mérites de cet ouvrage : proposer un cadre notionnel et terminologique pour l'enseignement et l'analyse d'un domaine encore mal cartographié.*

*L'auteur consacre presque le tiers de l'ouvrage à mettre en lumière les difficultés inhérentes au langage humain, difficultés invisibles au sens commun, mais qu'il est pourtant essentiel de constater, car ce sont elles qui sous-tendent les nombreuses limites des outils de TAO. Dans le même mouvement, le lecteur est initié à l'univers de la linguistique formelle ; ces connaissances seront très utiles pour quiconque est amené à faire des lectures plus poussées.*

*Par ailleurs, dans la présentation des différents outils, l'auteur met l'accent sur les principes de fonctionnement, mais sans jamais s'éloigner du concret.*

*Le traducteur est-il voué à devenir un « ingénieur textuel » ? Pas forcément. Mais pour ceux que la chose attire, cet ouvrage constitue un tremplin indispensable à l'acquisition de connaissances pointues. Pour les autres, il offre l'occasion d'acquérir une compréhension minimale des outils informatiques, désormais incontournables sous une forme ou sous une autre.*

*Souhaitons que cet ouvrage continue d'évoluer avec la technologie et l'étude de la TAO, et qu'il serve à la fois de point d'appui à des analyses approfondies et de ressource privilégiée pour la formation des nouvelles générations de traducteurs.*

Claude Bédard

# Remerciements

Cet ouvrage n'aurait pas la forme qu'il a présentement sans le concours de collègues et amis qui ont accepté de le relire et de le commenter. Je tiens à remercier, en tout premier lieu, Claude Bédard, qui a vu les versions successives de cet ouvrage (y compris les premières !) et qui a fait de nombreuses suggestions pour l'améliorer. J'adresse également mes remerciements à Louise Brunette, Benoît Robichaud, Juan Carlos Sager, Renata Valente et Denis L'Homme, qui ont parcouru le manuscrit et dont les commentaires ont permis de clarifier ou de préciser des concepts que je tenais pour acquis. Merci aussi à Lucie Dubuc pour sa révision méticuleuse du manuscrit de la deuxième édition. J'ai toutefois pris la liberté de ne pas tenir compte de quelques conseils sans doute précieux et je suis, par conséquent, entièrement responsable des erreurs qui pourraient subsister.

Par ailleurs, les étudiants du cours *Outils informatiques des langagiers* de l'Université de Montréal ont contribué, sans le savoir, à préciser et à modifier le contenu des chapitres. Leurs réactions à certaines parties de la matière m'ont amenée à refondre de nombreuses sections de l'ouvrage. De même, tous ceux qui m'ont aidée à donner ce cours m'ont transmis des commentaires extrêmement utiles (Sahara Iveth Carreño Cruz, Patrick Drouin, Daniel Labonia et Elizabeth Marshman).

Enfin, j'aimerais remercier les linguistes qui m'ont fait découvrir un univers logique et systématisé dans lequel je navigue aisément, ainsi que les traducteurs qui m'ont fait comprendre l'utilité, mais aussi les limites, des modèles linguistiques lorsqu'ils sont utilisés pour décrire la traduction.

*À Julien*

# Liste des abréviations et des symboles

| | |
|---|---|
| **ADJ** | adjacent : opérateur booléen précisant la contiguïté de deux conditions |
| **adj.** | adjectif |
| **adv.** | adverbe |
| **ALPAC** | Automatic Language Processing Advisory Committee |
| **ARG** | argument |
| **art.** | article |
| **cond.** | conditionnel |
| **conj.** | conjonction |
| **dét.** | déterminant |
| **DL** | dépouilleur lexical |
| **DT** | dépouilleur terminologique |
| **ET** | opérateur booléen cumulant deux conditions |
| **f.** | féminin |
| **HTML** | *Hypertext Markup Language* |
| **KWIC** | *key-word in context* |
| **m.** | masculin |
| **MT** | mémoire de traduction |
| **n.** | nom |
| **OU** | opérateur booléen tenant compte de deux conditions |
| **P** | phrase |
| **PDF** | *Portable Document Format* |
| **pers.** | personne |
| **plur.** | pluriel |
| **poss.** | possessif |
| **prép.** | préposition |
| **prés.** | présent |
| **pron.** | pronom |
| **PTT** | poste de travail du traducteur |
| **RALI** | (groupe de) Recherche appliquée en linguistique informatique |

| | |
|---|---|
| **ROC** | reconnaissance optique de caractères |
| **SA** | syntagme adjectival |
| **SAdv** | syntagme adverbial |
| **SAUF** | opérateur booléen excluant la condition qui lui succède |
| **SGBD** | système de gestion de bases de données |
| **SGML** | *Standard Generalized Markup Language* |
| **sing.** | singulier |
| **SN** | syntagme nominal |
| **SP** | syntagme prépositionnel |
| **SV** | syntagme verbal |
| **TA** | traduction automatique |
| **TAL** | traitement automatique de la langue |
| **TAO** | traduction assistée par ordinateur |
| **TEAHQ** | traduction entièrement automatique de haute qualité |
| **THAO** | traduction humaine assistée par ordinateur |
| **TMAH** | traduction machine assistée par l'humain |
| **TV** | traducteur de vocabulaire |
| **v.** | verbe |
| **v. i.** | verbe intransitif |
| **v. t.** | verbe transitif |

# Conventions d'écriture

| | |
|---|---|
| **<champ>** | nom donné à un champ dans une base de données |
| **Concept important** | Les concepts importants sont signalés en caractères gras. |
| *mot* | Lorsqu'on fait référence à une forme linguistique, celle-ci est en italiques. |
| « mot » | La signification d'un mot est signalée entre guillemets. |
| **m?t** | remplacement d'un caractère dans une recherche |
| ***partie de mot, ou partie de mot*, ou début de mot*fin de mot** | mot tronqué |
| *phrase | phrase inacceptable |
| ?phrase | phrase dont l'acceptabilité peut être mise en doute |

**Complément**

Des portions de texte sont détachées du texte central et présentées dans une police de caractères différente. Il s'agit de compléments utiles du contenu abordé dans le texte. Le fait de ne pas en tenir compte dans l'immédiat ne nuit pas à la compréhension.

# Introduction

*Il n'y a aucune raison pour que quelqu'un*
*veuille avoir un ordinateur à la maison.*
KEN OLSON, fondateur de Digital Equipment, 1977

*Il y a un marché pour environ cinq ordinateurs dans le monde.*
THOMAS WATSON, président d'IBM, 1943

L'automatisation de la traduction a longtemps évoqué la **traduction automatique (TA)**, c'est-à-dire une mécanisation complète du processus de traduction. Il est vrai que les premières tentatives d'informatisation avaient cette visée : la réalisation d'une machine traduisante a été pendant une longue période le seul véritable but poursuivi par les chercheurs. De plus, la traduction automatique a été largement publicisée auprès du grand public, si bien que la question suscite invariablement la curiosité, même chez ceux que la traduction en général intéresse peu.

Par ailleurs, l'informatique n'a pas toujours été accueillie favorablement par les traducteurs. On comprenait mal de quelle manière la traduction, longtemps perçue comme une activité littéraire, pouvait être confiée à un automate dont le raisonnement s'appuie sur des modèles mathématiques.

Le concept de **traduction automatique** demeure toutefois essentiellement théorique parce qu'aucun ordinateur n'est parvenu par lui-même à produire des traductions satisfaisantes de textes de nature générale. Certains systèmes fonctionnent relativement bien, il est vrai, mais cette réussite s'explique par un ensemble de conditions très particulières sur lesquelles nous aurons l'occasion de revenir.

Dans les faits, la machine ne se substitue à aucun traducteur (à quelques rares exceptions près), même si les premiers travaux faisaient espérer un tel remplacement. S'il est vrai qu'elle n'a encore délogé personne, l'informatique est tout de même omniprésente dans de nombreuses situations de traduction (comme dans plusieurs autres sphères d'activité). La technologie informatique s'est immiscée timidement, mais elle s'est rapidement diversifiée et a finalement imposé de nouvelles méthodes de travail.

La généralisation du recours à l'informatique en traduction s'explique en partie par la diversification des outils conçus pour traiter les textes. En effet, il existe aujourd'hui, en plus de la traduction automatique, une grande variété d'applications auxquelles le traducteur peut avoir recours. Mais il ne s'agit pas là de l'unique cause. La profession est devenue une activité économique participant à la mise en marché de produits ou à la diffusion de connaissances scientifiques et techniques. Des études ont d'ailleurs montré que la traduction littéraire n'occupe que 5 % du marché largement dominé par la traduction technique et commerciale. On conçoit aisément l'attrait de l'informatique dans ce contexte.

En outre, la concurrence se fait de plus en plus vive et impose au traducteur des exigences accrues de productivité. La devise en traduction, comme ailleurs, est de *faire vite et mieux*. Le traducteur qui souhaite maintenir une certaine qualité, compte tenu du rythme imposé, doit obligatoirement automatiser des parties de son travail. Les notions de **productivité**, de **gestion de la documentation**, de **contrôle de la qualité** et de **rentabilité** délogent des préoccupations traditionnelles. En fait, il est difficile de déterminer si ce sont les technologies qui ont engendré ces nouvelles réalités ou si c'est le marché qui crée le besoin de recourir aux nouvelles technologies. On assiste à une volonté consciente ou inconsciente, mais de plus en plus perceptible, de rendre plus routinières, donc mécanisables, les tâches reliées à la **production d'un texte cible**. Le défi principal du traducteur sera de trouver un équilibre entre une forme d'industrialisation de sa profession et la préservation d'une certaine créativité (ou la recherche d'une nouvelle forme de créativité).

## Contenu de l'ouvrage

Cet ouvrage porte sur différentes utilisations de l'informatique en traduction. Les outils abordés – logiciels de traitement de texte, outils de gestion des problèmes de traduction, banques de textes, concordanciers et bitextes, outils de rappel automatique (mémoires de traduction et traducteurs de vocabulaire), logiciels de dépouillement assisté par ordinateur, aides à la correction et logiciels de traduction automatique – permettent, tous d'une manière différente, d'accélérer ou de systématiser la production d'un texte cible. Des outils allègent, parfois considérablement, des tâches fastidieuses ; d'autres requièrent des manipulations plus complexes ; mais tous entraînent des modifications dans les façons de mener à bien une traduction.

Cet ouvrage s'adresse d'abord aux traducteurs ou apprentis traducteurs qui souhaitent acquérir des connaissances de base sur l'informatisation de la traduction. Le traducteur est avant tout un **utilisateur** d'outils informatiques et c'est l'optique privilégiée dans les pages qui suivent. Nous y présentons les bases linguistiques et informatiques nécessaires à la compréhension des différents traitements automatiques. Aucune connaissance particulière dans ces deux disciplines n'est requise : les précisions nécessaires sont apportées au fur et à mesure. Les traducteurs en exercice pourront également dénicher quelques pistes utiles et découvrir des traitements informatiques qu'ils n'ont pas encore eu l'occasion d'utiliser.

La première partie de l'ouvrage, *Le contexte,* fournit les précisions terminologiques nécessaires pour appréhender le vaste domaine de la traductique. De plus, un bref historique de la discipline montre la place occupée par l'informatique en traduction à différentes périodes et le rôle central qu'elle joue aujourd'hui.

La deuxième partie, *Les bases,* se penche sur les principes fondamentaux liés au traitement automatique de la langue. Le chapitre 2 aborde les difficultés posées par le traitement de la langue lorsqu'il est confié à une machine. L'exposé des problèmes permet d'évaluer le défi que représente une telle entreprise. Le chapitre 3 examine des techniques utilisées dans les outils commerciaux. La description des techniques facilite la compréhension du mode de fonctionnement des outils abordés dans la troisième partie.

La troisième partie de l'ouvrage, *Les outils,* regroupe les descriptions des outils informatiques utilisés en traduction. Cependant, nous avons dû faire un choix parmi les technologies offertes : nous avons retenu les outils qui interviennent sur les textes proprement dits (les textes sources ou les textes cibles) et nous avons mis l'accent sur les applications existantes plutôt que sur les recherches et développements dans le domaine. Par ailleurs, la plupart des outils décrits ont été conçus pour des utilisations beaucoup plus étendues que la traduction et seuls les aspects jugés essentiels pour le traducteur sont retenus.

Les applications suivantes font chacune l'objet d'un chapitre :

☑ Le logiciel de traitement de texte (chapitre 4) : ce chapitre décrit quelques fonctions dites avancées.

☑ Les outils de gestion des données de traduction (chapitre 5) : il sera question des systèmes de gestion de bases de données génériques et des logiciels de terminologie.

Les chapitres 4 et 5 appellent quelques commentaires. Ces premières applications ne font pas véritablement appel à des techniques associées au traitement automatique de la langue, contrairement aux outils abordés dans les chapitres suivants. Toutefois, elles jouent un rôle primordial en traduction depuis longtemps et sont fréquemment combinées à un traitement plus spécialisé. C'est la raison pour laquelle il était indispensable de les inclure dans cet ouvrage.

che dans les textes électroniques (chapitre 6) : la mise en ne banque de textes et du bitexte ainsi que le fonctionne- concordanciers seront expliqués.

☑ Les outils de rappel automatique (chapitre 7) : ce chapitre fait état des fonctionnements respectifs des mémoires de traduction et des traducteurs de vocabulaire.

☑ Le dépouillement assisté par ordinateur (chapitre 8) : ce chapitre décrit le fonctionnement des dépouilleurs lexicaux et des dépouilleurs terminologiques.

☑ Les aides à la correction (chapitre 9) : ce chapitre présente les vérificateurs orthographiques et les correcteurs grammaticaux.

☑ Les logiciels de traduction automatique (chapitre 10) : le fonctionnement et les caractéristiques des logiciels de traduction automatique commerciaux font l'objet du dernier chapitre.

Ces sept chapitres ne peuvent remplacer un manuel de l'utilisateur qui décrit pas à pas l'utilisation concrète d'une application commerciale. Ils dégagent des éléments communs et divergents des outils examinés en signalant leurs possibilités d'application en traduction.

Dans les présentations successives du fonctionnement des traitements automatiques, les concepts trop techniques ont été escamotés délibérément. Par ailleurs, une présentation technique très détaillée comporte des risques, puisque la traductique est un domaine en constante évolution. Il est extrêmement difficile, voire impossible, d'anticiper toutes les nouveautés, même dans un avenir rapproché. Les descriptions restent suffisamment générales pour demeurer valables malgré les mutations qui surviendront. Des lectures complémentaires sont suggérées à la fin de chaque chapitre pour le lecteur qui souhaite approfondir ses connaissances.

La conclusion examine les facteurs qui contribuent à une intégration sensée des outils informatiques. Les textes à traduire déterminent l'intérêt que peut présenter un traitement automatique et il convient d'examiner quelques-unes de leurs caractéristiques.

En résumé, le présent ouvrage devrait permettre au traducteur de tirer profit des avantages que présentent les nouvelles technologies en acquérant l'expertise nécessaire pour les comprendre et d'écarter les inconvénients qui pourraient lui être imposés si ces connaissances lui faisaient défaut.

## Note à propos de la deuxième édition

La première édition d'*Initiation à la traductique* a été publiée en 1999. Depuis ce temps, de nombreux changements sont survenus dans le domaine. Certains concepts (par exemple, celui de **localisation**), évoqués dans des cercles restreints à l'époque, occupent désormais une place centrale dans toute l'activité de traduction. En outre, des techniques nouvelles ont été proposées ou, encore, ajoutées à des outils existants. Nous avons tenu compte de ces changements et leur avons fait une place dans la seconde édition de l'ouvrage.

Par ailleurs, la bibliographie a été entièrement revue et mise à jour pour tenir compte des nouvelles parutions. Nous avons également ajouté une liste des ressources et des logiciels cités dans l'ouvrage, accompagnés d'un pointeur pour se documenter sur eux, ainsi qu'un index des notions expliquées dans le texte.

Enfin, nous avons simplifié considérablement la présentation de l'ouvrage afin d'en faciliter la lecture.

# PREMIÈRE PARTIE : LE CONTEXTE

La première partie qui correspond au chapitre 1, *Informatiser la traduction,* établit des distinctions terminologiques importantes dans le domaine de la traductique. Elle décrit, par la suite, l'évolution des rapports entre la traduction et l'informatique à partir de 1950, ainsi que la situation actuelle.

# 1. Informatiser la traduction

*[...] if someone had asked whether it would be harder to solve the problem of machine translation or to place a man on the moon, most people in the 1950s would have responded that, given the availability of electronic brains, the moon landing would obviously be the most challenging. The reader might analyze his or her present view of language by reflecting on what would be more difficult, a manned visit to a planet or another star or the development of a machine translation system that produces translations undistinguishable from those of a competent human translator.*
ALAN MELBY, *The Possibility of Language*

Il existe différentes façons de concevoir l'automatisation de la traduction (ou la **traductique**). Celle-ci peut aller, comme l'ont souligné Lehrberger et Bourbeau, de l'utilisation d'un traitement de texte et d'une base de données contenant des termes et leurs équivalents à la traduction entièrement réalisée par la machine.

> *The use of the computer in translating natural languages ranges from that of a translator's aid for word processing and dictionary look up to that of a full-fledge translator of its own* (1988, p. 1).

Il est vrai que l'informatisation d'une traduction peut être plus ou moins lourde, mais traditionnellement les efforts de recherche se sont cantonnés dans deux optiques fortement polarisées. Dans le premier cas, l'automatisation porte sur l'ensemble du processus de traduction : c'est la **traduction automatique (TA)**. Dans le second, l'automatisation s'applique à des parties du processus ou à une tâche précise qui lui est associée : c'est la **traduction assistée par ordinateur (TAO)**. Aujourd'hui, la ligne de démarcation entre les deux optiques est difficile à tracer (comme on le verra plus loin dans ce chapitre), mais les pôles demeurent.

On oppose donc à la traduction automatique les environnements dans lesquels le traducteur assume lui-même l'essentiel du travail et utilise des outils informatiques à différents moments. Par exemple, la recherche et le remplacement systématique d'un mot ou, encore, l'identification de certaines coquilles peuvent aisément être confiés à un automate. Malheureusement, l'expression *traduction assistée par ordinateur* a été passablement galvaudée au cours des dernières années et a servi non seulement à désigner les environnements que nous venons de décrire, mais également à souligner, par dérision parfois, les imperfections de la traduction automatique. Autrement dit, puisque la TA sans **postédition** (sans révision faite par un humain) est pratiquement inexistante, la TA devient une forme de traduction assistée.

## Quelques précisions terminologiques

Quel que soit le degré d'informatisation auquel on soumet la traduction, l'intervention humaine demeure indispensable pour produire des textes de qualité. Cependant, la nature de l'intervention varie et deux expressions illustrant les rôles respectifs de l'ordinateur et de l'humain remplacent parfois les termes *TA* et *TAO* dans la littérature spécialisée. Il s'agit de *traduction machine assistée par l'humain* et *traduction humaine assistée par ordinateur*, qui sont définies ci-dessous.

☑ **Traduction machine assistée par l'humain** (**TMAH**) : L'initiative de la traduction appartient à la machine ; l'humain se contente d'intervenir en périphérie, le plus souvent *a posteriori*. *TMAH* peut être envisagé comme un quasi-synonyme de *TA*, mais ne peut lui être substitué dans tous les contextes. *Traduction machine assistée par l'humain* met en relief les rôles respectifs de la machine et de l'humain et témoigne du plus grand réalisme qui caractérise aujourd'hui les recherches en traduction automatique. Une seconde expression est fréquemment associée à *TMAH* et à *TA* : il s'agit de *traduction entièrement automatique de haute qualité* (*TEAHQ*), qui fait référence à la production automatisée de textes d'une grande qualité. Dans les faits, cette situation s'observe dans des circonstances très particulières ; les systèmes qui produisent ce type de traduction sont rares et sont destinés à des microdomaines de spécialité (par exemple, MÉTÉO, qui traduit des bulletins météorologiques ; il en sera question plus loin).

☑ **Traduction humaine assistée par ordinateur** (**THAO**) : L'initiative appartient à l'humain, qui recourt à la machine pour accélérer des tâches annexes. *THAO* peut alors être envisagé comme un quasi-synonyme de *TAO*. D'autres termes viennent graviter autour de *THAO* : *poste de travail du traducteur* (*PTT*), qui fait référence à un poste informatisé (composantes matérielles et logicielles) dans lequel sont centralisés les éléments essentiels à la réalisation d'une traduction, et *aide à la traduction*, qui désigne tout outil informatique conçu à des fins d'assistance à la traduction ou adaptable aux besoins des traducteurs.

En outre, le terme *traductique* englobe toutes les techniques visant à informatiser l'ensemble du processus de traduction ou une partie de celui-ci. La traductique embrasse alors les vastes domaines de la traduction humaine assistée par ordinateur et de la traduction machine assistée par l'humain.

Les rapports entre les termes de la traductique peuvent être schématisés de la façon suivante :

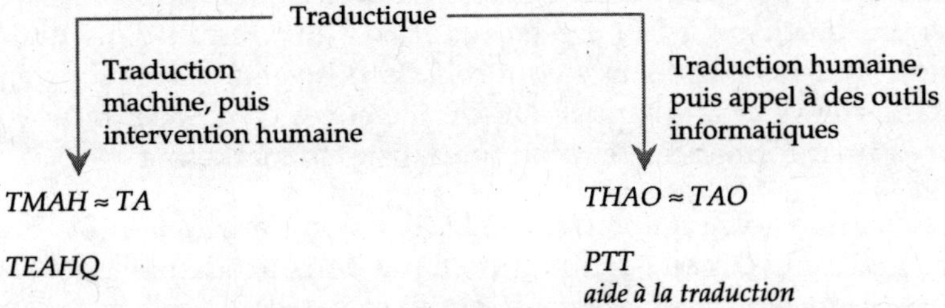


**Figure 1.1 – Rapport entre les termes associés à la traductique**

Des débats idéologiques parfois houleux entourent toujours les notions de traduction humaine assistée par ordinateur et de traduction machine assistée par l'humain. Les uns préconisent l'utilisation d'outils dans un environnement où le traducteur coordonne les opérations (THAO) ; les autres pensent au contraire que la mécanisation de la traduction est possible et qu'elle deviendra de plus en plus importante. Différents facteurs historiques, idéologiques et, surtout, commerciaux expliquent ces façons d'appréhender les rapports entre l'informatique et la traduction, comme nous le verrons dans ce chapitre.

## Traductique et localisation

Il arrive souvent qu'on amalgame *traductique* et *localisation*, expression qui a fait son apparition dans les années 1990 et qui s'est rapidement généralisée. Toutefois, les termes ont des extensions très différentes. La **traductique**, comme on vient de le voir, regroupe un ensemble de techniques informatiques auxquelles un traducteur fait appel dans sa pratique.

La **localisation**, en revanche, fait référence à un contexte précis dans lequel s'exerce la traduction. Le **traducteur-localisateur** traduit tout ce qui entoure la mise en marché d'un logiciel, dont l'interface et le contenu des messages destinés aux utilisateurs ainsi que la documentation accompagnant ce logiciel. Le traducteur-localisateur pourra également traduire le contenu de ressources informatiques (des bases de données, par exemple) ou des pages Web. Ce travail exige une connaissance approfondie des formats variés dans lesquels se présentent les produits à traduire puisqu'il se fait dans les fichiers informatiques eux-mêmes. En outre, il fait appel à des logiciels spécifiques (des logiciels qui permettent de placer les passages traduits dans l'interface d'un logiciel, par exemple) et à des logiciels déjà largement utilisés par d'autres traducteurs (les mémoires de traduction, par exemple).

La littérature sur la localisation insiste souvent sur le fait que cette activité comprend une part importante d'**adaptation** (mais n'est-ce pas le cas de toute traduction ?). Un traducteur-localisateur s'interroge, lorsqu'il participe à la mise en marché d'un produit dans une autre langue, sur les paramètres culturels de la société visée. Un projet de localisation peut faire appel aux compétences combinées d'un traducteur, d'un informaticien et d'un spécialiste du marketing.

La confusion entre traductique et localisation s'explique probablement par la place occupée par l'informatique dans les deux cas. Il est vrai qu'un traducteur-localisateur ne saurait se passer d'outils informatiques dans son travail. Toutefois, un traducteur peut recourir aux outils d'aide à la traduction sans jamais faire de localisation.

## De la traduction automatique à la traduction machine assistée par l'humain

### *La traduction par décryptage*

Les premiers rapprochements entre l'informatique et la traduction remontent au début des années 1950, c'est-à-dire peu après l'apparition du premier ordinateur, l'ENIAC, construit en 1945[1]. Le coup d'envoi fut donné par un chercheur américain, Warren Weaver, qui suggéra des méthodes fondées sur la logique et sur certaines constantes observées dans toutes les langues (les **universaux**). À son avis, un texte rédigé dans une langue étrangère pouvait être **décrypté**. Voici ce qu'on pouvait lire dans le texte de Weaver[2] :

> *Also knowing nothing about, but having guessed and inferred considerable about powerful, new mechanized methods in cryptography—methods which I believe succeed even when one does not know what language has been coded—one naturally wonders if the problem of translation could conceivably be treated as a problem of cryptography. When I look at an article in Russian, I say : "This is really written in English, but it has been coded in some strange symbols. I will now proceed to decode"* (1955, p. 18).

---

[1] Les rêves de mécanisation de la traduction sont plus anciens, mais la fin des années 1940 a été marquée par la mise à contribution de l'ordinateur, qui semblait la rendre possible.

[2] Dans un long texte, Warren Weaver a présenté les arguments et les principes qui, à son avis, militaient en faveur d'une automatisation de la traduction. Le document a été écrit et distribué en 1949, mais publié en 1955.

Même s'il soulignait les difficultés que pose la traduction, Warren Weaver croyait certainement qu'une machine viendrait à bout de l'essentiel du travail. Son enthousiasme s'est rapidement propagé à de nombreux groupes de recherche (ces groupes étaient surtout concentrés aux États-Unis ; ils ont d'ailleurs bénéficié d'un financement important dont la principale source était le gouvernement américain). D'autres équipes se sont constituées ailleurs dans le monde (notamment en Union soviétique, à Moscou, et en France, à Grenoble). Pendant une quinzaine d'années, les activités de recherche ont été intensives. On tentait, au moyen de différentes approches, de construire le premier système pouvant effectivement traduire des textes d'une langue à une autre. Un certain nombre de prototypes ont été construits durant cette période.

## *Un premier avertissement*

Au début des années 1960, l'optimisme des chercheurs cédait la place à une prise de conscience des difficultés que soulevait la traduction automatique. Plus les recherches avançaient, plus les problèmes auxquels les chercheurs se heurtaient prenaient de l'ampleur. En 1960, Yehoshua Bar-Hillel, qui, paradoxalement, était le premier titulaire d'une chaire en traduction automatique (au Massachusetts Institute of Technology [MIT]), attira l'attention des chercheurs sur la complexité de l'entreprise. Bar-Hillel utilisa un exemple relativement simple – *The box was in the pen* – pour illustrer le fait que seul un humain peut déduire sans équivoque que *pen* dans cette phrase ne peut pas être un stylo (en admettant que *pen* a deux sens : « parc d'enfants » et « stylo »), puisqu'une boîte ne peut pas être contenue dans un stylo. Ce petit exemple démontrait que l'activité de traduire fait appel non seulement à des **connaissances linguistiques,** mais aussi à des **connaissances du monde**. Bar-Hillel a exposé le problème de la façon suivante :

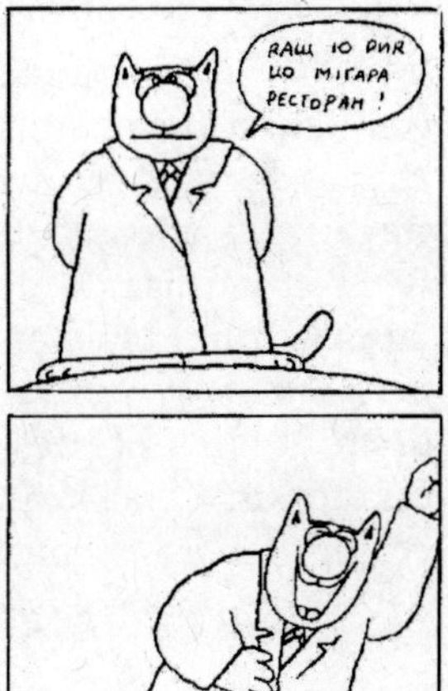


Source : Philippe Geluk, *Le chat... et non pas le contraire*, Paris, Éditions J'ai lu, 1990.

> *Now what exactly is going on here? Why is it that a machine with a memory capacity sufficient to deal with a whole paragraph at a time, and a syntactico-semantic program that goes, if necessary, beyond the boundaries of single sentences up to a whole paragraph* [...] *is still powerless to determine the meaning of pen in our sample*

> *sentence within the given paragraph? What makes an intelligent human reader grasp this meaning so unhesitatingly is* [...] *his knowledge that the relative size of pens, in the sense of writing implements, toy boxes and pens, in the sense of playpens, are such that when someone writes under ordinary circumstances and in something like the given context, "The box was in the pen," he almost certainly refers to a playpen and not a writing pen* (1960, p. 160).

La traduction automatique de qualité (c'est-à-dire qu'on ne peut distinguer d'une traduction humaine) n'était pas, selon Bar-Hillel, un objectif que les chercheurs pouvaient atteindre à court ou à moyen terme.

## *Une période sombre*

C'est au milieu des années 1960 que la recherche en traduction automatique a commencé à ralentir véritablement. En 1964, un comité gouvernemental américain, formé des principaux organismes subventionnaires en traduction automatique, l'Automatic Language Processing Advisory Committee (ALPAC), a évalué les réalisations et les possibilités dans le domaine.

En 1966, le groupe rédigea un document dans lequel il concluait que la traduction automatique n'était pas réalisable dans un avenir prévisible et que le rapport avantages-coûts ne justifiait pas la poursuite des travaux. Il encourageait plutôt la recherche en informatique linguistique et la mise au point d'outils d'aide à la traduction. Le document (appelé communément rapport ALPAC) a mis un terme au financement massif de la recherche aux États-Unis (même si des critiques ont mis en doute l'objectivité des conclusions qui y étaient présentées). La diffusion du rapport a créé beaucoup de remous dans la communauté scientifique et, en territoire américain, l'expression *traduction automatique* est demeurée presque taboue pendant une dizaine d'années.

## *Quelques réalisations*

Malgré les difficultés que présentait l'obtention de crédits après 1966, quelques groupes européens et nord-américains ont continué de se consacrer à la recherche en TA. Au Canada, une équipe de Montréal a mis au point un premier système fonctionnel et rentable. Le système, appelé à l'origine ***TAUM-MÉTÉO***, produisait des traductions presque parfaites de bulletins météorologiques de l'anglais au français. *MÉTÉO* tourne encore aujourd'hui et sert de référence pour la mise au point de systèmes comparables (systèmes traitant des **sous-langages**, c'est-à-dire des langages associés à des **microdomaines de spécialité**). *MÉTÉO* est le premier véritable succès de la traduction automatique, et les réussites sont rares, même aujourd'hui. Paradoxalement, *MÉTÉO* met en relief les limites de la TA, qui devient rentable lorsqu'on resserre radicalement les exigences auxquelles doivent satisfaire les textes qu'elle prend en charge.

Il a fallu attendre la fin des années 1970 pour voir renaître un intérêt pour la traduction automatique dans la communauté scientifique. Le perfectionnement des ordinateurs, le raffinement des modèles linguistiques et celui des langages de programmation, ainsi que l'accroissement de la demande en traduction, expliquent en partie cette renaissance. En outre, certains industriels commençaient à entrevoir les retombées économiques réelles de la TA. Pour un administrateur, la machine apporte une solution intéressante et, à première vue, peu coûteuse au problème de l'augmentation du volume de textes à traduire.

La mise sur pied d'un vaste projet de traduction automatique multilingue au début des années 1980, commandé par la Communauté économique européenne (CEE), a également contribué à relancer le mouvement. Le projet, baptisé EUROTRA, regroupait diverses universités européennes dans chacun des pays membres de la Communauté et visait l'élaboration d'un système de traduction automatique multilingue.

Le début des années 1980 est marqué également par le lancement des premiers systèmes commerciaux et leur utilisation dans des organismes publics et privés. Certains systèmes ont d'abord été élaborés par des groupes universitaires, puis commercialisés. *METAL*, par exemple, est le fruit de travaux menés au Linguistics Research Center, à Austin (Texas), et financés par l'entreprise allemande Siemens. D'autres, comme *Systran* et *Logos*, ont été mis au point par des sociétés indépendantes.

## *Une vision plus réaliste*

La popularité relative de la TA, qui a crû au milieu des années 1970 et qui règne encore aujourd'hui, dénote un plus grand réalisme qu'auparavant. On n'attend plus de la machine qu'elle produise des traductions parfaites de textes variés. Les recherches se poursuivent, mais elles empruntent des voies plus compatibles avec les technologies existantes : restriction à des sous-domaines de spécialité ou à des textes bien précis ; traduction fondée sur de grands corpus existants ; interaction avec l'humain, etc. De plus, on tient pour acquis qu'une traduction machine nécessite invariablement des corrections. L'enjeu consiste à mettre au point des mécanismes pour en réduire le nombre.

Dans un autre ordre d'idées, la traduction automatique commerciale connaît un certain succès dans des secteurs où la qualité des textes ne constitue pas une priorité. Des utilisateurs unilingues s'en servent parfois pour traduire des documents à diffusion interne dans le but d'en connaître la teneur. D'ailleurs, un nombre important de systèmes sont maintenant accessibles dans le Web. Toutefois, leur mode de fonctionnement est très variable, allant de la simple substitution de mots à une analyse véritable des composantes de la phrase.

La traduction automatique est également mise à contribution – et c'est l'application qui nous intéresse dans le présent ouvrage – comme aide à la production de textes de qualité professionnelle. La machine réalise une traduction brute qu'un humain, le plus souvent un traducteur, remanie afin de la rendre acceptable. Dans ce contexte, le traducteur devient **postéditeur**. Ce dernier type d'utilisation de la TA rend effectivement des services lorsque celle-ci s'applique à des textes d'une nature précise (textes techniques à forte densité terminologique, par exemple), puisque l'utilisateur peut adapter le contenu d'un logiciel à ces textes.

## La traduction humaine assistée par ordinateur

Au début des années 1980, une nouvelle conception de l'informatisation de l'activité traduisante commençait à faire des adeptes. Il s'agissait de la **traduction humaine assistée par ordinateur**, où l'humain, qui reste maître de sa traduction, fait appel à des outils informatiques, mais uniquement au moment où cela lui convient.

Parmi les tenants de cette nouvelle approche se trouvaient de véritables détracteurs de la traduction automatique. Martin Kay, chercheur en linguistique informatique, a écrit un long article souvent considéré comme le symbole de cette prise de position.

> Détracteur de la traduction automatique :
>
> *There was a long period—for all I know, it is not yet over—in which the following comedy was acted out nightly in the bowels of an American government office with the aim of rendering foreign texts into English. Passages of innocent prose on which it was desired to effect this delicate and complex operation were subjected to a process of vivisection in the hands of an uncomprehending electronic monster that transformed them into stammering streams of verbal wreckage* (1997, p. 5)[1].

---

[1] L'article a été rédigé par Kay en 1980, mais publié en 1997.

Défenseur de la traduction humaine assistée par ordinateur :

> *I want to advocate a view of the problem in which machines are gradually, almost imperceptibly, allowed to take over certain functions in the overall translation process. First they will take over functions not essentially related to translation. Then, little by little, they will approach translation itself. The keynote will be modesty. At each stage, we will do only what we know we can do reliably. Little steps for little feet!* (1997, p. 13.)

Kay n'a pas été et n'est pas le seul à préconiser la THAO comme solution de remplacement de la TA. Les traducteurs eux-mêmes ont commencé à faire valoir leurs besoins et certains d'entre eux ont évalué et conçu des outils adaptés au travail qu'ils doivent accomplir[1]. En outre, des chercheurs et des centres de recherche se sont donné comme objectif d'automatiser modestement (pour paraphraser Kay) des tâches associées à la traduction. Il s'agit parfois de véritables conversions, puisque dans certains cas on est passé d'une recherche intensive en TA à la mise au point d'outils d'aide à la traduction.

Au Canada, le groupe de Recherche appliquée en linguistique informatique (RALI) reflète bien la tendance. Il a mis au point divers outils informatiques dont l'unique but est d'alléger le travail du traducteur. Par ailleurs, l'équipe de chercheurs a travaillé en étroite collaboration avec le Bureau de la traduction du gouvernement du Canada afin d'évaluer les besoins des traducteurs et de proposer un poste de travail conçu en fonction de ceux-ci (un **PTT**).

## *Micro-ordinateur et traitement de texte : une informatique palpable*

La commercialisation grand public des micro-ordinateurs est sans conteste à l'origine de l'intérêt que suscite la THAO. Le premier Apple a été lancé en 1976 et le premier PC d'IBM, en 1981 : cette accessibilité a contribué à démythifier l'appareil. Le non-informaticien pouvait désormais tirer profit de la technologie, puisqu'elle n'était plus réservée à un petit groupe d'initiés.

Les premières applications logicielles destinées au grand public ont également fait leur apparition durant cette période. L'un de ces logiciels, à savoir le **traitement de texte**, allait bouleverser les habitudes de la plupart des traducteurs. Ceux-ci, qui utilisaient une machine à écrire ou confiaient la saisie du texte cible à un tiers, pouvaient désormais

---

[1] À ce sujet, on peut lire les nombreux articles parus dans *Circuit*, revue professionnelle destinée aux traducteurs, qui en témoignent. Certains articles sont cités dans la bibliographie. Aujourd'hui, on peut également consulter des revues consacrées à la localisation (par exemple, *Language International*, *Localization Focus*).

gérer leurs documents eux-mêmes et les corriger autant de fois qu'ils le souhaitaient. Les logiciels de traitement de texte ont connu des débuts modestes, mais ils se sont perfectionnés pour devenir des environnements complets intégrant des fonctions de tri alphabétique, de fusion de documents, de correction, de comparaison de versions, etc. Les entreprises, y compris les services de traduction, ont commencé à s'équiper : le concept de **bureautique** a pris forme à cette époque.

Par ailleurs, l'**édition électronique**, qui a fait son apparition au milieu des années 1980, permettait de faire la mise en page finale des documents préalablement saisis au moyen du logiciel de traitement de texte. Cette innovation a rendu l'édition de documents accessible au non-spécialiste, qui était désormais capable de produire des textes prêts à imprimer.

### *Outils terminologiques*

L'utilisation des **banques de terminologie**, grands répertoires informatisés dans lesquels le traducteur trouve les équivalents des termes spécialisés ainsi que de l'information sur ces termes (définitions, contextes, etc.), s'est accrue considérablement au début des années 1980[1].

Au Canada, on peut situer l'utilisation généralisée des banques de termes par les traducteurs à la fin des années 1970, bien que deux banques, la *Banque de terminologie du Québec* (*BTQ*) et *TERMIUM*, la banque de terminologie du gouvernement du Canada, aient été mises en service avant cette période. Même si, au départ, elles étaient très peu conviviales (l'utilisateur entrait en communication avec un ordinateur distant au moyen d'un modem), les banques de terminologie demeurent tout de même les premiers véritables outils d'aide à la traduction. Aujourd'hui, la plupart d'entre elles sont diffusées dans Internet. En outre, un nombre croissant de dictionnaires généraux et spécialisés, monolingues ou multilingues, sont versés sur cédérom ou mis en ligne.

D'autres produits destinés aux traducteurs ont également fait leur apparition au cours des années 1980. Parmi ceux-ci, citons les **logiciels de terminologie**, qui permettent à l'utilisateur de gérer ses propres données, comme les problèmes de traduction ou les unités termino-

[1] En réalité, la première banque de terminologie fut mise sur pied en 1963. Elle a vu le jour en Europe et s'appelait *Dicautom*. Elle était utilisée par la Commission européenne du charbon et de l'acier (CECA). Plus tard, en 1973, elle a été acquise par la Communauté économique européenne et porte depuis le nom de *Eurodicautom*.

logiques. Le premier logiciel, *Termex*, a connu une grande popularité, mais il a aujourd'hui des rivaux (sans compter les **systèmes de gestion de bases de données** génériques, qui se prêtent bien à ce type d'application).

Ces différentes innovations technologiques (traitement de texte, banques de terminologie, gestion personnalisée de problèmes de traduction) ont rendu de plus en plus palpable le concept de traduction humaine assistée par ordinateur. La machine n'était plus perçue comme un substitut, mais comme une sorte de partenaire silencieux. Alan Melby a bien résumé la perception de l'époque : *Machines can become servants rather than enemies* (1981, p. 23). Cependant, les traducteurs véritablement informatisés durant cette période étaient rares et l'automatisation ne constituait pas encore un thème central dans la communauté professionnelle.

## *Correction automatisée*

Les correcteurs automatisés ont également fait leur apparition au cours des années 1980. Les premiers produits commerciaux décelaient uniquement les fautes d'orthographe et étaient munis de tout petits dictionnaires (les **vérificateurs orthographiques**). Puis des outils plus perfectionnés, qui repèrent les fautes d'accord, ont été mis sur le marché (les **correcteurs grammaticaux**).

Au Québec, *HUGO*, correcteur grammatical du français, a connu un grand succès peu après son lancement, mais il a rapidement été délogé par des concurrents. En outre, les grands logiciels de traitement de texte ont commencé à intégrer des fonctions de correction orthographique et grammaticale. Aujourd'hui, les correcteurs les plus perfectionnés (*Antidote, Cordial, Correcteur 101*) posent un diagnostic sur le style et relèvent certains anglicismes.

L'apparition de diverses technologies (édition électronique, logiciels de traitement de texte de plus en plus polyvalents, dictionnaires en ligne, correction automatisée, logiciels de terminologie) ainsi que la convivialité toujours croissante des logiciels rendaient le traducteur beaucoup plus autonome qu'il ne l'avait jamais été sur le plan de l'équipement. En outre, les systèmes d'exploitation pour micro-ordinateur simplifiaient considérablement l'utilisation simultanée des logiciels. Le concept de poste de travail pour traducteur se précisait.

### *Télécommunications*

L'innovation la plus marquante du début des années 1990 est sans conteste l'accessibilité des moyens de **télécommunication** par ordinateur. Le modem fait désormais partie de la configuration de base des appareils. Même s'ils existent depuis déjà longtemps, le **modem** et les **réseaux de communication** (dont le titanesque **Internet**) n'ont jamais connu une aussi grande popularité, qui s'explique en partie par la convivialité des logiciels d'accès aux réseaux.

Les télécommunications ont un rôle de premier plan à jouer dans un nouveau contexte professionnel, notamment celui des traducteurs. Les travailleurs autonomes ou télétravailleurs peuvent acheminer des textes en format électronique, discuter fréquemment avec des clients et se documenter en consultant les sites d'information dans Internet, sans être forcés de se déplacer. Ces différentes technologies assurent des communications si rapides que les délais liés à l'acheminement de documents ne constituent plus une véritable contrainte.

### *D'autres outils*

À l'heure actuelle, tous les documents sont produits sur support électronique et sont accessibles dans cette forme (dans le cas contraire, un **numériseur** convertit un document papier en fichier numérique). Cette accessibilité a contribué à la mise au point et à la diffusion d'une série d'outils conçus pour les traducteurs (ou adaptables à leurs besoins).

☑ **Exploitation des textes électroniques** : Les textes en format électronique constituent une source de renseignements extrêmement riche qui, fouillée au moyen d'un logiciel appelé **concordancier**, fournit des indications précieuses sur l'usage d'un terme en contexte. Une **banque de textes** est également utile pour acquérir des connaissances sur un thème particulier ou dénicher des formulations propres à un type de texte.

☑ **Bitextes** : Des chercheurs ont d'ailleurs engagé l'exploitation des documents électroniques dans une nouvelle voie. En **alignant** les textes originaux et leur traduction, phrase à phrase ou paragraphe à paragraphe, on obtient des documents bilingues, appelés **bitextes**. (La paternité du terme est généralement attribuée à Brian Harris [1988].) Le traducteur saisit d'emblée l'intérêt d'un tel concept : exploitation de traductions antérieures, repérage de passages semblables ou identiques à ceux qu'il doit traduire, visualisation des diverses traductions proposées pour un mot. Il existe quelques bitextes volumineux ; parmi ceux-ci, citons le corpus mis en place par le RALI (le corpus Hansard, qui est en fait le *Journal des débats* à la Chambre des communes du Canada, fouillé au moyen d'un concordancier appelé *TransSearch*).

Récemment, d'autres approches de la mécanisation de la traduction ont été proposées et bénéficient d'une très large diffusion depuis leur commercialisation. Il s'agit d'outils effectuant un rappel automatique de données préalablement stockées, à savoir les **mémoires de traduction** et les **traducteurs de vocabulaire**. Ces techniques rendent d'ailleurs de plus en plus difficile l'établissement d'une distinction entre **traduction machine assistée par l'humain** et **traduction humaine assistée par ordinateur**.

☑ **Mémoires de traduction** : Ces outils renferment des listes de phrases et leur traduction, ainsi qu'un programme qui les gère. Concrètement, le programme compare une phrase à traduire à des phrases déjà traduites et, lorsqu'il déniche une phrase identique (ou semblable), il propose à l'utilisateur la traduction de l'ancienne phrase. Des systèmes relativement connus exploitent ce principe : *Déjà Vu, SDLX* et *Trados Translation Memory*.

☑ **Traducteurs de vocabulaire** : D'autres outils extraient le vocabulaire déjà documenté par le traducteur pour produire des traductions partielles. Une fonction se trouvant dans *Trados Translation Memory* exploite ce principe. Un autre système (*LogiTerm*) produit un texte bilingue dans lequel la traduction d'une partie du vocabulaire est prise en charge automatiquement.

Mentionnons une dernière application utile à la préparation d'une traduction spécialisée : le **dépouillement assisté par ordinateur**. Certains dépouilleurs extraient les unités terminologiques (ou les suites de mots qui sont pressenties comme telles) d'un texte spécialisé. *Nomino*, conçu à l'Université du Québec à Montréal (UQAM) en collaboration avec l'Office québécois de la langue française, ainsi que *LogiTerm* et *MultiTrans* proposent ce type de traitement. D'autres dépouilleurs signalent les formes nouvelles qui n'ont pas été documentées par l'utilisateur.

---

**Composantes d'un PTT**

aides à la correction (qui font l'objet du chapitre 9)

banques de terminologie et ouvrages de référence sur support électronique

banques de textes et concordanciers (abordés au chapitre 6)

bitextes (abordés au chapitre 6)

logiciels de dépouillement (dont le fonctionnement est décrit au chapitre 8)

logiciels d'édition électronique

logiciels de traduction automatique (abordés au chapitre 10)

logiciels de traitement de texte (quelques fonctions sont décrites au chapitre 4)

mémoires de traduction (qui font l'objet d'une section dans le chapitre 7)

outils de gestion des données de traduction (décrits au chapitre 5)

outils de télécommunication

traducteurs de vocabulaire (abordés au chapitre 7)

Le traducteur, on le constate aisément, a aujourd'hui l'embarras du choix en matière d'outils informatiques. Il peut créer un environnement regroupant les applications qui prendront en charge un texte particulier ou une tâche donnée. Il est désormais possible de définir un véritable PTT.

## Conclusion

Ce bref historique montre que l'informatisation de la traduction a constitué pendant plus de 50 ans et constitue encore aujourd'hui, malgré un ralentissement des activités pendant quelques années, un secteur de recherche et de développement très actif. Les attentes des chercheurs et des utilisateurs ont cependant changé.

Les débuts de la recherche ont été marqués par un optimisme démesuré, compte tenu des technologies de l'époque. La traduction automatique est graduellement devenue une traduction machine assistée par l'humain. Puis, une nouvelle approche, la traduction humaine assistée par ordinateur, dans laquelle l'informatique tient une place plus discrète, a permis d'envisager d'une autre façon l'informatisation de l'activité traduisante. En fait, l'histoire a peut-être commencé à l'envers. Les chercheurs se sont d'abord penchés sur la réalisation d'une machine traduisante, ce qui constitue un travail fort complexe, pour ensuite se tourner vers des solutions apparemment mieux adaptées aux technologies actuelles. Le tableau 1.1 reprend les repères chronologiques mentionnés dans ce chapitre.

On constate également que l'historique est ponctué de débats sur l'opportunité de telle ou telle approche de l'informatisation de la traduction, si bien qu'il est parfois difficile de faire la part des choses. Les uns avancent qu'il est impossible de reproduire dans une machine une démarche humaine comportant une part de créativité et dont les tenants et aboutissants sont encore imparfaitement compris. Les autres, adoptant une optique plus cartésienne, croient qu'il faut se pencher sur les problèmes un à un et qu'au bout du compte il sera possible de tous les régler ou, du moins, de se charger de l'essentiel.

Au-delà des idéologies et des prises de position catégoriques, la plupart des spécialistes s'intéressant à ces questions (informaticiens, linguistes et traducteurs) tentent aujourd'hui de mieux évaluer les possibilités et les limites de l'ordinateur lorsqu'il est utilisé à des fins de traduction. On sait qu'une automatisation assez lourde (par exemple, la traduction automatique) convient dans certains cas (textes répétitifs, grands volumes de documentation). On sait aussi que certains types de traduction doivent être effectués en grande partie par l'humain ; la machine n'est alors qu'un élément accessoire utilisé lorsque cela s'avère nécessaire.

**TABLEAU 1.1**
**Traductique – repères chronologiques**

| Date | Traduction machine assistée par l'humain | Traduction humaine assistée par ordinateur |
|---|---|---|
| **1949** | Texte de Warren Weaver présentant les possibilités d'automatisation de la traduction | |
| **De 1950 à 1965** | Recherches intensives sur la traduction automatique<br>Mise au point de prototypes | |
| **1960** | Mise en garde de Bar-Hillel | |
| **1966** | Diffusion du rapport ALPAC mettant un terme à la recherche intensive en TA aux États-Unis | |
| **1975** | Mise au point de *TAUM-MÉTÉO* | Émergence d'une nouvelle conception de la traduction automatisée : la THAO |
| **1980** | Reprise des recherches en TA<br>Lancement du projet EUROTRA<br>Commercialisation des logiciels de TA | Rapport de Martin Kay critiquant la TA et préconisant l'utilisation d'aides à la traduction<br>Lancement des micro-ordinateurs et des logiciels grand public |
| **1985** | | Popularisation de l'édition électronique<br>Apparition des premiers logiciels de terminologie<br>Lancement des premiers correcteurs |
| **1990** | Utilisation de la TA dans certains organismes<br>Nouvelle impulsion insufflée aux logiciels de traduction automatique dans le Web | Popularisation des techniques d'accès aux réseaux de communication<br>Diversification des outils offerts aux traducteurs (concordanciers, mémoires de traduction, outils de dépouillement, etc.) |
| **1995** | | Localisation : spécialisation de la traduction |

**La recherche**

La traduction machine assistée par l'humain et la traduction humaine assistée par ordinateur continuent de faire l'objet de travaux de recherche originaux. Nous en donnons deux exemples ici.

Le RALI, dont nous avons déjà parlé, a mis au point un système appelé *TransType* qui anticipe les choix faits par le traducteur. Le système s'appuie sur un corpus de traduction (un bitexte, voir le chapitre 6) et fait une estimation statistique des traductions possibles d'un mot à traduire. Ces mots sont proposés au traducteur sous forme de liste lorsqu'il traduit un nouveau texte.

D'autres travaux de recherche extrêmement ambitieux ont pour objectif de mettre au point un système pouvant traduire un texte prononcé dans une langue à un autre texte oral dans une autre langue. Aux difficultés déjà évoquées que pose la traduction automatique (et sur lesquelles nous aurons l'occasion de revenir) s'ajoutent les problèmes liés au traitement de la parole.

## *Suggestions de lectures*

On trouvera dans les manuels d'introduction à la traduction automatique des historiques très fouillés. À noter les historiques de Arnold et collab. (1994), Hutchins (1986), Hutchins et Somers (1992), Newton (dir.) [1992] et Slocum (dir.) [1985]. Les textes de Weaver (1955), de Bar-Hillel (1960) et de Kay (1997) ont été reproduits en partie dans un collectif préparé par Nirenburg et collab. (dir.) [2003]. Le collectif comporte d'autres textes intéressants qui permettent de comprendre l'évolution de ce domaine. Pour des analyses critiques de la traduction automatique, voir Bédard (1992 et 1995) et Melby (1995). Ces textes montrent que le sujet de la traduction automatique soulève encore les passions.

Il existe de nombreux historiques de la traduction automatique, mais peu de la traduction assistée par ordinateur. Pour les préoccupations propres aux traducteurs, consulter *Circuit*. La revue consacre une chronique aux nouvelles technologies. Le RALI propose une liste de publications intéressantes, dont certaines sont citées en bibliographie.

Deux manuels anglais sont consacrés aux outils d'aide à la traduction. Austermühl (2001) aborde la question des ressources documentaires dans le Web et leur exploitation. Il s'intéresse également aux logiciels de terminologie et aux mémoires de traduction. Bowker (2002) se penche sur l'exploitation des ressources en format électronique, sur les logiciels de terminologie et sur les mémoires de traduction. Enfin, un collectif préparé par Somers (dir.) [2003a] regroupe des articles qui expliquent les nouvelles technologies utilisées en traduction. La localisation est abordée dans le désormais classique Esselink (2000). Le fonctionnement et l'évaluation de *TransType* sont présentés dans Macklovitch (2006).

# DEUXIÈME PARTIE : LES BASES

La deuxième partie comporte deux chapitres :

Le chapitre 2, *L'ordinateur et la langue, les difficultés*, examine la complexité de la langue naturelle et les problèmes qu'on doit résoudre pour la traiter automatiquement.

Le chapitre 3, *L'ordinateur et la langue, les techniques courantes*, donne un aperçu de quelques techniques mises au point par les linguistes-informaticiens et implantées dans les outils informatiques commerciaux.

# 2. L'ordinateur et la langue, les difficultés

*Le combattant brave la garde.*
JEAN BAUDOT, *Introduction aux grammaires formelles*

*The box was in the pen.*
YEHOSHUA BAR-HILLEL, « The Present Status of Automatic Translation of Languages »

*Reset bit ⇒ La remise à l'état initial a mordu.*
Traduction produite par un logiciel de TA qui préfère garder l'anonymat

Les débats décrits dans le chapitre précédent et que soulève la traduction automatique gravitent autour d'une question centrale : peut-on confier le traitement de la langue à une machine ? Il est certes possible de le faire et de nombreuses applications concrètes en témoignent. Cependant, les succès sont variables malgré des décennies de recherches dans le domaine. Ce fait en soi trahit la complexité de l'entreprise.

Une partie du problème lié au traitement automatique de la langue réside dans la nature de la langue elle-même. La **langue**, ou **langue naturelle**, est un amalgame de phénomènes complexes qui se prêtent difficilement à une série de calculs uniformisés. En outre, elle est truffée d'ambiguïtés qu'un humain, sauf exception, manie sans véritable difficulté, mais auxquelles s'achoppent continuellement les traitements automatiques.

## Les composantes de la langue

Le premier trait caractéristique de la langue qui nous intéresse ici est sa composition : la langue est constituée d'éléments distincts que nous appellerons **unités linguistiques**. Effectuons une première division bipartite des unités linguistiques :

☑ les **mots** (*table, chien, manger, notamment, eau, aboyer, caravane, la, le*) ;

☑ les **phrases**, qui résultent de la combinaison des mots (*Le chien aboie, Le chien boit de l'eau, La caravane passe*).

**Langue naturelle**

L'expression *langue naturelle* est probablement calquée sur l'anglais *natural language*. On l'utilise pour désigner les différentes formes du langage humain (par exemple, l'anglais, le russe, le polonais) par opposition à d'autres langages, appelés **langages artificiels** (comme les langages de programmation). En anglais, l'ajout de *natural* est essentiel puisque *language* est utilisé pour faire référence soit aux langues naturelles, soit aux langages artificiels. En français, l'adjectif n'est pas indispensable puisque deux formes – ***langue*** et ***langage*** – préservent la distinction. Cependant, l'expression est couramment utilisée par les spécialistes en traitement automatique de la langue et même dans certains cercles linguistiques. Comme on manipule la **langue naturelle** au moyen de langages artificiels, c'est-à-dire de langages de programmation ou d'autres langages formels, la distinction devient souvent nécessaire.

Cette division est simple, mais néanmoins fondamentale pour les traitements automatiques. Elle reflète de quelle manière ceux-ci abordent la langue, puisqu'ils utilisent les mots et les phrases comme des points de repère menant à une compréhension de la langue proprement dite.

Les mots sont composés de **morphèmes**, qui sont des unités minimales de signification indécomposables et généralement non autonomes, c'est-à-dire non utilisables isolément (*-ons* dans *buvons* et *souhaitons* ; *re-* dans *refaire*). On distingue les **morphèmes flexionnels**, c'est-à-dire les éléments qui se joignent au mot et marquent, par exemple, le nombre, le genre et le temps (*-s* dans *chiens*, *-ez* dans *mangez*), des **morphèmes dérivationnels**, c'est-à-dire les éléments qui se joignent à certains mots pour en former de nouveaux (*-ment* dans *traitement*, *-ique* dans *électronique*, *in-*, *dé-* et *-able* dans *indécomposable*[1]). Le traitement automatique de la langue s'intéresse aux deux types de morphèmes, bien que moins fréquemment aux morphèmes dérivationnels.

Les phrases, quant à elles, se composent d'ensembles fonctionnels appelés **syntagmes**, qui regroupent les mots proprement dits et véhiculent un sens (dans la phrase *Le petit chien ronge son os*, on peut dégager les syntagmes *le petit chien*, *son os* et *ronge son os* ; dans la phrase *Le linguiste décrit la langue dans son ensemble*, on distingue les syntagmes *le linguiste*, *la langue*, *son ensemble*, *dans son ensemble* et *décrit la langue dans son ensemble*).

---

[1] Les mots et les morphèmes se composent d'entités encore plus petites. Il s'agit des **sons**, qui ne sont pas significatifs en tant que tels. Par exemple, *vent* se compose de deux sons [vɑ̃], *blé* comporte trois sons [ble]. Le traitement automatique de la langue peut s'intéresser aux sons s'il cherche à faire parler l'ordinateur (synthèse de la parole) ou à lui faire comprendre des énoncés oraux (reconnaissance de la parole). Nous nous limiterons cependant au traitement de l'écrit.

Les unités linguistiques décrites ci-dessus (morphèmes, mots, syntagmes, phrases) ont toutes une forme différente ainsi qu'un comportement qui leur est propre. Pour manipuler chacune de ces unités automatiquement, il faut donc mettre au point des mécanismes distincts.

Par ailleurs, les unités linguistiques peuvent être classées dans des catégories plus précises. Les mots se subdivisent (entre autres) en catégories grammaticales (verbes, noms, adjectifs, etc.), qui peuvent à leur tour être fractionnées. Par exemple, les verbes se répartissent en verbes transitifs (*ronger* dans *Le chien ronge un os*) et verbes intransitifs (*courir* dans *Le chien court*) ; les premiers demandent un objet direct, les seconds ne l'admettent pas. Les nouveaux sous-groupes sont également régis par des lois distinctes. Parfois, les membres d'une catégorie pourtant uniforme enfreignent une règle générale (les membres marginaux sont appelés **exceptions**). Par exemple, *macareux* et *tournevis* sont invariables contrairement à la majorité des noms français ; *être* ne varie pas selon un schéma régulier, contrairement à d'autres verbes comme *aimer* et *finir*.

On conçoit donc aisément que la description des unités linguistiques (et, par conséquent, le **traitement automatique de la langue [TAL]**[1] qui s'inspire de ces descriptions) n'est pas une tâche simple. Le concepteur d'outils de traitement de la langue (le **linguiste-informaticien**) rend compte de toutes les unités linguistiques qui composent un texte ainsi que de leurs comportements respectifs (il prend également en charge les comportements marginaux). De plus, la traduction automatisée impose la description d'au moins deux langues distinctes avec leur lot de divergences, ainsi que l'établissement de correspondances entre les unités linguistiques des langues en présence.

Le chapitre 3 porte sur les diverses manières de faire traiter la langue automatiquement. Mais, auparavant, il convient de donner un aperçu des difficultés liées à une telle entreprise. Les difficultés sont réparties en tenant compte d'une distinction établie plus haut. Nous examinerons, en premier lieu, les propriétés du mot, ainsi que les problèmes inhérents à cette unité linguistique. Par la suite, nous étudierons les difficultés posées par la phrase. Enfin, nous verrons que la compréhension de certains phénomènes linguistiques passe par des connaissances qui débordent ces deux premiers repères linguistiques.

---

[1] Ce générique regroupe l'ensemble des techniques visant à faire traiter la langue par l'ordinateur. On emploie également *traitement automatique de la langue naturelle* et *traitement automatique du langage naturel* (*TALN*).

## Le mot

Le **mot** constitue un élément de référence important dans les applications du traitement automatique de la langue : il s'agit, dans la plupart des cas, du point de départ des analyses. Même si les définitions de *mot* varient en linguistique[1], c'est néanmoins autour de cette entité que s'articulent les traitements. Les traitements automatiques peuvent tenir compte de quatre propriétés associées au mot (qui font l'objet des sections suivantes) : sa délimitation ; son appartenance à une catégorie grammaticale ; sa variation flexionnelle ; son sens (ou, du moins, des indices sémantiques).

### *Délimitation du mot*

Le mot est souvent associé à une entité graphique, c'est-à-dire à une suite de lettres comprises entre des espaces, des signes de ponctuation ou d'autres caractères non alphabétiques (trait d'union ou apostrophe). Selon ces critères, la phrase reproduite à la figure 2.1 comporte six mots.

*Le chien assiste à la scène.*

| *le* | *chien* | *assiste* | *à* | *la* | *scène* |
|---|---|---|---|---|---|

**Figure 2.1 – Délimitation des mots à l'aide de repères graphiques**

**Langues et délimitation des mots**

Les problèmes posés par la délimitation des mots varient d'une langue à une autre. L'anglais utilise parfois différentes graphies pour le même mot : *set up*, *set-up*, *setup*. Ce phénomène n'est pas propre à l'anglais (*système expert*, *système-expert*). L'allemand fusionne systématiquement les éléments d'un mot complexe (*Fachsprache* : langue de spécialité ; *Muttersprache* : langue maternelle).

Cette délimitation est souvent la première que pratique un traitement automatique, mais le découpage ainsi fait ne convient pas à tous les mots. Certaines entités graphiques sont composées, en réalité, de deux mots : *au* (*à le*), *auquel* (*à lequel*) ou *du* (*de le*). Ce sont les **mots contractés**. Ainsi, la phrase apparaissant à la figure 2.2 comporte six mots, alors qu'un découpage fondé sur les indices graphiques en décélerait cinq.

[1] La linguistique préfère d'ailleurs substituer à *mot* des expressions plus techniques comme *unité lexicale*, *lexème* ou *lexie*.

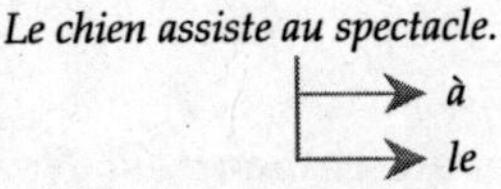


**Figure 2.2 – Phrase comportant un mot contracté**

D'autres mots sont constitués de plus d'une entité graphique. Les premiers comportent un caractère non alphabétique : *aujourd'hui*. Dans les seconds, vient s'insérer un espace : *col bleu* (« corps professionnel »), *mémoire vive, imprimante laser*. Les suites constituées de plusieurs mots (autrement autonomes) dénotant un concept unique sont appelées **mots complexes**[1]. Ainsi, la phrase de la figure 2.3 compte huit mots ; un découpage graphique aurait signalé la présence de neuf mots.

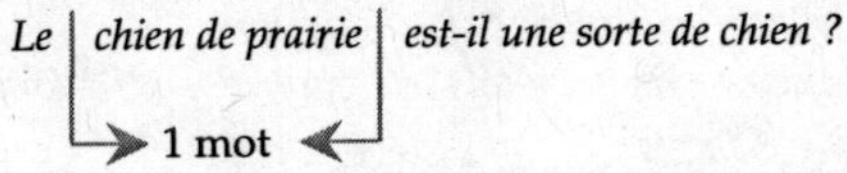


**Figure 2.3 – Phrase comportant un mot complexe**

---

**Ambiguïté de certains délimiteurs**

Aux problèmes d'infraction aux limites graphiques signalés dans cette section vient se superposer une nouvelle difficulté, à savoir l'ambiguïté des délimiteurs utilisés. Voici, par exemple, les fonctions multiples du trait d'union (recensées par Silberztein, 1993, p. 114-115 ; voir aussi la liste des interprétations possibles de l'apostrophe) :

- signe de ponctuation (remplacement du tiret –) ;
- coupure de mot en fin de ligne ;
- distinction de parties de mot (préfixes ou éléments de mots complexes) : *semi-conducteur, bas-relief* ;
- liaison d'un mot et d'une particule : *ce gardien-là* ;
- liaison d'un verbe et d'un ou deux pronoms : *dit-il, rends-le-moi* ;
- caractéristique des nombres composés : *soixante-trois, quatre-vingts* ;
- représentation de *à* : *les années 1940 à 1960 – les années 1940-1960* ;
- représentation d'un débit saccadé : *di-rec-te-ment* ;
- symbole mathématique (la soustraction).

---

[1] Nous utiliserons *mot complexe* pour faire référence à tous les mots composés de plusieurs entités graphiques. On trouve également les appellations *mot composé* et *mot graphiquement complexe*. L'expression *terme complexe* fait référence plus précisément aux mots complexes dénotant une réalité spécialisée (associée à un domaine de connaissances, comme la médecine ou l'informatique).

## *Catégories grammaticales*

Les mots se répartissent en **catégories grammaticales** : nom (*chien*, *scène*), verbe (*assister*, *boire*), adjectif (*petit*, *méchant*), adverbe (*très*, *complètement*), pronom (*je*, *lui*), déterminant (*le*, *sa*), conjonction (*et*, *mais*) et préposition (*de*, *avec*). Chacune des catégories a un fonctionnement particulier qu'il faut décrire.

En TAL, l'identification d'une catégorie n'est pas toujours chose facile, puisqu'il arrive que des chaînes de caractères identiques jouent des rôles tout à fait différents. Examinons les exemples suivants :

*Julien ferme la porte derrière lui.*
*Denis a la ferme intention d'assister à la réunion.*
*La ferme de mon oncle se trouve dans le comté de Charlevoix.*

*La dame a ouvert un compte pour son chien.*
*Sophie compte jusqu'à 100.*

Les phrases ci-dessus contiennent des formes identiques qui doivent cependant être interprétées différemment selon les contextes. Le mot *ferme*, dans la première série d'exemples, est tour à tour utilisé comme verbe, comme adjectif et comme nom ; *compte* est employé comme nom et comme verbe. Les formes *ferme* et *compte* peuvent être associées à des catégories grammaticales distinctes.

Le problème posé par *ferme* et par *compte* illustre l'une des principales difficultés en traitement automatique. Il s'agit de l'**ambiguïté** véhiculée par certaines unités linguistiques. La première forme d'ambiguïté que nous présentons ici est appelée **ambiguïté catégorielle**, puisqu'elle concerne la catégorie grammaticale des mots. (Nous verrons plus loin que l'ambiguïté peut se manifester sur d'autres plans.)

---

**Langues et ambiguïté catégorielle**

L'ambiguïté catégorielle est présente dans plusieurs langues à des degrés et à des fréquences variables. Examinons les exemples suivants illustrant six catégories différentes correspondant à la forme *round* en anglais (Hutchins et Somers, 1992, p. 85).

| | |
|---|---|
| *Liverpool was eliminated in the first round.* | Nom |
| *The cowboy started to round up the cattle.* | Verbe |
| *I want to buy a round table.* | Adjectif |
| *We are going on a cruise round the world.* | Préposition |
| *A bucket of cold water soon brought him round.* | Particule |
| *The tree measured six feet round.* | Adverbe |

---

L'ambiguïté catégorielle pose un premier problème d'interprétation, schématisé à la figure 2.4.

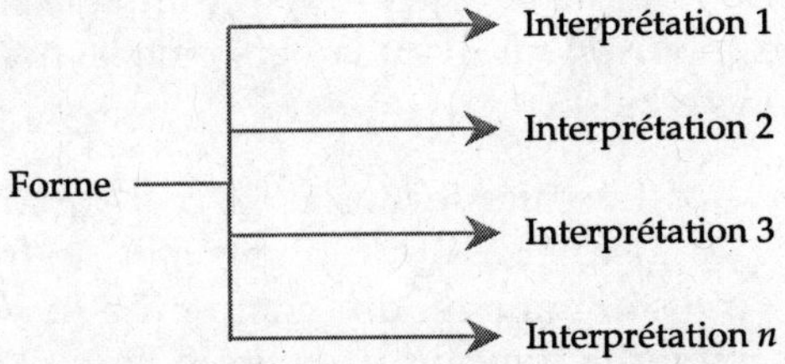


**Figure 2.4 – Ambiguïté catégorielle**

La machine doit distinguer, dans un texte qui lui est proposé, des formes identiques assumant des fonctions linguistiques différentes. Elle ne peut toutefois pratiquer cette distinction *a priori*, puisqu'elle perçoit des suites de caractères en tous points identiques.

---

**Ambiguïté catégorielle et traduction**

Les phrases comportant des formes ambiguës ravissent les opposants à la traduction automatique, puisqu'elles donnent parfois lieu à des traductions erronées.

> *The mean dog.* Traduction correcte : *Le chien méchant.*
> Traduction machine : *Le chien de moyen* (*mean* interprété comme un nom plutôt que comme un adjectif)
>
> *Figure I shows...* Traduction correcte : *La figure I montre...*
> Traduction machine : *Figurer I les spectacles* (*figure* interprété comme un verbe ; *shows* interprété comme un nom)

---

## *Variation flexionnelle*

Une nouvelle difficulté touche uniquement les mots qui appartiennent à certaines catégories grammaticales. Le phénomène est tout à fait régulier dans les langues, mais soulève des problèmes en traitement automatique. Examinons, pour l'illustrer, le verbe *assister* dans différents contextes :

*Julien est allé à Toronto pour assister à la conférence...*
*... les personnes qui assisteront aux obsèques aujourd'hui...*
*... parents et amis assisteraient à cette rencontre...*
*Patrick Roy assistait au match comme spectateur...*
*... les spectateurs assistèrent à la recréation de beaucoup...*

On constate que le verbe *assister* ne revêt pas toujours la même forme. Bien que *assister*, *assisteront*, *assisteraient*, *assistait* et *assistèrent* soient des variantes du même mot, pour l'ordinateur, toutefois, il s'agit de formes distinctes, c'est-à-dire de **chaînes de caractères** différentes.

Certains mots (les noms, les verbes, les adjectifs et les déterminants) possèdent différentes **variantes flexionnelles** et varient en fonction de facteurs comme le nombre et le genre (pour un adjectif ou un déterminant), le nombre (pour un nom) ou la personne, le nombre, le temps et le mode (pour un verbe).

Par convention, les différentes formes d'un mot variable sont réparties dans deux groupes distincts. Il y a, d'une part, la forme **canonique**, sorte de norme utilisée pour rendre compte de la réalisation neutre d'un mot. Pour un verbe français, il s'agit de l'infinitif ; pour un nom, du singulier ; pour un adjectif ou un déterminant, du masculin singulier. Le second groupe comprend les **formes fléchies**, c'est-à-dire toutes les réalisations possibles d'un mot variable à l'exception de la forme canonique (voir la figure 2.5).

| **Forme canonique** | **Formes fléchies** |
|---:|---|
| *table* | *tables* |
| *le* | *la* |
| | *les* |
| *grand* | *grande* |
| | *grands* |
| | *grandes* |
| *manger* | *mange* |
| | *manges* |
| | *mangeons* |
| | *mangez* |
| | *mangent* |
| | *mangé* |
| | *mangerai* |
| | *mangeras* |
| | *mangeront* |
| | etc. |

**Figure 2.5 – Forme canonique et formes fléchies de mots variables français**

Voilà donc une nouvelle difficulté posée : des unités linguistiques varient en contexte et il faut, pour les faire traiter uniformément, informer la machine que des formes diverses appartiennent au même mot. La variation flexionnelle est schématisée à la figure 2.6.

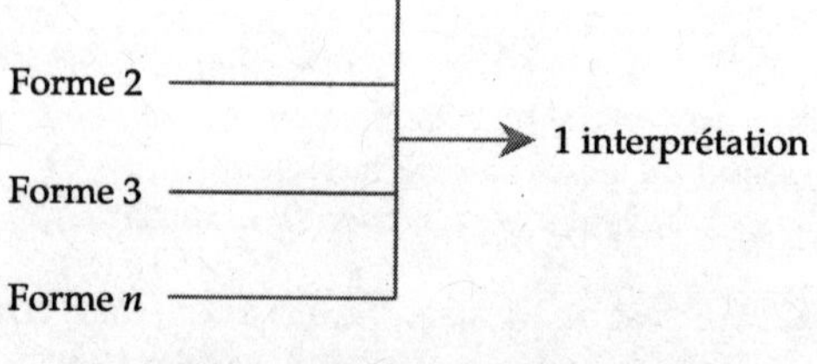


**Figure 2.6 – Variation flexionnelle**

La variation flexionnelle présente des difficultés opposées à celles que soulève l'ambiguïté catégorielle (voir la figure 2.4). Dans ce dernier cas, il faut dissocier des formes identiques. La variation flexionnelle impose, au contraire, l'association de formes différentes.

La variation flexionnelle et l'ambiguïté catégorielle doivent cependant être envisagées parallèlement. En effet, une partie des formes d'un mot peut être ambiguë, alors que ce n'est pas le cas pour toutes les autres. Examinons de nouveau les phrases contenant le mot *ferme :*

> *Julien a la ferme intention d'assister à la réunion.*
> *Denis ferme la porte derrière lui.*
> *La ferme de mon oncle se trouve dans le comté de Charlevoix.*

*Ferme* est un homographe catégoriel. Il peut s'agir d'un verbe ($1^{re}$ ou $3^{e}$ personne, indicatif présent ; $2^{e}$ personne, impératif présent ; $1^{re}$ ou $3^{e}$ personne, subjonctif présent), d'un adjectif (masculin ou féminin singulier) ou d'un nom (féminin singulier). Pour identifier la forme canonique, il faut d'abord résoudre l'ambiguïté catégorielle, comme l'illustre la figure 2.7.

Notons qu'en français, de nombreuses flexions verbales contribuent à lever l'ambiguïté catégorielle (*fermons*, *fermez*, *fermeront*, etc.). Dans d'autres langues (en anglais, par exemple), le nombre de formes fléchies est beaucoup moins élevé.

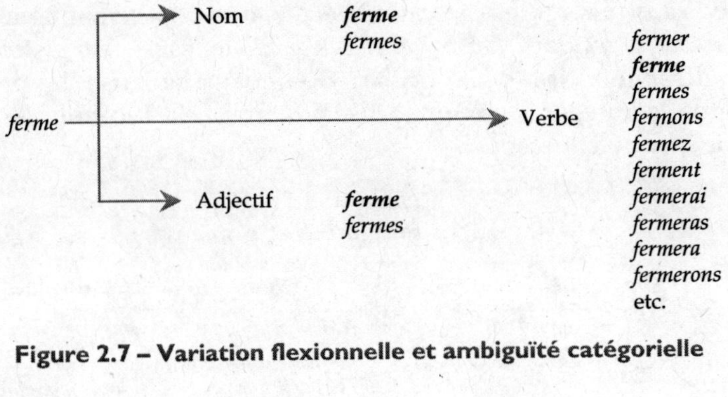


**Figure 2.7 – Variation flexionnelle et ambiguïté catégorielle**

## *Le sens des mots*

Les mots véhiculent des sens et se répartissent en **classes sémantiques**. Les noms dénotent souvent des entités concrètes (*chien* dénote un être animé ; *dame*, un humain ; *marteau*, un objet concret). Ils peuvent également désigner des activités (*alimentation*, *aboiement*), des entités abstraites (*bonheur*, *tristesse*), des relations (*partie*, *ensemble*). Les verbes dénotent des activités (*aboyer* est l'activité qui consiste à produire des sons chez un chien ; *boire* est l'activité qui consiste à avaler un liquide).

Les adjectifs dénotent souvent des propriétés (*beau* désigne la propriété d'un objet ou d'un être agréables à regarder).

Lorsqu'on envisage la question du sens des mots, un nouveau problème d'interprétation surgit. Des mots en apparence identiques peuvent véhiculer des significations différentes. Examinons les contextes suivants :

> *Les généraux conduisent les troupes à la défaite.*
> *Les métaux conduisent très bien l'électricité.*
>
> *L'huître se réfugie dans sa coquille.*
> *Ce texte comporte encore une coquille.*

Dans les deux premiers extraits, *conduire* est un verbe, donc il n'est pas ambigu sur le plan catégoriel. Pourtant, les deux formes ne sauraient être interprétées de la même manière : dans un cas, *conduire* désigne l'action de mener les gens ; dans l'autre, le mot signifie « laisser passer ». De même, *coquille* véhicule plusieurs significations. Il peut s'agir d'une imperfection, d'une faute dans un texte ou, encore, de l'enveloppe protectrice d'un mollusque.

Les exemples illustrent un nouveau type d'ambiguïté qui concerne, cette fois, le sens des mots. Le problème d'interprétation posé ici est l'**ambiguïté sémantique** ; les mots qui peuvent avoir des significations multiples sont appelés **homographes sémantiques**. En TAL, on utilise parfois le terme *homographe* de façon générique pour désigner les mots ambigus à la fois sur le plan catégoriel et sur le plan sémantique. Nous utiliserons cependant *homographe catégoriel* et *homographe sémantique* pour distinguer les deux classes de mots ambigus ; la première concerne la catégorie grammaticale des mots ; la seconde, leur sens (voir le tableau ci-dessous).

**TABLEAU 2.1**
**Homographes catégoriels et sémantiques**

| Homographes catégoriels | Homographes sémantiques |
|---|---|
| ***Note***<br>*Julien note qu'il manque des dents à ce peigne.*<br>*Apportez la note, je vous prie.* | ***Dent***<br>*Il manque deux dents à ce peigne.*<br>*Les dents de votre chien sont en parfait état.* |
| ***Fait***<br>*François a fait ce qu'il devait faire.*<br>*C'est un fait incontestable.* | ***Agent***<br>*Yvan doit en parler à son agent.*<br>*L'agent utilisé pour blanchir les dents de ce chien ne semble pas avoir bon goût.* |

**_The box was in the pen_**

> *Little John was looking for his toy box. Finally, he found it. The box was in the pen. John was very happy.*

La phrase utilisée par Bar-Hillel en 1960 (voir le chapitre 1) pour illustrer les difficultés de la traduction automatique comporte un homographe sémantique. *Pen* peut être interprété, entre autres, comme un stylo ou un parc d'enfants. L'humain qui fait intervenir ses **connaissances du monde** pour interpréter la phrase correctement sait qu'il n'est pas question d'un stylo, puisqu'on ne peut insérer une boîte dans un stylo. La machine n'a pas à sa disposition les connaissances nécessaires pour tirer le même genre de conclusion.

Tous les mots que la linguistique qualifie de **polysémiques** posent pour l'ordinateur des problèmes d'interprétation. L'ambiguïté sémantique est parfois causée par l'apparition d'un sens particulier dans un domaine de spécialité. Par exemple, le mot *souris* désigne généralement un petit animal. Cependant, en informatique, il fait référence au dispositif qui permet à l'utilisateur d'interagir avec l'ordinateur. De même, *arbre* peut désigner un végétal. Mais, en mécanique, il renvoie à une pièce de moteur et, en linguistique, à la représentation graphique de la structure d'une phrase.

Voilà donc un nouveau problème d'interprétation posé par le mot, à savoir l'ambiguïté sémantique, qui est schématisée à la figure 2.8.

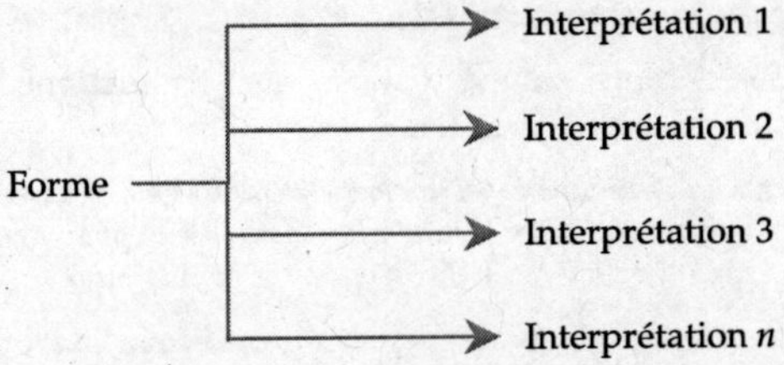


**Figure 2.8 – Ambiguïté sémantique**

On notera que la figure 2.8 a la même forme que celle qui illustre l'ambiguïté catégorielle (voir la figure 2.4). Il est vrai que, dans les deux cas, l'ambiguïté est soulevée par des formes identiques. Toutefois, c'est le sens des mots qui pose problème ici et non la catégorie grammaticale.

En outre, il arrive qu'une forme assume les rôles de plusieurs catégories grammaticales (ambiguïté catégorielle) et que chacune de ces catégories grammaticales véhicule des significations multiples (ambiguïté sémantique). Cette situation entraîne une multiplication des ambiguïtés que l'ordinateur doit prendre en charge. Ainsi, certaines formes peuvent donner lieu à un nombre impressionnant d'interprétations. C'est le cas du mot anglais *set*, dont nous présentons une partie des interprétations à la figure 2.9.

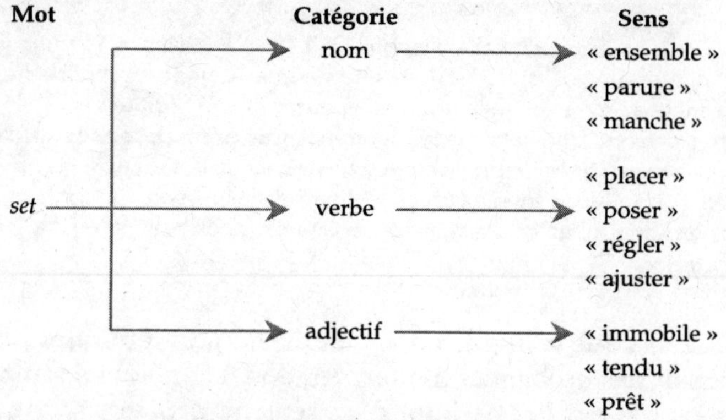


**Figure 2.9 – Quelques interprétations du mot *set***

---

**Ambiguïté sémantique et traduction**

Du point de vue de la traduction, les homographes sémantiques sont source de problèmes, puisqu'ils entraînent souvent la sélection d'équivalents différents.

| | |
|---|---|
| *Les généraux conduisent les troupes à la défaite.* | *lead* |
| *Les métaux conduisent très bien l'électricité.* | *conduct* |
| *L'huître se réfugie dans sa coquille.* | *shell* |
| *Ce texte comporte encore une coquille.* | *misprint, typo* |

L'ambiguïté sémantique donne lieu à des traductions loufoques qui réjouissent les détracteurs de la TA.

> Phrase à traduire : *Insert the conductor in the jacket* (tirée d'un texte technique).
> Traduction correcte : *Insérer le conducteur dans l'enveloppe.*
> Traduction machine : *Insérer le chef d'orchestre dans le veston.*

Il est à noter que l'ensemble des différences interlinguistiques qui interviennent sur le plan du sens est désigné par l'expression ***décalage***.

Paradoxalement, il n'est pas toujours nécessaire de distinguer les homographes sémantiques en traduction. L'exemple de *souris* illustre bien cette observation. L'anglais emploie, comme le français, une seule forme (*mouse*) pour désigner le petit rongeur et le périphérique d'ordinateur. Tout dépend de la paire de langues envisagée.

Les choses se compliquent dans certains cas en raison du phénomène de **non-isomorphie**. Une langue peut désigner au moyen de deux ou trois unités linguistiques différentes ce qu'une autre langue désigne au moyen d'une seule forme. Par exemple, l'anglais nomme la deuxième femme du père (*step-mother*) et la mère du conjoint (*mother-in-law*) au moyen de deux formes distinctes ; le français a aujourd'hui recours à une seule forme (*belle-mère*). On peut également citer l'exemple classique de *river* qui se rend en français par *fleuve* ou *rivière* selon le cours d'eau auquel on fait référence.

---

## La phrase

Les sections précédentes ont donné un aperçu des propriétés linguistiques associées aux mots et des différents problèmes que ceux-ci recèlent. Les mots ont jusqu'ici été envisagés comme des entités autonomes. Cependant, ces unités linguistiques ne sont pas utilisées de façon isolée dans les textes ; elles se combinent avec d'autres pour former des phrases. La phrase est l'entité qui permet de comprendre et de représenter différents rapports entre les mots.

La **phrase** constitue donc un second point de repère sur lequel s'appuient les traitements automatiques. On tient compte de trois propriétés principales associées à la phrase (qui sont décrites dans les sections suivantes) : sa délimitation ; l'organisation des mots qu'elle renferme ; la compatibilité sémantique de ces mots.

### *Délimitation de la phrase*

La phrase est souvent associée à une entité graphique débutant par une majuscule et se terminant par un signe de ponctuation fort (point, points de suspension, point d'interrogation ou point d'exclamation). Elle comporte le plus souvent plus d'un mot. Si nous appliquons ces critères au paragraphe de la figure 2.10, nous obtenons trois phrases.

| *Le professeur jugea qu'il n'était pas logique de procéder ainsi.* | *Pourtant, l'étudiant était persuadé que c'était la bonne méthode.* | *Mais il se rendit vite compte que des problèmes subsistaient.* |

**Figure 2.10 – Délimitation de phrases à l'aide de repères graphiques**

On ne peut pas toujours s'appuyer sur des indicateurs graphiques, pour différents motifs. D'abord, les signes de ponctuation forts sont utilisés à d'autres fins. Le point, par exemple, marque la fin de certaines abréviations (*prof.*, *Dép.*). Ensuite, les majuscules sont utilisées dans les noms propres (*prof. Tremblay, le Québec*) et dans les sigles (*ONU, BIOS*). Par exemple, le paragraphe présenté à la figure 2.11 compte deux phrases, mais trois séquences débutant par une majuscule et se terminant par un point.

| *L'étudiant doit rencontrer le prof.* | *Tremblay à la fin du cours.* | *Il semble appréhender cette rencontre.* |

**Figure 2.11 – Phrases mal délimitées I**

De plus, certaines phrases ne sont pas délimitées par des ponctuations fortes ou des majuscules. La figure 2.12 présente quatre phrases, mais seulement deux délimiteurs (la majuscule et le point).

*Pour activer la fonction, effectuer les opérations qui suivent :*
*cliquer sur la barre de menu ;*
*faire dérouler le menu édition ;*
*cliquer sur l'option coller.*

**Figure 2.12 – Phrases mal délimitées 2**

Par ailleurs, la disposition adoptée dans l'exemple de la figure 2.12 ne signale pas toujours des phrases distinctes. L'exemple de la figure 2.13 montre que des parties de phrases peuvent apparaître sur des lignes différentes.

***Recommandations faites à la population touchée par les pannes d'électricité***
*La Sécurité civile du Québec recommande aux sinistrés de ne pas demeurer chez eux et de trouver refuge :*
*– soit dans un centre d'hébergement ;*
*– soit chez des personnes qui ont l'électricité.*
*Voici les éléments auxquels il faut accorder une attention particulière avant de quitter la maison :*
*– chauffe-eau ;*
*– système de chauffage à l'eau (calorifères ou autres), etc.*

**Figure 2.13 – Parties de phrases disposées sur des lignes différentes**

## *Un ensemble organisé d'unités linguistiques*

Les mots, lorsqu'ils se combinent pour former une phrase, ne sont pas placés dans n'importe quel ordre. Il suffit, pour s'en convaincre, d'examiner les séquences de mots suivantes :

| | |
|---|---|
| *Le chien mord la dame.* | **la le dame chien mord* |
| *La dame mord le chien.* | **dame mord le chien la* |
| | **mord chien dame le la* |

Toutes les phrases citées ci-dessus contiennent les mêmes mots. Cependant, seules les phrases de gauche sont correctes ; celles de droite ne le sont pas (par convention, les suites inacceptables sont signalées au moyen de l'astérisque). Pour être acceptable, une phrase doit donc respecter certaines règles. Comme les différents principes d'organisation des unités linguistiques sont dictés par la **syntaxe**, nous dirons que l'agencement des mots respecte des **règles syntaxiques**.

Les règles syntaxiques indiquent d'abord l'ordre dans lequel des mots sont placés dans une phrase. Par exemple, en français, un déterminant précède le nom (*le chien mord* et non **chien mord le*). L'insertion d'un nouveau mot doit se faire en respectant les règles d'ordonnancement linéaire. Par exemple, si on souhaite préciser que le chien est *noir*, on ne peut insérer *noir* n'importe où (*le chien noir* et non **noir le chien* ou **Le chien mord noir la dame*).

Les règles syntaxiques rendent compte également des relations qu'entretiennent entre elles les unités linguistiques. Un déterminant détermine un nom (*le* détermine *chien* dans *Le chien mord la dame*) ; un adjectif modifie un nom (*noir* modifie *chien* dans *le chien noir*) ; un adverbe modifie un adjectif (*entièrement* dans *le chien entièrement noir*) ou un verbe (*délicatement* dans *La dame caresse délicatement son chien*), etc.

---

**Syntaxe et traduction**

Les langues ne font pas toutes appel aux mêmes règles de formation de phrases, même des langues apparentées comme le français, l'espagnol et l'italien. L'allemand, par exemple, place les verbes (conjugués à certains temps) à la fin de la phrase. Dans les langues agglutinantes, l'ordre des mots n'est pas fixé de façon stricte (cela ne signifie pas qu'il ne fait pas l'objet de règles), alors qu'en français et en anglais, l'ordre des mots révèle souvent leur fonction dans la phrase.

On dira que les langues ont des **structures divergentes** lorsque les mots ne sont pas organisés en fonction des mêmes règles syntaxiques. Un programme de traduction doit donc prendre en charge ces divergences. Par exemple, pour traduire *Sam likes London* par *Londres plaît à Sam* (Arnold et collab., 1994), il faut passer d'un verbe transitif à un verbe intransitif et inverser l'ordre des groupes nominaux.

---

Les règles syntaxiques dictent également les places que doivent occuper les parties de la phrase : le sujet, le verbe ainsi que le ou les compléments. Dans une phrase déclarative française (phrase « neutre », sans négation ni interrogation, par exemple), le sujet se place généralement avant le verbe, et les compléments, à la suite du verbe (voir la figure 2.14).

| *Le chien noir* | *mord* | *la dame effrayée.* |
|---|---|---|
| Sujet | Verbe | Complément |

**Figure 2.14 – Ordre des mots dans une phrase neutre française**

### *Ambiguïtés catégorielles dans la phrase*

Puisque les mots occupent une place déterminée dans la phrase et qu'ils assument une fonction particulière, de nombreuses **ambiguïtés catégorielles** se trouvent résolues. Illustrons ce principe au moyen d'un exemple.

Pris isolément, certains mots s'interprètent de différentes manières. C'est le cas de *glace* qui peut être utilisé comme un verbe (forme fléchie du verbe *glacer*) ou comme un nom (féminin singulier). Cependant, lorsqu'on repère le mot *glace* dans une phrase, l'interprétation s'impose d'elle-même (la plupart du temps pour l'humain) :

| | |
|---|---|
| *Julien glace le gâteau au moyen d'un couteau à large lame.* | verbe |
| *Julien préfère sa glace au chocolat.* | nom |

Comme le mot apparaît dans un environnement syntaxique particulier, l'ambiguïté est résolue : *glace* dans *Julien glace le gâteau...* ne peut être qu'un verbe, puisque la forme est flanquée d'un sujet et de compléments. En revanche, *glace* dans *Julien préfère sa glace...* est un nom, puisqu'il est déterminé par *sa* et qu'il joue le rôle de complément d'objet direct de *préférer*. En cas de doute, nous pouvons substituer d'autres mots aux formes *glace* apparaissant dans les phrases précédentes (nous allons en modifier le nombre). La substitution donne lieu à des phrases inacceptables.

*Marie et Julien glacent le gâteau au moyen d'un couteau à large lame.*
**Marie et Julien glaces le gâteau au moyen d'un couteau à large lame.*

*Julien préfère ses glaces au chocolat.*
**Julien préfère ses glacent au chocolat.*

---

**Ambiguïtés catégorielles non résolues**

Dans les exemples ci-dessus, l'ambiguïté catégorielle est résolue au moyen du contexte syntaxique, c'est-à-dire des mots voisins. Il arrive toutefois que cette résolution soit impossible, comme dans l'exemple suivant :

*Le combattant brave la garde* (Baudot, 1987).

La phrase citée comporte trois homographes catégoriels (*brave* peut être interprété comme un adjectif, un nom ou un verbe ; *la*, comme un déterminant ou un pronom ; *garde*, comme un nom ou un verbe). La juxtaposition de formes ambiguës complique la détermination des catégories grammaticales : « Un combattant garde quelqu'un ou quelque chose » ou « Un combattant affronte la garde ». Le problème lié à l'interprétation de la structure d'une phrase est appelé **ambiguïté de structure** (nous y reviendrons plus loin).

Dans un autre exemple, classique – *Time flies like an arrow* –, un traitement automatique devra choisir entre le nom et le verbe pour *time* ; entre le nom et le verbe pour *flies* et entre l'adverbe et le verbe pour *like*.

La juxtaposition des formes ambiguës donne lieu, on s'en doute bien, à des problèmes de traduction. En voici un exemple :

| | |
|---|---|
| Phrase à traduire : | *Reset bit.* |
| Traduction correcte : | *Remettre le bit à l'état initial.* |
| Traduction machine : | *La remise à l'état initial a mordu.* |

Pourquoi cette traduction ? *Reset* appartient aux catégories du verbe et du nom. Quant à *bit*, il peut s'agir de la forme passé du verbe *bite* ou d'un nom (c'est-à-dire un terme d'informatique).

---

***Ambiguïté de structure***

Nous avons vu qu'un mot se combine avec d'autres mots et que ces combinaisons obéissent à des règles syntaxiques. Cependant, une suite de mots, même si elle est acceptable, peut poser un problème d'interprétation. Examinons l'exemple suivant :

*L'auxiliaire assiste le directeur du magasin.*

La phrase est correcte (elle respecte les règles syntaxiques du français) : pourtant, elle donne lieu à deux interprétations. Elle peut laisser entendre que « l'auxiliaire assiste le directeur d'un magasin particulier » (autrement dit, *du magasin* se rattache à *directeur* : c'est un complément du nom). On peut également penser que l'action se produit à partir d'un lieu, le magasin (autrement dit, *du magasin* modifie *assister le directeur* : c'est un complément du verbe). La figure 2.15 illustre ces deux interprétations.

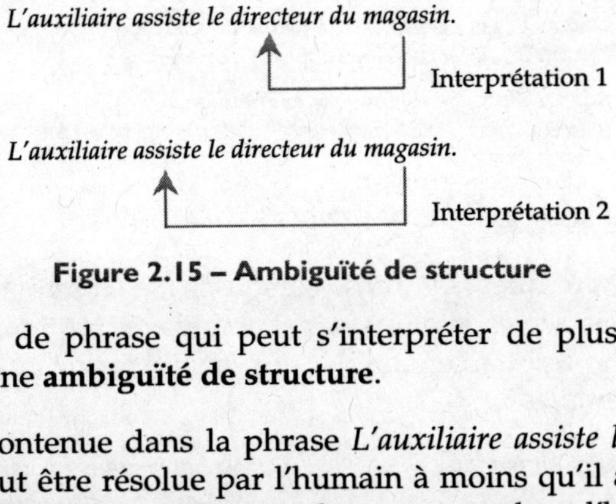


**Figure 2.15 – Ambiguïté de structure**

Une structure de phrase qui peut s'interpréter de plus d'une façon donne lieu à une **ambiguïté de structure.**

L'ambiguïté contenue dans la phrase *L'auxiliaire assiste le directeur du magasin* ne peut être résolue par l'humain à moins qu'il ait accès à un contexte plus grand. Dans d'autres phrases, cependant, l'humain résout l'ambiguïté alors que la machine n'y arriverait pas *a priori*. Examinons l'extrait suivant :

*Monsieur Michel R., un écologiste spécialisé dans les mammifères de l'UQAM,...* (Tellier, 1995).

Cette phrase fait appel d'abord à des connaissances du monde : l'UQAM est un établissement universitaire (Université du Québec à Montréal). L'humain qui sait cela déduira que *de l'UQAM* modifie *écologiste* et non *mammifères*, puisqu'il n'est pas courant de classer les personnes présentes dans ce genre d'établissement sous l'étiquette *mammifères* (même si, scientifiquement, l'étiquette est valable !).

L'ambiguïté de structure est parfois causée par d'autres phénomènes linguistiques. On se souviendra de l'ambiguïté soulevée par la juxtaposition de plusieurs mots ambigus sur le plan catégoriel (*le combattant brave la garde*). Bien qu'il s'agisse toujours d'une ambiguïté de structure, elle a des causes différentes.

---

**Ambiguïté de structure et traduction**

L'ambiguïté de structure présente dans une langue doit généralement être résolue pour produire une phrase correcte dans l'autre langue. C'est le cas si on souhaite traduire la phrase suivante vers l'anglais :

*Les invités entendent le bruit de la fenêtre* (Lyons, 1990)

Interprétation 1 : *noise made by the window*
Interprétation 2 : *noise coming from the window*

Il est parfois possible de conserver l'ambiguïté dans la traduction. Examinons la phrase suivante :

*I saw the man with a telescope.*

Interprétation 1 : *J'ai vu l'homme qui portait un télescope.*
Interprétation 2 : *J'ai vu l'homme au moyen d'un télescope.*

Traduction ambiguë : *J'ai vu l'homme au télescope.*

---

## *Compatibilité sémantique des mots*

Nous avons vu que les mots, lorsqu'ils se combinent entre eux, obéissent à des règles syntaxiques. La syntaxe, toutefois, n'est pas la seule à expliquer l'acceptabilité des combinaisons. Examinons de nouveaux exemples :

| | |
|---|---|
| *Le chien mange sa pâtée.* | **Sa pâtée mange le chien.*<br>**Le sac mange sa pâtée.*<br>**L'ordinateur mange sa pâtée.* |
| *Le chien et le chat s'enfuirent.*<br>*Julien a réparé sa maison et sa voiture.* | **Le sac et l'ordinateur s'enfuirent.*<br>**Julien a réparé son chat et son chien.*<br>**Sa maison et sa voiture ont réparé Julien.* |

Les exemples précédents sont tout à fait acceptables sur le plan syntaxique, puisque aucun d'entre eux n'enfreint les règles du français. Pourtant, les exemples de droite font sourire : on ne dira pas dans des conditions normales qu'une pâtée mange un chien, qu'un ordinateur s'enfuit ou qu'une maison répare quelqu'un.

Ces exemples montrent que les mots qui véhiculent un sens donné sont compatibles avec une classe sémantique et peuvent être incompatibles avec une autre classe. On note, par exemple, que *chien* et *chat* peuvent se combiner avec *manger* et *s'enfuir* (lorsqu'ils sont à l'origine de l'action), mais pas avec *réparer* (lorsqu'ils subissent l'action). « Manger » et « s'enfuir » sont des activités associées à des êtres animés (*chien*, *chat*, *Pierre*, etc.). Par ailleurs, la compatibilité ou l'incompatibilité peuvent s'observer pour de plus petites classes de mots : *aboyer*, par exemple, est compatible avec *chien*, mais non avec *chat* ; *miauler* est compatible avec *chat*, mais pas avec *chien*.

Il faut donc prendre de nouveaux paramètres en considération pour expliquer les suites acceptables de mots. Les combinaisons sont décrites, d'une part, en fonction de leurs rapports syntaxiques et, d'autre part, en fonction de leurs affinités sémantiques. On peut alors imposer aux structures syntaxiques des contraintes d'ordre sémantique.

### *Ambiguïtés sémantiques dans la phrase*

Les règles de compatibilité entre les mots servent à lever les **ambiguïtés sémantiques**, dont nous avons parlé plus haut. Reprenons l'exemple du mot *glace* cité pour expliquer l'ambiguité catégorielle. Nous avons omis alors de signaler que ce mot est aussi ambigu sur le plan sémantique. Lorsqu'il est utilisé comme nom, *glace* peut véhiculer plus d'un sens (nous en retenons deux ici) : 1) crème congelée et parfumée ; 2) grande plaque de verre qui reflète les images. Lorsqu'on insère la forme *glace* dans une phrase, l'interprétation sémantique s'impose d'elle-même (la plupart du temps pour l'humain) :

| | |
|---|---|
| *Julien préfère sa glace au chocolat.* | Interprétation 1 |
| *Julien se regarde dans la glace.* | Interprétation 2 |

Le mot *glace* n'est plus ambigu, puisqu'il est inséré dans un environnement sémantique. Nous pouvons illustrer le changement sémantique de *glace* en le remplaçant par des synonymes associés à chacun des sens. Ils ne peuvent être substitués à *glace* dans les deux contextes sans modifier le sens des phrases.

*Julien préfère sa crème glacée au chocolat.*
*?Julien préfère son miroir au chocolat.*

*Julien se regarde dans son miroir.*
*?Julien se regarde dans sa crème glacée.*

**Ambiguïtés sémantiques non résolues**

Dans certaines phrases, il n'est pas possible de résoudre les ambiguïtés sémantiques, même en faisant appel à des règles de compatibilité entre les mots, comme le montre l'exemple suivant :

*They passed the port at midnight* (Lyons, 1990).

*Port* doit-il être interprété comme un « port de mer » ou comme une « boisson » ? Il n'est pas possible de lever l'ambiguïté ici puisque *pass* lui-même est ambigu. En revanche, dans *They drank the port at midnight*, il n'y a plus d'ambiguïté.

### *Interprétations sémantiques non régulières*

Jusqu'à présent, nous avons tenu pour acquis qu'il est toujours possible de déduire le sens d'une phrase ou d'une partie de phrase à partir du sens de chacun des mots qui la composent. Ce n'est pourtant pas toujours le cas. Examinons les exemples suivants :

*Ils se regardaient comme des chiens de faïence.*
*Je peux tout de même lui parler, un chien regarde bien un évêque !*
*Cette personne a du chien.*

Les phrases citées ci-dessus ne peuvent s'interpréter en cumulant les sens des mots qui en font partie. Le mot *chien*, par exemple, ne dénote jamais une sorte d'animal dans ces énoncés. Il est utilisé dans des expressions véhiculant une signification qui leur est propre. La première phrase signifie que deux personnes se regardent en se méfiant l'une de l'autre. La seconde signale que l'appartenance d'une personne à un rang social supérieur n'implique pas pour autant qu'il soit impossible de lui adresser la parole. Dans la troisième phrase, *avoir du chien* qualifie une personne qui présente une particularité intéressante, qui attire l'attention. *Chiens de faïence, un chien regarde bien un évêque* et *avoir du chien* sont des **expressions figées**. Ces expressions doivent être apprises telles quelles ; on ne peut en deviner le sens en analysant chacun des mots qui les composent.

Nous dirons que les phrases présentées ci-dessus ne peuvent pas s'interpréter de façon purement **compositionnelle**. Pour les faire traiter automatiquement, il faut distinguer les expressions figées, qui forment un bloc analysable tel quel (dont l'interprétation n'est pas compositionnelle), des suites de mots libres, où chacun des mots est analysé individuellement (dont l'interprétation est compositionnelle). La figure 2.16 schématise l'analyse d'une phrase comportant une expression figée.

Phrase : mot 1 mot 2 mot 3 mot 4 mot 5 mot 6

**Figure 2.16 – Phrase comportant une expression figée**

Il faut dans ce cas considérer l'expression figée (représentée par les mots 3, 4 et 5) comme un tout, alors que les autres mots sont envisagés individuellement. Autrement dit, l'analyse des mots 1, 2 et 6 repose sur des règles générales ; la suite formée des mots 3, 4 et 5 exige, au contraire, un traitement isolé.

**Expressions figées et traduction**

Si on ne peut interpréter certaines phrases ou parties de phrases à partir des sens de chacun des mots qui les composent, on ne peut pas non plus traduire ces mots un à un. Par exemple, pour rendre l'expression suivante, l'anglais dispose aussi d'une expression figée :

*Je peux tout de même lui parler, un chien regarde bien un évêque !*
*I can speak to him, a cat may look at a king !*

Il n'existe pas toujours dans la langue cible d'expression idiomatique équivalente :

*Ils se regardaient comme des chiens de faïence.*
*They stared rudely at one another* (traduction suggérée).

Paradoxalement, certaines expressions figées se traduisent littéralement. *Demander la lune* se rend en anglais par *ask for the moon* (Hutchins et Somers, 1992).

La non-compositionnalité ne touche pas uniquement des expressions longues comme celles qui ont été citées. Parfois, elle apparaît dans un mot (par exemple, *pomme de terre*, *chemin de fer*, *col bleu*) qui est alors défini comme **mot complexe**.

La **non-compositionnalité** de certaines suites de mots n'est pas la seule difficulté d'interprétation sémantique à laquelle peut se heurter un traitement automatique. Le sens de certains mots est imprévisible et cela même s'ils ne font pas partie d'expressions figées. Examinons les exemples suivants :

*Le professeur a aboyé durant tout le cours.*

*Les nuages glacent le ciel d'une magnifique teinte framboise.*

Les contextes cités illustrent un procédé par lequel on donne aux mots une extension sémantique inattendue, inusitée. En disant que le professeur aboie, on souligne un timbre particulier et probablement désagréable. Le verbe *glacer*, qui est aussi employé d'une manière inattendue, fait ressortir la texture des nuages et le fait qu'ils recouvrent le ciel entièrement. Ce procédé, appelé **métaphore**, est fréquemment employé dans les œuvres littéraires, bien qu'il n'y soit pas confiné.

On trouve les tournures métaphoriques dans les textes les plus divers (*Ce rapport abat les préjugés, déboulonne les mythes*). La métaphore met en relation des mots dont la compatibilité sémantique n'est pas acquise *a priori*.

Certaines métaphores sont imprévisibles (les exemples cités plus haut) ; d'autres, même si elles étaient inusitées au moment de leur création, sont employées assez fréquemment pour devenir partie intégrante de l'usage (par exemple, *Il boit ses paroles, Je me tue à le dire*).

Les expressions non compositionnelles (*avoir du chien*) et les extensions métaphoriques inusitées données à certains mots (*aboyer* et *glacer* dans les exemples ci-dessus) font ressortir des dimensions sémantiques particulières des mots, dont les règles générales ne peuvent rendre compte.

## Les analyses syntaxiques et sémantiques au-delà de la phrase

Nous avons mentionné plus tôt que la phrase constitue le repère linguistique sur lequel s'appuient les traitements automatiques pour analyser les rapports syntaxiques et sémantiques entre les mots. Cependant, l'unité ainsi délimitée ne suffit pas toujours pour rendre compte de certains phénomènes. Examinons les exemples suivants :

> *Le chat poursuit les tourterelles. Il est visiblement fatigué.*
> *Le chat poursuit les tourterelles. Elles sont visiblement fatiguées.*

Dans le premier exemple, *il* se réfère à *chat* ; dans le second, *elles* a un autre antécédent : *tourterelles*. Pour établir ces relations, il a fallu déborder le cadre strict des phrases dans lesquelles apparaissent les pronoms et puiser les solutions dans les phrases précédentes. La figure 2.17 illustre les liens établis entre les phrases. Ces premiers exemples illustrent la nécessité d'une **analyse interphrastique** pour déterminer l'**antécédent** d'un pronom.

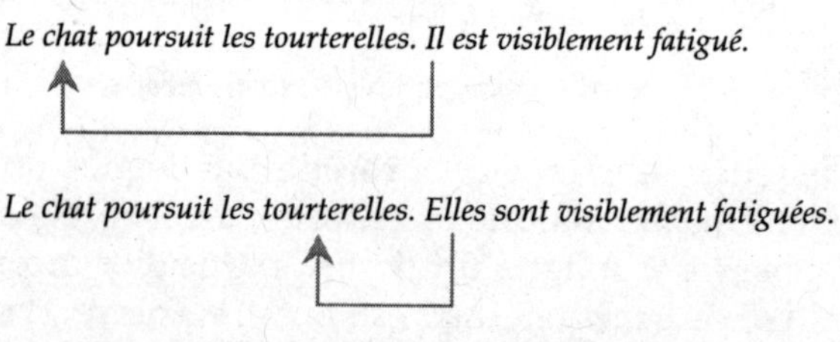


**Figure 2.17 – Antécédents des pronoms**

**Détermination de l'antécédent d'un pronom et traduction**

La détermination de l'antécédent d'un pronom est souvent essentielle pour le traduire correctement. Dans les phrases suivantes :

> *The cat tries to catch the swallow. It looks tired.*

Si *it* se réfère à *cat*, il faut le traduire par *il* (*chat*); toutefois, s'il se réfère à *swallow*, il faut le traduire par *elle* (*hirondelle*).

D'autres phénomènes exigent le recours à des analyses interphrastiques. L'information essentielle à la résolution d'une ambiguïté sémantique peut se trouver dans des phrases voisines. Dans l'exemple *They passed the port at midnight* emprunté à Lyons (1990), *port* ne peut être désambiguïsé si on l'envisage au sein de la phrase uniquement. En revanche, l'examen de phrases voisines pourrait apporter des éléments de solution. S'il n'est nullement question, ailleurs dans le texte, de la mer, de marins et autres concepts liés au domaine maritime, l'ambiguïté est levée : il s'agit alors probablement de *porto*.

## Les connaissances extralinguistiques

On se souviendra de l'exemple donné par Bar-Hillel (1960), qui contient une ambiguïté sémantique : *The box was in the pen*, ou de l'ambiguïté de structure dans la phrase de Tellier (1995) : *Monsieur Michel R., un écologiste spécialisé dans les mammifères de l'UQAM,...* Dans le premier cas, l'humain interprète *pen* comme un « parc d'enfants » compte tenu des tailles respectives des stylos, des parcs et des boîtes. Dans le second cas, l'humain sait qu'il est peu fréquent de traiter les personnes se trouvant dans un établissement universitaire de mammifères.

Les connaissances linguistiques ne suffisent pas toujours pour faire une analyse qui s'appuie sur des **connaissances du monde**. Le traducteur connaît bien cette question puisqu'il y est constamment confronté dans la pratique. Pour rendre un texte dans une langue cible, le traducteur non seulement mobilise des connaissances linguistiques, mais aussi fait appel à ses connaissances du thème traité dans le texte à traduire. Ces connaissances peuvent faire déjà partie du bagage du traducteur ou encore être acquises en cours de traduction.

Par ailleurs, la langue est souvent soumise à des usages qui font fi de la logique stricte et qui reposent plutôt sur des conventions (sociales, géographiques ou historiques). L'appartenance à des cultures différentes explique des choix de mots ; ainsi, pour parler du même objet, un Français et un Québécois utilisent deux mots différents (par exemple, *congère, banc de neige* ; *glace, crème glacée* ; *bagnole, char*). Par ailleurs, on adapte souvent nos moyens d'expression à notre interlocuteur ; ainsi, on parlera différemment d'un bris mécanique dans notre voiture si l'on s'adresse à un enfant ou au garagiste, ou si l'on rédige un texte pour réclamer un paiement à notre agent d'assurances :

> *La chose (truc ou machin pour un enfant français) dans le moteur est cassée.*
> *Le moteur ne tourne plus. J'ai l'impression qu'une pièce dans le moteur s'est brisée.*
> *Objet : demande d'indemnisation pour bris dans un moteur d'automobile.*

Toutes les connaissances dont il a été question dans cette section ne sont pas inférées à partir des unités linguistiques présentes dans les phrases. *A priori*, ces connaissances ne sont pas accessibles à la machine.

## Conclusion

Le présent chapitre a mis en relief les multiples dimensions de la langue pertinentes du point de vue de son traitement automatique et souligné les ambiguïtés que recèlent les unités linguistiques. Le tableau 2.2 rappelle les propriétés associées au mot et à la phrase, ainsi que les problèmes soulevés par chacune d'elles.

**TABLEAU 2.2**
**Récapitulatif des unités linguistiques et des problèmes liés à leur traitement**

| Unités | Propriétés | Problèmes |
|---|---|---|
| | Limites du mot | Délimitation ne correspondant pas à des repères graphiques (*auquel*, *pomme de terre*) |
| | Appartenance à une catégorie grammaticale | Ambiguïté catégorielle (*Denis ferme la porte, Julien a la ferme intention…, Mon oncle a une ferme*) |
| MOT | Variation flexionnelle | Formes différentes associées à un seul mot (*ferme, fermez, fermer, fermerons*, etc.)<br>Ambiguïté catégorielle (*fermes* : adjectif ; *fermes* : nom) |
| | Sens | Ambiguïté sémantique (*Ce texte comporte une coquille ; L'huître se réfugie dans sa coquille*) |
| | Limites de la phrase | Délimitation ne correspondant pas à des repères graphiques (*prof.*, *Dép.*) |
| PHRASE | Structure syntaxique | Ambiguïté de structure (*L'auxiliaire assiste le directeur du magasin*) |
| | Compatibilité sémantique des mots | Non-compositionnalité, métaphore (*perdre la tête, Le professeur a aboyé*) |

Retenons également que la résolution de certains problèmes nécessite la prise en considération de phrases avoisinantes ou passe par des connaissances qui ne sont pas transmises par le texte (les connaissances extralinguistiques).

Nous examinerons, dans le chapitre 3, différentes techniques mises au point pour manipuler de façon automatique l'ensemble des propriétés linguistiques ou une partie de celles-ci. Nous verrons également de quelle manière les problèmes associés à ces propriétés sont résolus.

## *Suggestions de lectures*

Pour une introduction générale à la linguistique et à sa terminologie, voir Leclerc (1989) et Lyons (1970). On trouvera dans Dubois et collab. (1973) les définitions des termes utilisés dans ce chapitre ainsi que de nombreux exemples. Pour une présentation des principes d'organisation de la phrase, voir Tellier (1995), notamment la première partie. Les particularités linguistiques à envisager du point de vue de la traduction sont détaillées dans l'ouvrage classique de Vinay et Darbelnet (1977).

Les connaissances sur la langue nécessaires aux traitements automatiques et les difficultés posées par le traitement automatique de la langue sont abordées dans Bouillon et collab. (1998), plus précisément dans le premier chapitre. Quelques difficultés sont également présentées dans Wehrli (1997), au premier chapitre. Fuchs (1996) aborde de manière systématique le problème de l'ambiguïté en français.

Pour les difficultés spécifiques de la traduction automatique, voir Hutchins et Somers (1992), notamment les chapitres intitulés *Analysis*, *Transfer* et *Generation*.

# 3. L'ordinateur et la langue, les techniques courantes

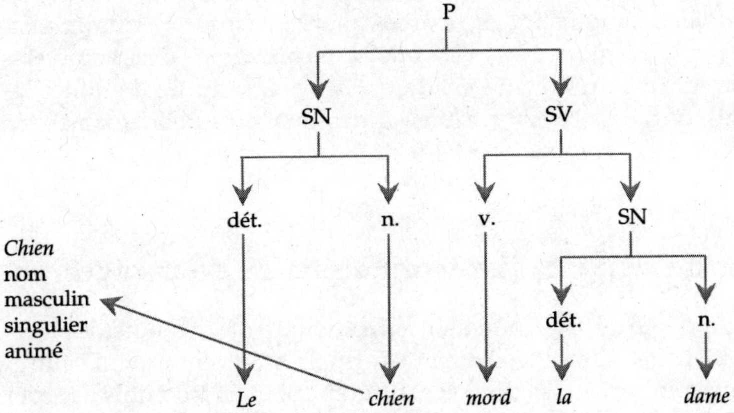


Afin de rendre intelligibles les caractères contenus dans un texte en vue d'une application particulière, les linguistes-informaticiens ont mis au point différentes techniques rassemblées, rappelons-le, sous le générique ***traitement automatique de la langue***. Nous en présentons quelques-unes dans le présent chapitre. Elles peuvent être regroupées dans les catégories suivantes :

☑ **Techniques linguistiques** : Elles consistent à doter un traitement automatique d'un ensemble de connaissances sur la langue (ou sur plus d'une langue dans le contexte de la traduction). Les techniques linguistiques permettent de reconnaître le mot, sa catégorie grammaticale, sa variation flexionnelle, la structure de la phrase où il apparaît, et d'interpréter des indices sémantiques. En outre, certaines techniques linguistiques sont conçues pour résoudre les ambiguïtés.

☑ **Techniques basées sur corpus** : Ici, le traitement automatique s'appuie sur des unités et énoncés linguistiques déjà produits (et rassemblés dans un ensemble de textes appelé corpus) pour prendre des décisions relatives à la langue. Les techniques basées sur corpus peuvent prendre en charge les mêmes problèmes que les techniques linguistiques.

☑ **Techniques numériques** : Le traitement automatique de la langue peut également se faire au moyen de méthodes radicalement différentes, dans leurs principes, des techniques linguistiques. Une

> stratégie consiste à mesurer les probabilités des phénomènes linguistiques et à opter pour la plus forte lors d'un traitement particulier. Des techniques numériques pures ou combinées avec une technique linguistique prennent en charge les mêmes éléments que les techniques purement linguistiques.

Les techniques linguistiques, basées sur corpus et numériques s'appuient en premier lieu sur une interprétation des caractères (semblables et distincts) contenus dans les textes, afin de délimiter les mots et les phrases. Nous verrons ci-dessous de quelle manière la reconnaissance des caractères est effectuée dans les traitements les plus courants.

## Le point de départ : la reconnaissance de caractères

Le point de départ d'un traitement effectué par un ordinateur est un simple texte et les différents éléments formels qu'il renferme. D'autres applications exploitent des données différentes, mais les outils abordés dans cet ouvrage se limitent au **traitement de l'écrit**. Lorsqu'on lui soumet un texte, l'ordinateur n'y voit, *a priori*, qu'un enchaînement linéaire de formes typographiques et d'espaces (voir la figure 3.1).

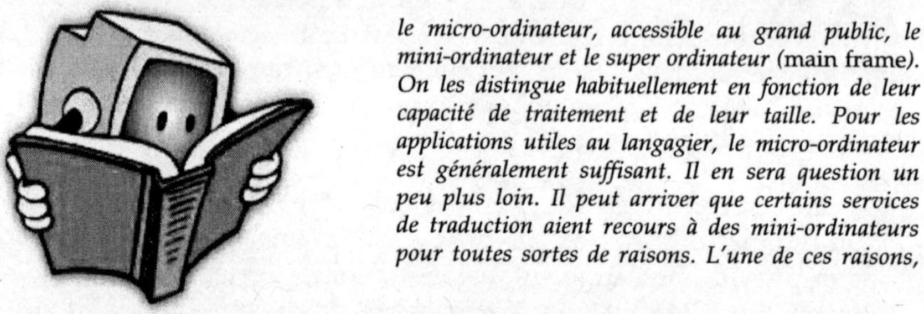


**Figure 3.1 – Texte soumis à l'ordinateur**

L'appareil perçoit des **caractères** (des formes différentes) et des **chaînes de caractères** (des suites ininterrompues) et non des mots, des catégories grammaticales ou des phrases résultant de la combinaison des mots. Silberztein décrit la situation de la façon suivante : « [...] les textes sont représentés sous forme typographique, non linguistique » (1993, p. 117).

---

**D'autres points de départ pour d'autres applications**

Les outils décrits dans cet ouvrage exploitent des techniques associées au **traitement de l'écrit**. Dans ce cas, il est vrai, le point de départ est un texte. Il existe cependant des traitements automatiques qui s'appuient sur d'autres éléments de référence.

☑ **Traitement automatique de la parole** : Le point de départ (en reconnaissance de la parole) est une suite de sons. Le traitement automatique de la parole présente des difficultés particulières qui ne se posent pas pour le traitement de l'écrit. À l'oral, les frontières entre les mots sont souvent mal définies et des propriétés linguistiques, comme le pluriel ou le temps verbal, ne sont pas toujours distinguées par des sons différents (par exemple, *mange*, *manges* et *mangent*).

☑ **Génération automatique de textes** : Certaines formes de génération de textes procèdent à partir de concepts de base (les idées à exprimer) pour produire des phrases intelligibles. Précisons que le terme *génération* est également utilisé dans le contexte de la traduction automatique. Dans ce domaine, il a une extension différente sur laquelle nous reviendrons au chapitre 10.

L'ordinateur, même s'il ne possède au départ aucune connaissance sur les unités linguistiques, peut reconnaître des caractères et des chaînes de caractères. La lecture brute effectuée par la machine est exploitée dans une application toute simple, à savoir l'identification de chaînes de caractères dans un texte. Par exemple, si on lui demande de retrouver la chaîne composée des caractères *n*, *o* et *m*, et d'extraire le contexte dans lequel celle-ci apparaît, l'ordinateur peut produire une liste comme celle qui apparaît à la figure 3.2.

```
remercie en mon   nom   et au nom des autres
designers de re   nom   . Vous pouvez être a
au monde. La re   nom   mée de notre entrepr
sque toutes les   nom   breuses personnes qu
```

**Figure 3.2 – Contextes contenant la chaîne *nom***

On découvre rapidement les limites de la lecture brute lorsqu'elle est entreprise à des fins de traitement de la langue. Aucune distinction n'est faite entre le mot et les autres suites de caractères. Dans la liste reproduite plus haut, seul le premier contexte présente réellement une **occurrence** du mot *nom*.

**Caractères identiques et distincts**

*A priori*, *b* et *B* sont des caractères distincts pour la machine, puisqu'ils sont associés à des codes numériques différents. En fait, ils sont aussi différents au départ que *z*, *2* et *?*. La parenté de *b* et de *B*, ou de n'importe quelle paire de minuscule et majuscule, doit être formulée explicitement pour être interprétée comme telle. Les solutions adoptées varient d'un outil à l'autre :

☑ préservation de la distinction : les formes *base*, *Base* et *BASE* sont distinctes (cette prise en compte est appelée *case-sensitive* en anglais) ;

☑ neutralisation de la distinction : *base*, *Base* et *BASE* sont alors analysés comme trois variantes du même mot.

La neutralisation de caractères peut toutefois entraîner des ambiguïtés. Par exemple, *who* (en minuscules) est un mot commun (*qui*), *WHO* (en majuscules) est notamment l'abréviation de *World Health Organization*. On peut aussi imposer d'autres types de neutralisation : les formes accentuées de certaines langues. Ici aussi, il y a risque d'ambiguïté : par exemple, le mot *cote* peut correspondre à *côté*, à *coté*, à *cote* ou à *côte*.

Il faut donc communiquer à la machine certains renseignements lui permettant de mieux définir les divers éléments qui se succèdent dans un texte. Comme les caractères et les chaînes de caractères sont les premiers indices sur lesquels s'appuie un traitement automatique, on leur associera des informations qui seront par la suite interprétées par l'ordinateur. Il utilisera ces indices pour reconnaître les mots, d'une part, et les phrases, d'autre part.

### *Délimitation du mot*

Pour délimiter les mots, le traitement automatique doit distinguer les caractères qui entrent dans la formation de ces mots de ceux qui n'en font pas partie. Les repères utilisés pour découper le mot sont, le plus souvent, les espaces. À ces premières balises il faut ajouter les signes de ponctuation (point, deux-points, virgule, barre oblique, etc.) et autres caractères non alphabétiques (trait d'union, apostrophe). L'ordinateur considère alors que *nom* est un mot dans les combinaisons suivantes : *le nom de cette entreprise, prête-nom, en mon nom, c'est son nom.* Le découpage d'un texte en mots, lorsqu'il est réalisé de manière automatique, porte le nom de ***segmentation***.

Dorénavant, les chaînes de caractères délimitées au moyen de ces indicateurs graphiques seront appelées **mots simples**. Quant aux chaînes non délimitées, elles seront désignées par ***chaînes non définies***. Le terme ***chaînes de caractères*** servira à englober les deux types de suites. La figure 3.3 illustre les différentes expressions utilisées pour distinguer les chaînes de caractères.

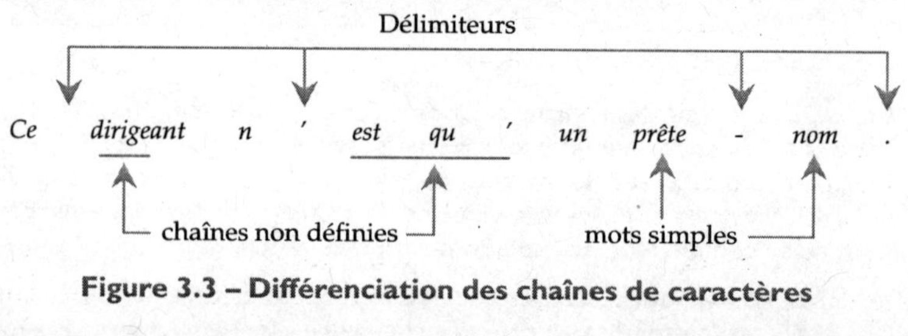


**Figure 3.3 – Différenciation des chaînes de caractères**

Si la délimitation graphique convient à un grand nombre de mots, on constate qu'elle échoue parfois. Elle ne permet pas, par exemple, de considérer *prête-nom* comme un mot unique. À cette étape, le programme informatique, qui s'appuie exclusivement sur des limites graphiques (espaces, signes de ponctuation et autres caractères non alphabétiques), ne peut déceler les mots qui ne coïncident pas avec ces limites (voir la section consacrée à la délimitation du mot au chapitre 2).

Le problème posé par *prête-nom* peut se résoudre si on analyse le trait d'union comme une partie de mot et non comme un délimiteur. Cependant, peu importe la stratégie adoptée, le traitement effectué reste toujours systématique à cette étape. Ainsi, les signes de ponctuation ou autres caractères non alphabétiques qui font partie de mots dans certains cas et constituent des délimiteurs dans d'autres seront toujours des obstacles à la reconnaissance des mots compte tenu de leur ambiguïté. Le traitement automatique viendra à bout de cette difficulté lorsqu'il pourra consulter un **dictionnaire**.

## *Délimitation de la phrase*

La délimitation de la phrase s'appuie également sur des indices graphiques. Les marqueurs utilisés sont la majuscule (pour signaler le début d'une phrase) et un signe de ponctuation fort (le point, les points de suspension, le point d'interrogation et le point d'exclamation) suivi d'un espace et d'une majuscule (pour en marquer la fin). À ces premiers repères on ajoute des éléments structurels (de formatage) comme les retours de chariot et les tabulations. Ces derniers indices servent à fragmenter en phrases le paragraphe de la figure 3.4, même si un seul point et une seule majuscule sont décelés.

*Pour activer la fonction, effectuer les opérations qui suivent :*
*cliquer sur la barre de menu ;*
*faire dérouler le menu édition ;*
*cliquer sur l'option coller.*

| | |
|---|---|
| 1. | *Pour activer la fonction, effectuer les opérations qui suivent :* |
| 2. | *cliquer sur la barre de menu ;* |
| 3. | *faire dérouler le menu édition ;* |
| 4. | *cliquer sur l'option coller.* |

**Figure 3.4 – Découpage d'un texte en phrases à partir d'éléments structurels**

Tous ces indicateurs permettent, il est vrai, de découper convenablement un grand nombre de phrases. Cependant, une délimitation fondée uniquement sur des repères graphiques n'est pas tout à fait satisfaisante. D'abord, des parties de phrases sont parfois disposées sur des lignes différentes : par exemple, les titres et les éléments qui figurent dans des énumérations. Rappelons un exemple donné au chapitre 2 :

| | |
|---|---|
| ***Recommandations faites à la population touchée par les pannes d'électricité*** | Titre |
| *La Sécurité civile du Québec recommande aux sinistrés de ne pas demeurer chez eux et de trouver refuge :* | |
| *– soit dans un centre d'hébergement ;* | Énumération |
| *– soit chez des personnes qui ont l'électricité.* | |
| *Voici les éléments auxquels il faut accorder une attention particulière avant de quitter la maison :* | |
| *– chauffe-eau ;* | Énumération |
| *– système de chauffage à l'eau (calorifères ou autres), etc.* | |

Le traitement automatique qui s'appuie exclusivement sur des repères graphiques découpera toutes les suites de mots figurant sur des lignes différentes comme des phrases, comme l'illustre la figure 3.5. Un programme qui effectue une analyse véritable de la phrase peut traiter ces séquences comme des phrases entières (par exemple, il peut tenter de repérer un verbe alors qu'elles n'en contiennent aucun)[1].

| | |
|---|---|
| 1 | ***Recommandations faites à la population touchée par les pannes d'électricité*** |
| 2 | *La Sécurité civile du Québec recommande aux sinistrés de ne pas demeurer chez eux et de trouver refuge :* |
| 3 | *– soit dans un centre d'hébergement ;* |
| 4 | *– soit chez des personnes qui ont l'électricité.* |
| 5 | *Voici les éléments auxquels il faut accorder une attention particulière avant de quitter la maison :* |
| 6 | *– chauffe-eau ;* |
| 7 | *– système de chauffage à l'eau (calorifères ou autres), etc.* |

**Figure 3.5 – Découpage d'un texte en phrases à partir de repères graphiques**

Un nouveau problème survient lorsque les caractères définis comme séparateurs de phrases ont d'autres finalités. Le point, rappelons-le, est souvent placé à la fin d'une abréviation (*Dép. de linguistique, prof. Tremblay*) et ne signale pas nécessairement une fin de phrase. L'ambiguïté peut se résoudre partiellement si on examine la chaîne de caractères qui succède au point : si elle commence par une majuscule, il s'agit d'une nouvelle phrase ; si, au contraire, elle commence par une minuscule, elle fait partie de la phrase. Toutefois, certains mots débutant par une majuscule (les noms propres, par exemple) peuvent succéder à une abréviation sans signaler une nouvelle phrase. Une solution de ce problème consiste à répertorier les abréviations les plus courantes telles quelles (c'est-à-dire avec le point) dans un dictionnaire

[1] Certains systèmes plus avancés font appel à une analyse syntaxique pour s'assurer que la séquence analysée est bien une phrase. Toutefois, les systèmes commerciaux vont rarement jusque-là.

pour rendre un programme apte à différencier les points de fin de phrase des points abréviatifs (voir la figure 3.6).

**Dictionnaire**
boul.
Hon.
M.
prof.

**Figure 3.6 – Dictionnaire contenant des abréviations**

D'autres signes de ponctuation, comme les parenthèses, les crochets, les guillemets et les tirets, posent également des problèmes lors du découpage d'un texte en phrases. Les traitements réservés à ces signes varient d'une application à l'autre. Par exemple, on peut envisager le contenu d'une parenthèse comme une phrase entière. Toutefois, une approche systématique dans ce domaine est rarement satisfaisante. La parenthèse, pour ne citer que ce cas particulier, peut contenir quelques mots, une proposition ou une phrase entière, comme l'illustrent les exemples suivants :

| | |
|---|---|
| *L'actuel président d'Hydro-Québec (André Caillé) a su rehausser l'image de la société d'État.* | Nom en apposition |
| *Le président d'Hydro-Québec (dont la cote de popularité ne cesse de croître ces jours-ci) doit donner une conférence de presse à 15 h.* | Partie de phrase : proposition |
| *Le parti d'opposition a sévèrement critiqué les négligences antérieures d'Hydro-Québec (soulignons que le chef du parti est demeuré silencieux pendant toute la durée des pannes).* | Phrase entière |

## Les techniques linguistiques

Les techniques de reconnaissance décrites ci-dessus sont utiles, quoique limitées, pour découvrir la véritable nature linguistique des chaînes de caractères. S'il est vrai qu'elles sont nécessaires pour amorcer un traitement automatique de la langue, elles ne peuvent mener à sa véritable représentation : elles ignorent quels sont la fonction des mots ou leur sens, pour ne citer que ces deux propriétés linguistiques. Pour pousser plus avant une analyse, il faut pourvoir un programme d'informations supplémentaires.

Une stratégie consiste à doter un traitement automatique d'un ensemble de connaissances linguistiques qui le rendront apte à « comprendre » les unités qui se succèdent dans un texte. Les techniques qui s'appuient sur cette stratégie sont les **techniques linguistiques** : elles font l'objet des sections suivantes.

Pour consigner ces connaissances, le linguiste-informaticien puise dans les modèles que lui propose la linguistique. Il utilise donc les **descriptions** des linguistes qui énumèrent *in extenso* les formes des unités linguistiques ou des éléments de leur comportement. Il a également recours aux **règles** qui saisissent des généralisations dans un amas de phénomènes en apparence hétérogènes. Le linguiste-informaticien doit toutefois adapter des modèles élaborés à des fins descriptives ou théoriques et les coder pour les rendre exploitables par un programme informatique.

En fait, le linguiste-informaticien s'appuie sur les principes d'une **linguistique** dite **formelle**, dont l'objet est de décrire l'ensemble des phénomènes linguistiques de façon **explicite**. L'humain infère souvent des éléments implicites dans la langue. Par exemple, il n'y a rien dans une phrase qui dit qu'une forme *x* est un verbe ou qu'une forme *y* est un nom. Même l'information donnée dans un dictionnaire usuel reste partielle : le lexicographe tient pour acquis que l'utilisateur sait déjà certaines choses lorsqu'il aborde un ouvrage de référence (par exemple, les flexions des mots qui varient régulièrement sont rarement explicitées). Une machine ne décode pas tous ces renseignements à moins qu'ils ne soient inscrits tels quels dans un programme ou un répertoire qu'elle peut consulter : toute information essentielle doit être notée systématiquement.

L'explicitation entreprise par la linguistique formelle est réalisée au moyen d'un langage symbolique sans équivoque[1]. Chaque unité linguistique et chacune des propriétés de cette unité sont associées à un code unique et distinct des autres codes. Le linguiste-informaticien manipule une langue naturelle chargée d'ambiguïtés (voir le chapitre 2) au moyen d'un langage qui en est totalement dépourvu.

En plus de décrire les unités linguistiques, le linguiste-informaticien établit des procédures pour les manipuler. Le traitement automatique doit interpréter les comportements des différentes unités linguistiques – par exemple, les formes que revêtent les mots ou leur agencement dans une phrase. Les manipulations pratiquées sur les mots et les phrases par la linguistique formelle sont réalisées au moyen d'un langage mathématique. Le linguiste-informaticien effectue sur la langue un certain nombre d'opérations qu'il formule au moyen d'un symbolisme et d'une logique mathématiques.

---

[1] Notons que, même si les traitements automatiques utilisent un langage symbolique, nous avons tenté d'éliminer, dans cet ouvrage, toute représentation purement symbolique afin de clarifier la présentation des techniques.

## *Prise en compte du mot : le dictionnaire*

Les techniques linguistiques doivent reconnaître les mots et leur associer certaines propriétés. Pour ce faire, elles ont souvent recours à un **dictionnaire**[1], c'est-à-dire à une liste qui contient, idéalement, tous les mots d'une langue. Le terme *dictionnaire* évoque inévitablement le dictionnaire usuel. S'il est vrai que, dans les deux cas, on décrit l'ensemble des mots, les contenus des deux répertoires diffèrent sensiblement.

Le dictionnaire constitue une composante essentielle dans la plupart des traitements automatiques. Il s'agit du premier répertoire consulté par un programme, qui s'appuie sur lui pour poursuivre des analyses (l'information grammaticale et sémantique sur les mots y est consignée, comme on le verra plus loin). Pour illustrer de quelle manière un dictionnaire est sollicité lors d'un traitement, nous allons construire un microdictionnaire qui renferme cinq mots :

*chien*
*dame*
*la*
*le*
*mord*

Ce microdictionnaire reconnaît les mots qui figurent dans les phrases suivantes :

*Le chien mord la dame.*
*La dame mord le chien.*

Un programme parcourt ces phrases, retient chacun des mots qu'elles contiennent et les recherche dans le dictionnaire. (Si la forme n'apparaît pas, le programme ne peut établir de correspondance. Par exemple [voir la figure 3.7], si le mot *bouledogue* se substitue à *chien* dans la phrase citée, notre microdictionnaire ne peut le reconnaître.)

[1] Le terme *lexique* est également utilisé pour faire référence au répertoire de mots consulté par un traitement automatique.

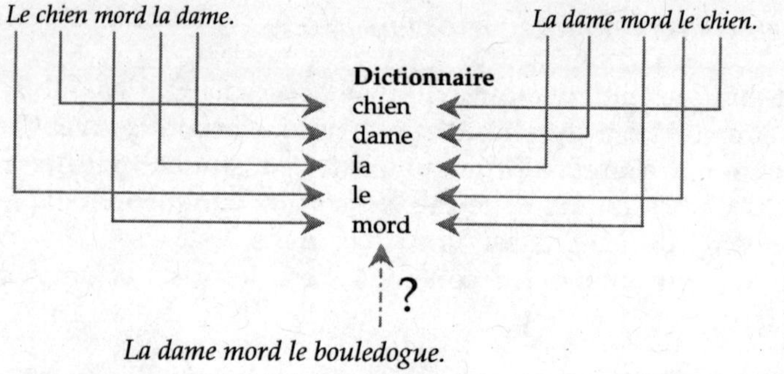


**Figure 3.7 – Reconnaissance de mots à l'aide d'un dictionnaire**

## *Dictionnaires et délimitation des mots*

Nous savons que les mots ne peuvent pas tous être découpés au moyen de repères graphiques : les mots contractés (*au* et *du*), les mots comportant un caractère non alphabétique (*aujourd'hui*) et les mots complexes (*pomme de terre*) ne respectent pas les règles de découpage simples.

La technique généralement utilisée pour résoudre ce problème consiste à ajouter ces mots tels quels dans le dictionnaire (voir la figure 3.8). Il faut cependant les assortir de renseignements particuliers en vue d'une manipulation ultérieure. Par exemple, *au* et *du* sont définis comme des **mots contractés** à envisager comme tels lors de l'analyse morphologique ou syntaxique (ces formes d'analyse seront décrites plus loin). De plus, l'information sur le mode de flexion des mots avec trait d'union ou apostrophe est notée explicitement, puisque nombre d'entre eux ne varient pas régulièrement (*prête-nom, prête-noms ; gratte-ciel, gratte-ciel ; homme-grenouille, hommes-grenouilles*).

En traduction, le dictionnaire doit tenir compte d'une contrainte supplémentaire. Il est parfois nécessaire d'inclure des mots complexes comme *chemin de fer* ou *pomme de terre* (qui varient pourtant régulièrement), pour obtenir des traductions satisfaisantes, soit *railroad* et *potato*. La traduction des mots isolés produirait les traductions *steel path* et *soil apple* ou, encore, *path of steel* et *apple of soil*.

**Dictionnaire**
au
aujourd'hui
chemin de fer
du
nom
pomme de terre
prête-nom

**Figure 3.8 – Dictionnaire avec mots contractés, mots complexes et mots comportant un caractère non alphabétique**

Cependant, l'ajout des mots complexes au dictionnaire peut en soi être une source d'analyses erronées. On peut admettre, par exemple, que *pomme de terre* et *col bleu* (qui dénote le membre d'un corps professionnel) sont des mots complexes et les entrer tels quels dans un dictionnaire. Cependant, il arrive que les mêmes séquences jouent des rôles tout à fait différents dans les phrases, comme le montrent les exemples ci-dessous :

*Il a recouvert la pomme de terre.*
*Je cultive les pommes de terre.*

*J'aime le col bleu de cette chemise.*
*Les cols bleus de la ville de Montréal sont en colère.*

## *Identification des catégories grammaticales*

Le dictionnaire élaboré plus haut reconnaît les mots corrects, mais ne dit rien de leur appartenance à une catégorie grammaticale. Ce renseignement est cependant indispensable pour décrire le comportement d'un mot dans une phrase ou son mode de variation flexionnelle. De plus, l'appartenance à une catégorie définit les rapports qu'un mot entretient avec des mots avoisinants.

La technique employée pour faire reconnaître une catégorie grammaticale est relativement simple : il suffit de l'indiquer dans le dictionnaire (cette technique est appelée **catégorisation**). Le répertoire ainsi enrichi comporte un premier élément indispensable pour amorcer l'analyse linguistique des mots. Illustrons la technique en catégorisant les mots apparaissant dans la petite phrase citée plus haut, à savoir *Le chien mord la dame* (voir la figure 3.9).

**Dictionnaire**
*chien*, nom
*dame*, nom
*la*, déterminant
*le*, déterminant
*mord*, verbe

**Figure 3.9 – Dictionnaire avec mention des catégories grammaticales**

---

**Systèmes de catégorisation**

Il existe plusieurs façons de catégoriser les mots dans un dictionnaire. En TAL, on a souvent recours à une catégorisation nettement plus précise que ce qui est décrit dans cette section. Par exemple, on peut distinguer les articles définis et indéfinis, les déterminants possessifs et démonstratifs. De même, les verbes sont parfois classés en verbes transitifs, intransitifs, les noms en noms propres, noms communs, etc.

*ce*, démonstratif
*chien*, nom commun
*courir*, verbe intransitif
*le*, article défini
*mordre*, verbe transitif
*Sophie*, nom propre

Le linguiste-informaticien opte pour la catégorisation qui convient le mieux à une application donnée et rédige des règles en tenant compte du mode choisi.

---

**Catégorisation dans le texte**

De plus en plus d'applications de TAL font appel à une technique différente pour reconnnaître les catégories grammaticales auxquelles appartiennent les mots. Les catégories sont mentionnées directement dans le texte à traiter au moyen de la technique de l'**étiquetage morphosyntaxique**.

<dét.>*Le*</dét.>
<n.>*chien*</n.>
<v.>*mord*</v.>
<dét.>*la*</dét.>
<n.>*dame*</n.>

La catégorisation dans le texte rend inutile le dictionnaire qui explicite les catégories grammaticales. Il arrive aussi que l'étiquetage donne des informations flexionnelles ou sémantiques.

---

## *Ambiguïté catégorielle*

Nous savons que des formes linguistiques assument les rôles de plus d'une catégorie grammaticale, ce qui entraîne un problème d'**ambiguïté catégorielle**. Le microdictionnaire présenté à la figure 3.9 ne tient pas compte de cet état de fait. Les dictionnaires de TAL doivent forcément recenser les interprétations possibles de mots ambigus sur le plan catégoriel (c'est-à-dire les **homographes catégoriels**). Par exemple, pour analyser les deux phrases suivantes – *Le chien gruge son os* et *Le son le gruge* –, *le* doit être catégorisé une première fois comme déterminant (*le chien*) et une seconde fois comme pronom (*le gruge*) ; de même, *son* doit être catégorisé comme déterminant (*son os*) et comme nom (*le son*...). Nous obtenons alors un dictionnaire qui comporte sept entrées (voir la figure 3.10).

*chien*, nom
*gruge*, verbe
*le*, déterminant
*le*, pronom
*os*, nom
*son*, déterminant
*son*, nom

**Figure 3.10 – Dictionnaire tenant compte des homographes catégoriels**

Le programme de TAL doté de ce nouveau répertoire signale qu'il existe plusieurs entrées distinctes pour une même forme. Cependant, la simple consultation du dictionnaire ne lui permet pas d'opter pour une interprétation au lieu d'une autre (rien, au départ, ne permet de **désambiguïser** les homographes catégoriels). Il deviendra possible de trancher seulement lors de l'analyse syntaxique ; en attendant, le programme retient toutes les possibilités. À cette étape, la phrase *Le chien gruge son os* génère quatre lectures :

*Le* (dét.) *chien* (n.) *gruge* (v.) *son* (dét.) *os* (n.).
*Le* (pron.) *chien* (n.) *gruge* (v.) *son* (dét.) *os* (n.).
*Le* (dét.) *chien* (n.) *gruge* (v.) *son* (n.) *os* (n.).
*Le* (pron.) *chien* (n.) *gruge* (v.) *son* (n.) *os* (n.).

Le dictionnaire de traduction signale également les homographes catégoriels ; de plus, chacune des catégories est assortie d'un équivalent distinct. Prenons l'exemple *Reset bit* (cité au chapitre 2) : *Reset* peut être un nom (*remise à l'état initial*), mais aussi un verbe (*remettre à l'état initial*). *Bit* pose exactement le même problème : c'est soit un nom (*bit*), soit une forme passée du verbe *bite* (*mordre*). Ici encore, le dictionnaire de la figure 3.11 signale quatre séquences possibles et attend le résultat de l'analyse syntaxique pour trancher.

| | **Dictionnaire de traduction** | |
|---|---|---|
| *Reset* (n.) *bit* (n.) | bit | bit |
| *Reset* (v.) *bit* (n.) | bit | a mordu |
| *Reset* (n.) *bit* (v.) | reset | remettre à l'état initial |
| *Reset* (v.) *bit* (v.) | reset | remise à l'état initial |

**Figure 3.11 – Dictionnaire de traduction et identification des homographes catégoriels**

## *Prise en compte de la variation flexionnelle*

Les dictionnaires créés dans les sections précédentes répertorient les mots et contiennent un premier renseignement d'ordre grammatical, à savoir la catégorie. Le dictionnaire reproduit à la figure 3.10 comporte ce renseignement.

Toutefois, dans leur forme actuelle, les dictionnaires que nous avons enrichis ne tiennent pas compte des **variantes flexionnelles** (par exemple, les dictionnaires des figures 3.9 et 3.10 n'ont qu'une seule entrée pour les verbes *mordre* [*mord*] et *gruger* [*gruge*]). Ils sont donc incapables de traiter les autres formes fléchies ou la forme canonique du même verbe qui apparaissent dans les phrases qui suivent :

*Le chien mordait la dame.*
*Le chien mordit la dame.*
*Le chien mordra la dame.*
*Le chien peut mordre la dame.*

Par ailleurs, le répertoire ainsi construit ne reconnaît pas les pluriels *chiens* ou *dames*. Il contient, en outre, deux entrées distinctes pour *la* et *le*, qui sont pourtant des variantes du même mot. Pour rendre ces reconnaissances possibles, deux techniques sont utilisées en TAL, à savoir la consultation d'un dictionnaire de formes ou la consultation d'un dictionnaire de formes canoniques et l'application d'une analyse morphologique. Ces deux techniques font l'objet des sections suivantes.

### Technique 1 : dictionnaire de formes

Pour tenir compte de la variation flexionnelle, on peut simplement répertorier dans le dictionnaire l'ensemble des formes que revêtent les mots. De cette manière, la plupart des noms donnent lieu à deux entrées : une forme au singulier et une au pluriel ; un adjectif est accompagné de ses formes au masculin et au féminin, d'une part, et au singulier et au pluriel, d'autre part ; les formes verbales font, quant à elles, l'objet d'un nombre considérable d'entrées (du moins en français), puisqu'il faut tenir compte de toutes les personnes, de la distinction entre singulier et pluriel, des temps et des modes. Un dictionnaire élaboré selon ces principes doit avoir le contenu reproduit à la figure 3.12 pour reconnaître les formes présentes dans les phrases suivantes : *Le chien mord la dame, Le chien mordait la dame, Le chien mordit la dame* et *Le chien mordra la dame.*

*chien*, nom masculin singulier
*dame*, nom féminin singulier
*la*, déterminant féminin singulier
*le*, déterminant masculin singulier
*mord*, verbe 3e personne du singulier, présent (indicatif)
*mordait*, verbe 3e personne du singulier, imparfait (indicatif)
*mordra*, verbe 3e personne du singulier, futur simple (indicatif)
*mordit*, verbe 3e personne du singulier, passé simple (indicatif)

**Figure 3.12 – Dictionnaire de formes**

Évidemment, pour analyser un plus grand nombre de phrases, le répertoire doit être enrichi. Les autres formes fléchies des mots qui sont déjà répertoriés (en l'occurrence, les formes fléchies manquantes du verbe *mordre*, les pluriels de *dame* et de *chien*) sont ajoutées. Un dictionnaire de ce type est appelé **dictionnaire de formes**.

### *Technique 2 : dictionnaire de formes canoniques et analyse morphologique*

On conçoit assez facilement qu'un dictionnaire de formes soit par nature redondant et qu'il puisse rapidement devenir volumineux, c'est-à-dire comporter un nombre considérable d'entrées. De plus, le dictionnaire, tel que nous l'avons présenté à la section précédente, ne rend pas compte du fait que les formes *mord, mordaient, mordirent* et *mordit* sont toutes liées à la même forme canonique, à savoir *mordre,* puisqu'elles sont listées comme autant d'entrées distinctes.

Une seconde technique, plus économique que la première, consiste à ne consigner dans le dictionnaire que les formes canoniques et à ne retenir que l'information commune à toutes les variantes du mot (voir la figure 3.13). Si on compare le dictionnaire de formes précédent (voir la figure 3.12) à ce nouveau répertoire, on constate que le second est nettement plus concis. De huit entrées, il est passé à quatre. Et encore, nous n'avions pas tenu compte de l'ensemble des variantes des mots décrits !

*chien*, nom masculin
*dame*, nom féminin
*le*, déterminant
*mordre*, verbe

**Figure 3.13 – Dictionnaire de formes canoniques**

---

**Dictionnaires de formes et dictionnaires de formes canoniques**

Les outils de traitement de la langue ont recours soit à un dictionnaire de formes canoniques, soit à un dictionnaire de formes. Le choix appartient au linguiste-informaticien, qui compose avec les possibilités et les limites du type choisi. Pour certaines langues, par exemple l'anglais, l'utilisation d'un dictionnaire de formes ne pose pas de problème particulier.

Il convient de savoir, cependant, qu'un dictionnaire de formes est nettement plus volumineux qu'un dictionnaire de formes canoniques contenant les mots correspondants. La différence est encore plus marquée pour d'autres langues, notamment le français. Certains concepteurs annoncent le nombre de mots contenus dans leur dictionnaire. Ils font référence parfois au nombre de formes canoniques, parfois à l'ensemble des formes. La distinction est importante puisqu'un nombre très élevé d'entrées dans un dictionnaire ne signifie pas nécessairement un grand nombre de mots (il peut simplement signaler un nombre élevé de formes).

---

Le **dictionnaire de formes canoniques** ne peut pas à lui seul reconnaître l'ensemble des mots, puisque les mots risquent fort d'être fléchis dans un texte. Il faut donc assortir à ce second type de dictionnaire des mécanismes qui associent les variantes apparaissant dans le texte aux formes canoniques que renferme le dictionnaire. De plus, au cours d'une analyse, l'information grammaticale véhiculée par les formes fléchies doit être retenue. En français, par exemple, les formes fléchies fournissent des renseignements sur le nombre, le genre ou la personne, selon la forme analysée. Les mécanismes utilisés pour retenir ces renseignements sont regroupés sous le générique ***analyse morphologique***.

Pour associer une forme fléchie à une forme canonique, une technique couramment utilisée consiste à repérer des flexions possibles (par exemple, des flexions verbales comme *-ait*, *-ra*, *-ent*), à les détacher du mot et à tenter d'établir une correspondance entre les formes ainsi tronquées et les entrées du dictionnaire[1]. Par ailleurs, l'information véhiculée par les formes fléchies doit être formulée explicitement, comme dans la figure 3.14, pour que le traitement automatique la retienne.

| | | |
|---|---|---|
| ***mord + ait*** | verbe | *mordre* |
| | personne | 3^e^ |
| | nombre | singulier |
| | temps | imparfait |
| ***mord + ra*** | verbe | *mordre* |
| | personne | 3^e^ |
| | nombre | singulier |
| | temps | futur simple |

**Figure 3.14 – Information flexionnelle retenue par un traitement automatique**

**Lemmatisation**

Le terme *lemmatisation* est souvent utilisé pour désigner l'analyse morphologique telle qu'elle est décrite dans cette section.

***Analyse morphologique*** et ***lemmatisation*** ne sont pourtant pas de parfaits synonymes. Le premier est un terme général utilisé en TAL et en linguistique pour englober tous les mécanismes destinés à rendre compte de la variation des mots. L'analyse morphologique peut porter sur les mots et les morphèmes flexionnels, mais également sur les morphèmes dérivationnels (par exemple, *rapidement* = *rapide* + *-ment*). Le second, *lemmatisation*, qui est surtout utilisé en TAL, renvoie plus spécifiquement à l'opération qui consiste à ramener une forme fléchie à sa forme canonique (à son **lemme**) et ne concerne que la flexion.

On constate par ailleurs qu'un même type de variation peut toucher des ensembles de mots (par exemple, l'ajout d'un *-s* au pluriel est valable pour un grand nombre de noms et d'adjectifs ; une flexion

[1] Il est à noter qu'en ce qui concerne certains mots, notamment les verbes, la correspondance se fait à partir du radical, c'est-à-dire la partie du mot qui ne varie pas.

verbale comme *-ait* s'attache à plusieurs verbes). Donc, plutôt que d'énumérer *in extenso* les propriétés communes à des ensembles de mots, on a généralement recours à une **règle linguistique** pour les généraliser. La variation flexionnelle fait donc l'objet d'un premier type de règle, à savoir la **règle morphologique** : la règle est unique, mais valable pour un grand nombre d'entrées du dictionnaire.

Les règles morphologiques peuvent porter sur toute une catégorie grammaticale. Par exemple, les noms prennent un *-s* au pluriel. Toutefois, les mots appartenant à une même catégorie ne varient pas tous de la même façon. Par exemple, les noms en *-al* ne prennent pas tous un *-s* au pluriel. D'autres règles, qui concernent des groupes plus restreints de mots, viennent réduire les possibilités d'application des règles plus générales. Par ailleurs, les mots qui ne varient pas régulièrement (par exemple, *être : suis, es, est, sommes*, etc.) et les mots invariables (par exemple, *macareux, vis*) sont pris en charge individuellement.

### Alternance dictionnaire et règles

Il y a plusieurs façons de faire interagir un dictionnaire avec les règles morphologiques qui s'appliquent à des catégories de mots. On peut mettre dans le dictionnaire un plus grand nombre de renseignements et ainsi réduire le nombre de règles. On peut, à l'inverse, tenter de saisir toutes les généralisations au moyen de règles et éviter de surcharger le dictionnaire d'informations. Le linguiste-informaticien fait des choix en respectant les principes suivants : ce qui figure dans le dictionnaire n'aura pas à être repris dans une règle et vice versa ; ce qui figure dans le dictionnaire doit cependant être répété sous chacune des entrées pertinentes.

Il faut préciser, autant de fois que cela est nécessaire, les comportements d'ensembles de mots. L'essentiel est de procéder comme le linguiste et d'étendre des phénomènes linguistiques à des ensembles d'unités et à ces ensembles seulement. Si les règles morphologiques sont bien formulées, le dictionnaire est enrichi de mots nouveaux et les règles s'appliquent toujours.

### Analyse morphologique et traduction

Un programme de traduction utilise deux types de règles morphologiques. Lorsqu'on traite la langue source (analyse), il faut réduire les formes fléchies à des formes canoniques. Lorsqu'on traite la langue cible (génération), il faut produire des formes fléchies à partir d'une forme canonique.

Pour conclure cette section, rappelons que des formes fléchies peuvent soulever un problème d'ambiguïté catégorielle. Dans ces cas, l'analyse morphologique exige la résolution de l'ambiguïté catégorielle par l'analyse syntaxique.

**Analyse morphologique dérivationnelle**

Des traitements automatiques effectuent une analyse morphologique qui prend en charge les morphèmes dérivationnels. Ces programmes reconnaissent, par exemple, que *successfully* est composé de l'adjectif *successful* et du morphème servant à créer des adverbes *-ly*.

Ce type d'analyse sert parfois à repérer des mots qui n'ont pas été stockés dans le dictionnaire. Par exemple, le suffixe *-ly* sert à former des adverbes en anglais. Un programme d'analyse morphologique pourra analyser des adverbes formés de cette façon qui ne sont pas répertoriés.

## *Prise en compte de la structure de la phrase : analyse syntaxique*

Nous avons décrit, dans les sections précédentes, des techniques de reconnaissance des mots et de leur catégorie grammaticale. L'analyse morphologique fournit des renseignements grammaticaux supplémentaires (le genre d'un nom, d'un adjectif ou d'un déterminant ; le nombre d'un nom, d'un adjectif, d'un déterminant ou d'un verbe ; la personne d'un verbe, etc.).

Cependant, l'interprétation de la structure de la phrase fait encore défaut. Elle est pourtant essentielle pour comprendre les modalités selon lesquelles les mots se combinent entre eux. Il faut également s'attarder sur les problèmes d'analyse laissés en suspens (l'ambiguïté catégorielle, par exemple). La technique menant à la représentation d'une phrase est l'**analyse syntaxique**[1] et le programme qui génère cette représentation, l'**analyseur syntaxique**[2].

Le comportement des unités linguistiques dans une phrase est, tout comme la variation flexionnelle, généralisable à des ensembles d'unités. Il peut donc faire l'objet de **règles syntaxiques**. L'ensemble des règles syntaxiques sont contenues dans des répertoires appelés **grammaires** (les grammaires consultées lors de l'analyse syntaxique sont **formelles**).

L'analyse syntaxique et les grammaires conçues pour la réaliser prennent différentes formes. Nous décrirons deux méthodes simplifiées d'analyse syntaxique : la première envisage les phrases comme des séquences linéaires de mots ; la seconde traite les phrases comme des ensembles structurés hiérarchiquement. D'autres modèles d'analyse sont également mentionnés.

---

[1] On emploie également l'appellation *parsage.*

[2] Le terme *parseur* est encore fréquemment utilisé dans la littérature spécialisée.

**Analyse syntaxique locale**

Certains analyseurs syntaxiques ne parcourent pas l'ensemble de la phrase et se contentent de faire une **analyse locale**. Cette dernière technique explore le contexte immédiat d'un mot. L'exploration peut porter, par exemple, sur les trois mots placés devant un mot choisi comme référence et sur les trois mots lui succédant. L'analyse syntaxique locale est utilisée par certains correcteurs automatisés anciens ou peu perfectionnés pour vérifier la compatibilité des accords de certains mots avoisinants. Elle était également utilisée par les premiers programmes de traduction automatisée (et l'est encore dans certains logiciels) pour modifier l'ordre des mots dans la langue cible. On s'en sert encore couramment pour désambiguïser les homographes catégoriels.

### *La phrase comme séquence linéaire de mots*

Comme nous l'avons déjà souligné dans le chapitre 2, les mots, lorsqu'ils forment des phrases, s'ordonnent en respectant certaines règles. Il existe plusieurs façons d'en rendre compte. La première méthode consiste à envisager la **phrase** comme une **séquence linéaire** de mots ou de catégories grammaticales. Ainsi, la phrase *Le chien mord la dame* peut être représentée dans un modèle comme celui qui apparaît à la figure 3.15 ci-dessous.

| *Le* | | *chien* | | *mord* | | *la* | | *dame* |
|---|---|---|---|---|---|---|---|---|
| dét. | + | n. | + | v. | + | dét. | + | n. |

→

**Figure 3.15 – Phrase analysée comme une séquence linéaire de catégories grammaticales**

Certains analyseurs syntaxiques ont recours à des **graphes** qui présentent des séquences de catégories grammaticales, comme celui qui est reproduit à la figure 3.16 (pour la phrase : *Le chien mord la dame*). La reconnaissance est possible lorsque les dictionnaires indiquent les catégories grammaticales[1].

**Dictionnaire**
*chien*, n.
*dame*, n.
*le*, dét.
*mordre*, v.

dét. → n. → v. → dét. → n.

**Figure 3.16 – Graphe représentant une séquence de catégories grammaticales**

[1] Noter bien qu'à cette étape nous ne tenons pas compte des possibilités d'ambiguïtés catégorielles.

Un analyseur syntaxique compare la phrase à ce premier graphe. Il emprunte le parcours proposé en confrontant le premier mot contenu dans la phrase avec le premier objet du graphe (dét.). S'il y a correspondance, il poursuit l'analyse en suivant l'orientation imposée. Il se dirige ainsi vers la droite tant qu'il y aura correspondance entre les éléments du graphe et ceux de la phrase jusqu'au dernier élément. Si la phrase remplit toutes les conditions précisées dans le graphe, elle est reconnue.

Le graphe reconnaît *Le chien mord la dame*, mais également *La dame mord le chien*. Si on ajoute de nouveaux mots au dictionnaire, d'autres phrases construites sur le même modèle (c'est-à-dire comportant la même séquence de catégories grammaticales) sont reconnues :

*Le singe mange un fruit.*
*La dame fuit le chien.*
*Le chien mange la dame.*

Le graphe de la figure 3.16 ne reconnaît pour le moment qu'une seule suite de mots. Or, les phrases ne sont pas toutes construites de la même manière. Nous devons donc enrichir le graphe pour qu'il reconnaisse de nouvelles phrases. Une méthode consiste à proposer des parcours différents. Le graphe de la figure 3.17 rend compte de syntagmes nominaux comportant des séquences de catégories grammaticales différentes.

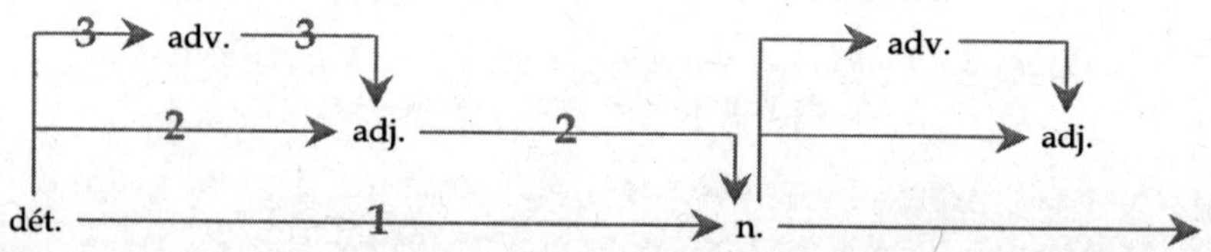


**Figure 3.17 – Graphe représentant des syntagmes nominaux différents**

Le nouveau graphe reconnaît les syntagmes nominaux suivants : *le chien ; la dame ; le petit chien ; le très petit chien ; le chien noir ; le chien entièrement noir*.

Pour reconnaître *le chien* et *la dame*, l'analyseur syntaxique emprunte le parcours 1 ; le syntagme nominal *le petit chien* est analysé au moyen du parcours 2 ; *le très petit chien* est reconnu en passant par le parcours 3, et ainsi de suite.

On conçoit aisément qu'un nombre très élevé de graphes sera nécessaire pour reconnaître l'ensemble des structures de phrases possibles. Il existe différentes façons d'enrichir les graphes pour tenir compte de la grande diversité de phrases de manière élégante.

### *La phrase comme unité linguistique structurée hiérarchiquement*

La section précédente a montré une technique d'analyse de la phrase fondée sur l'examen d'un enchaînement linéaire de catégories grammaticales. On peut également considérer une phrase comme un ensemble **structuré** hiérarchiquement. Les mots sont regroupés dans des ensembles syntaxiques plus grands, c'est-à-dire les **syntagmes**, qui formeront ultimement les phrases. On distingue plusieurs types de syntagmes en fonction du mot qui en constitue la **tête** (l'élément le plus important du point de vue de l'analyse effectuée) :

- ☑ le syntagme nominal (SN) – *le petit chien*, *son os* ;
- ☑ le syntagme verbal (SV) – *mange son os* ;
- ☑ le syntagme prépositionnel (SP) – *le petit chien de ma voisine*, *ma voisine garde un chien dans la maison* ;
- ☑ le syntagme adjectival (SA) – *le chien trop petit*, *le chien fier de sa trouvaille* ;
- ☑ le syntagme adverbial (SAdv) – *le chien mange très lentement*.

La phrase est alors analysée par paliers, ces derniers étant organisés de façon hiérarchique. Si on l'envisage de cette manière, la phrase *Le chien mord la dame* peut être représentée dans une structure comme celle de la figure 3.18.

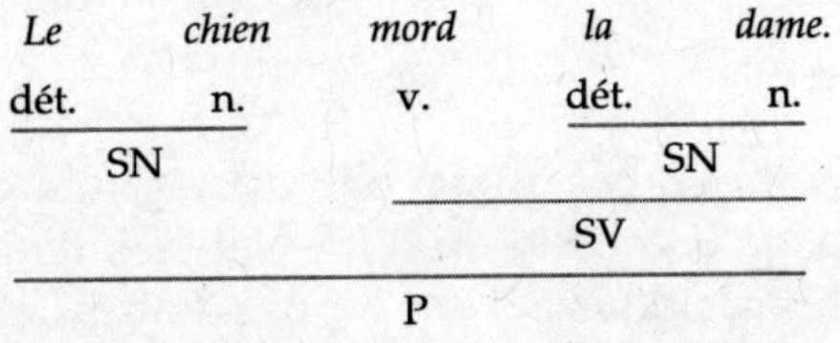


**Figure 3.18 – Phrase analysée comme une structure hiérarchisée**

En linguistique, par convention, cette structure est reproduite dans une représentation appelée **arbre syntagmatique** (voir la figure 3.19).

Les **grammaires syntagmatiques**[1] proposent ce type de représentation (ou une représentation équivalente[2]). Elles rendent compte des

---

[1] Le pluriel est utilisé ici, car il existe plusieurs types de grammaires syntagmatiques. Nous ne présentons dans cette partie qu'une version dépouillée de ces grammaires. En fait, de nombreuses grammaires formelles sont des modulations de ce modèle de base.

[2] L'arbre syntagmatique est l'équivalent graphique – et plus facile à décrypter pour l'humain – d'un système de représentation utilisant les parenthèses : (P (SN (*Le chien*) SV (*mord* SN (*la dame*)))).

rapports hiérarchiques entre les éléments de la phrase (mots et syntagmes).

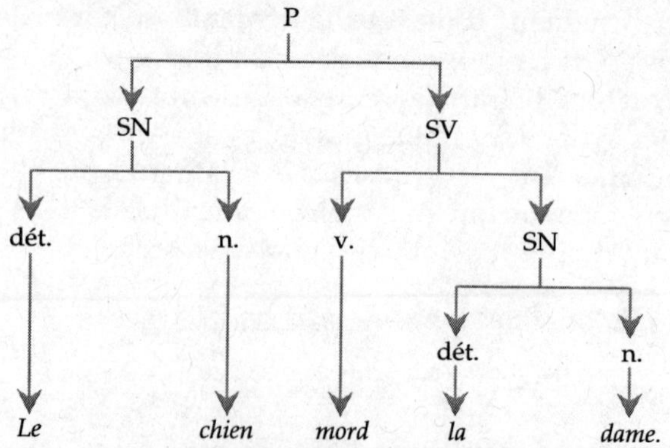


**Figure 3.19 – Arbre syntagmatique représentant la phrase *Le chien mord la dame*.**

Certaines grammaires syntagmatiques exploitent des **règles de réécriture**. Pour illustrer le fonctionnement de ces règles, élaborons une minuscule grammaire qui analysera la phrase *Le chien mord la dame* et en proposera une représentation. Rappelons que nous avons déjà obtenu les indications quant à la catégorie grammaticale (qui sont extraites du dictionnaire) :

| | |
|---|---|
| *chien* | n. |
| *dame* | n. |
| *le* | dét. |
| *mordre* | v. |

Nous allons regrouper ces mots par syntagmes et poursuivre les regroupements jusqu'à l'obtention d'une représentation de la structure complète de la phrase. Nous aurons besoin de trois règles de réécriture pour analyser *Le chien mord la dame*. Par convention, les règles sont formulées comme à la figure 3.20.

$$\begin{aligned} \text{P} &\rightarrow \text{SN SV} \\ \text{SN} &\rightarrow \text{dét. n.} \\ \text{SV} &\rightarrow \text{v. SN} \end{aligned}$$

**Figure 3.20 – Règles de réécriture**

Les règles indiquent que l'élément de gauche se compose (ou se **réécrit**) sous la forme des éléments de droite. Elles précisent également dans quel ordre les éléments se succèdent. Dans notre exemple, l'analyseur syntaxique interprète les règles de réécriture à l'envers. Plutôt que d'envisager un élément de gauche qui se réécrit en tant qu'éléments formulés à droite, il cumule les éléments de droite et voient s'ils forment (composent) un élément de gauche. Utilisons alors une première règle :

SN → dét. n.
(dét. + n. = SN)

À l'aide de cette règle, l'analyseur syntaxique détermine que *le chien* et *la dame* sont des syntagmes nominaux.

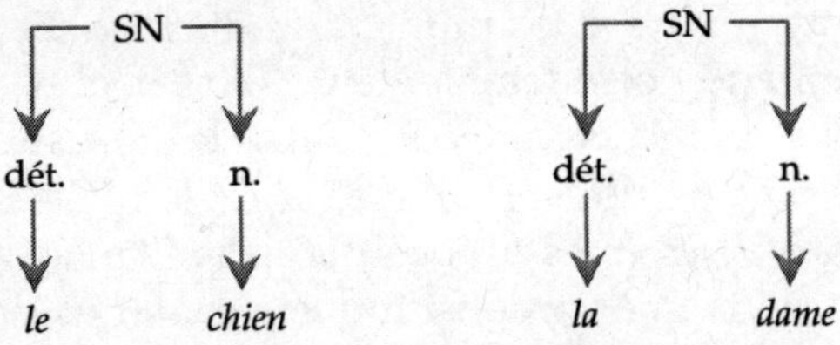


**Figure 3.21 – Arbres syntagmatiques représentant des syntagmes nominaux**

Concrètement, l'analyseur cumule des groupes de mots et tente d'établir des correspondances avec les règles proposées. À la figure 3.21, les deux suites identifiées (*le chien* et *la dame*) sont désormais assimilées à des groupes plus complexes (des syntagmes nominaux). Il suffit alors d'intégrer les premiers groupes obtenus dans d'autres séquences d'un niveau supérieur. Utilisons une deuxième règle pour poursuivre l'analyse de la phrase : SV → v. SN. Cette règle rend compte de *mord la dame*, comme illustré à la figure 3.22.

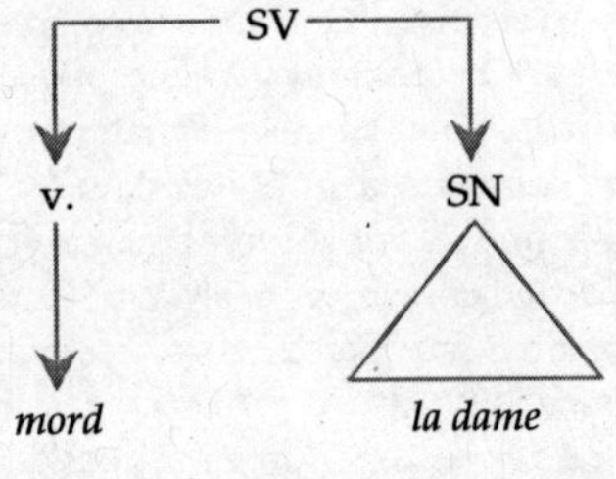


**Figure 3.22 – Arbre syntagmatique représentant un syntagme verbal**

Enfin, la troisième règle, P → SN SV, rend compte de la phrase *Le chien mord la dame* et produit une représentation comme celle de la figure 3.19. Nous obtenons de cette façon une représentation de la structure de notre phrase. Notre petite grammaire (composée de trois règles et manipulant un vocabulaire de quatre mots) peut également analyser la phrase *La dame mord le chien.*

Si on ajoute d'autres mots au dictionnaire (*aimer, chat, singe, manger, fruit, fuir*) en plus des mots déjà présents (*le, mordre, dame, chien*), l'analyseur peut représenter, au moyen des règles de notre micro-grammaire, les phrases suivantes :

*Les chiens aiment les chats.*
*Le singe mange le fruit.*
*La dame fuit le chien.*
*Le chat mord le chien.*
*La dame mange le chien.*

Évidemment, pour analyser un plus grand nombre de phrases, il faut enrichir la grammaire considérablement. Trois règles sont nettement insuffisantes pour rendre compte de toutes les structures de phrases possibles. Ajoutons une nouvelle règle, la règle SP → prép. SN, pour rendre compte des syntagmes prépositionnels. L'analyseur syntaxique analyse ainsi les syntagmes prépositionnels contenus dans les phrases suivantes (en tenant pour acquis que les nouveaux mots ont été ajoutés au dictionnaire) :

*Le chien <u>du voisin</u> aime les chats.*
*Le chien mord la dame <u>du magasin</u>.*
*<u>Au magasin</u>, la dame mord le chien.*

---

**Ordres des analyses syntaxiques**

L'ensemble des mécanismes utilisés ci-dessus pour analyser *Le chien mord la dame* constitue une **analyse ascendante**. À partir des mots eux-mêmes et de l'information grammaticale qu'ils fournissent, l'analyseur syntaxique remonte jusqu'à la phrase en intégrant ces mots dans des combinaisons dont la complexité va croissant. Dans l'exemple ci-dessus, il construit l'arbre de bas en haut. On peut également procéder à l'inverse par une **analyse descendante**, dans laquelle l'analyseur syntaxique part de P, suppose que ce P est composé d'un SN et d'un SV, et décompose le SN et le SV jusqu'à ce qu'il puisse substituer aux catégories grammaticales les mots reconnus dans la phrase à analyser. Cette analyse construit la représentation de haut en bas. Par ailleurs, certains analyseurs syntaxiques appliquent des règles dans un ordre prédéterminé non modifiable. D'autres reviennent en arrière pour tester toutes les possibilités d'analyse.

---

Les nouvelles règles SV → v. et SV → v. SP rendent compte des syntagmes verbaux contenus dans les phrases suivantes :

*Le chien <u>aboie</u>.*
*La caravane <u>passe</u>.*
*La dame <u>accourt vers le chien</u>.*
*Le chien <u>assiste à la scène</u>.*
*La dame <u>aboie</u>.*

Les règles SN → dét. adj. n., SN → dét. n. adj. et SN → dét. n. SP, quant à elles, rendent compte de syntagmes nominaux plus complexes, comme ceux des phrases suivantes :

> *Le chien noir mange.*
> *Le méchant chien aboie.*
> *La dame fuit le chien noir.*
> *La dame du magasin suit le chien noir.*
> *La dame agile mordit le chien méchant.*
> *Le chat agile mord le chien noir.*
> *Le chat mange la nourriture du voisin.*

---

**Correspondance entre les règles de réécriture et le mode de catégorisation**

Nous avons vu plus haut qu'il était possible de catégoriser les mots de différentes manières : types de verbes distingués (verbes transitifs et verbes intransitifs), types de déterminants (articles, démonstratifs, possessifs, etc.), et ainsi de suite.

Les grammaires doivent s'aligner sur le mode de catégorisation choisi. Ainsi, des règles de réécriture distinctes peuvent être utilisées pour rendre compte des types de déterminants (SN → art. n., SN → poss. n., etc.) ou des types de verbes (SV → v. t. SN, SV → v. i., SV → v. i. SP).

---

### *Grammaires et résolution des ambiguïtés catégorielles*

Nous avons montré dans les sections précédentes qu'à la suite de la consultation d'un dictionnaire, un programme informatique retient toutes les lectures possibles d'une séquence de mots, mais ne peut lever les **ambiguïtés catégorielles**. Rappelons un exemple :

> *Le* (dét.) *chien* (n.) *gruge* (v.) *son* (dét.) *os* (n.).
> *Le* (pron.) *chien* (n.) *gruge* (v.) *son* (dét.) *os* (n.).
> *Le* (dét.) *chien* (n.) *gruge* (v.) *son* (n.) *os* (n.).
> *Le* (pron.) *chien* (n.) *gruge* (v.) *son* (n.) *os* (n.).

L'analyse syntaxique apporte des solutions à ce problème. Une première technique, couramment utilisée dans les traitements automatiques commerciaux, consiste à trancher pour une catégorie à la suite d'une **analyse syntaxique locale**. L'analyseur examine les mots qui apparaissent dans le contexte immédiat du mot ambigu et ne retient que les combinaisons de catégories possibles. Par exemple, il peut rejeter la deuxième et la quatrième séquence en s'appuyant sur le fait qu'un pronom ne peut être placé devant un nom.

Nous pouvons également confronter toutes ces suites à des graphes qui représentent des phrases admissibles. Si un premier graphe représente la suite déterminant + nom, les interprétations 1, 2 et 3 sont admises. Si aucun graphe ne représente la suite pronom + nom, les interprétations 2 et 4 sont éliminées. De même, si aucun graphe ne représente la suite nom + nom, les interprétations 3 et 4 sont écartées. Il reste donc l'interprétation 1.

Si on confronte ces mêmes possibilités à une grammaire syntagmatique (reprenons la microgrammaire utilisée plus haut), seule la suite déterminant + nom est admise (donc, l'interprétation 1 est retenue, les autres écartées).

SN → dét. n.
SV → v. SN
P → SN SV

Les règles écrites pour un pronom comme *le* rendraient compte du fait que celui-ci peut se retrouver seulement devant un verbe dans les phrases affirmatives et n'admettraient pas qu'il puisse être suivi d'un nom. De même, d'autres règles excluraient que *son* comme nom puisse se trouver entre un verbe et un autre nom.

La résolution des ambiguïtés catégorielles est toutefois très difficile à mettre en œuvre lorsqu'une phrase contient plusieurs homographes catégoriels juxtaposés. Reprenons un exemple déjà cité :

*Reset* (n.) *bit* (n.)
*Reset* (v.) *bit* (n.)
*Reset* (n.) *bit* (v.)
*Reset* (v.) *bit* (v.)

En appliquant le raisonnement utilisé jusqu'ici pour résoudre les ambiguïtés catégorielles (acceptation de suites grammaticales et rejet de suites inacceptables), on obtient deux suites admissibles[1] :

| | |
|---|---|
| *Reset* (v.) *bit* (n.) | *Remettre le bit à l'état initial.* |
| *Reset* (n.) *bit* (v.) | *La remise à l'état initial a mordu.* |

Comme deux interprétations syntaxiques sont possibles, cette phrase donne lieu à une ambiguïté de structure qui ne peut être résolue que par la prise en compte d'informations sémantiques (il en sera question plus loin).

[1] En fait, la séquence n. + n. est également possible – *Reset* (n.) *bit* (n.) : *bit de remise à l'état initial* –, mais nous poserons que notre analyseur syntaxique n'admet que des phrases qui renferment un verbe.

### *Autres représentations de la phrase*

Les grammaires étudiées jusqu'ici proposent des représentations qui respectent l'ordre des mots dans la phrase analysée. Il peut devenir intéressant de s'éloigner de cet ordre dans certaines applications, notamment en traduction, puisque cette dernière traite deux langues dont les mots ne s'ordonnent pas toujours suivant des règles identiques.

---

**Analyse syntaxique et traduction**

Un programme de traduction doit tenir compte des règles syntaxiques qui régissent au moins deux langues. Une première série de règles permet de représenter la phrase source (**analyse**). Une seconde série produit une phrase cible (**génération**), souvent à partir de la représentation de la phrase source.

---

Une première représentation retient, entre les éléments de la phrase, des rapports hiérarchiques différents de ceux qui sont proposés par les grammaires syntagmatiques. On y identifie les éléments gouverneurs (les éléments dont dépendent d'autres unités linguistiques) et les dépendants (qui dépendent d'un gouverneur). Les grammaires générant ce type de représentation sont appelées **grammaires de dépendance**. La figure 3.23 illustre une représentation de la phrase : *Le chien très méchant mord la dame minuscule.*

La représentation montre que *mord* gouverne les noms *chien* et *dame* (donc que ces deux noms dépendent du verbe). Les déterminants et adjectifs sont gouvernés par des noms, les adverbes par des adjectifs, et ainsi de suite. Comme les liens indiquent des rapports de dépendance, le respect de l'ordre des mots dans la représentation comme telle n'est plus essentiel (il est possible de le déduire à partir de celle-ci et de règles d'ordonnancement rattachées aux catégories grammaticales).

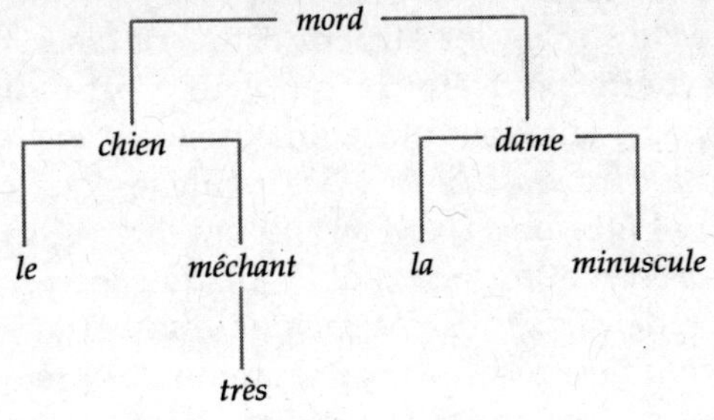


**Figure 3.23 – Représentation des rapports de dépendance entre les mots d'une phrase**

Une autre forme de représentation identifie les rapports fonctionnels qu'entretiennent les mots entre eux. Par exemple, des syntagmes sont marqués comme sujet, objet, complément. Ces rapports sont implicites dans la représentation syntagmatique, mais on peut les rendre explicites dans une nouvelle représentation. L'analyse de la phrase *Le chien mord la dame* produit un arbre retenant les fonctions des groupes par rapport au verbe comme celui de la figure 3.24.

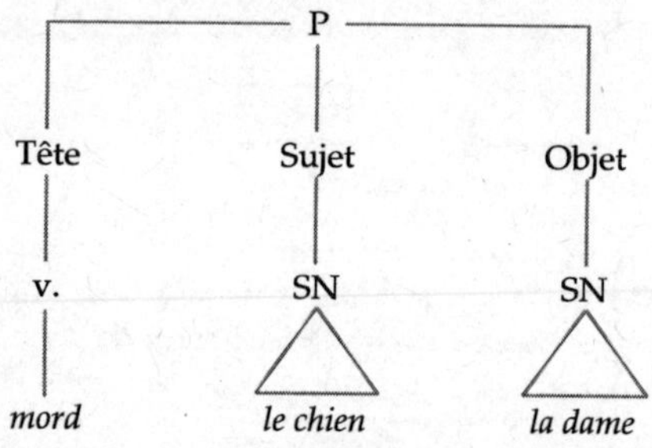


**Figure 3.24 – Représentation des rôles fonctionnels des éléments d'une phrase**

Il convient de préciser que, même si l'ordre des mots n'est pas explicité comme tel dans ces deux représentations, il doit figurer dans d'autres parties de la grammaire si l'on veut analyser ou produire des phrases correctes dans une langue donnée.

***Limites des grammaires formelles utilisées en TAL***

On peut penser qu'une grammaire formelle contenant l'ensemble des règles syntaxiques (pour représenter des phrases acceptables dans une langue) constitue un excellent point de départ pour effectuer l'analyse de n'importe quelle nouvelle phrase. Ce principe, qui demeure vrai sur le plan théorique, est difficile à mettre en application dans un programme informatique.

La difficulté principale à laquelle fait face un grammairien est de rendre compte de toutes les structures de phrases trouvées dans un texte. La grammaire peut être incomplète, c'est-à-dire que les règles qu'elle renferme ne suffisent pas à analyser toutes les phrases, ou trop générale, c'est-à-dire qu'elle fait des analyses qui ne correspondent pas à ce qui peut être observé. Par ailleurs, les règles génèrent parfois plus d'une représentation acceptable lorsque les phrases comportent des ambiguïtés de structure. Rappelons que certaines ambiguïtés de structure peuvent être résolues par l'humain. Toutefois, les analyseurs syntaxiques qui n'ont pas accès à des renseignements sémantiques ne pourront les lever. Ces difficultés sont les mêmes, à des degrés variables cependant, pour tous les types de grammaires formelles utilisées en TAL.

Le linguiste-informaticien tente donc de concilier des impératifs d'économie (nombre limité de règles) et de qualité d'analyse. Lorsqu'il doit faire traiter un grand nombre de phrases, il peut procéder à partir d'un modèle général, mais il doit parfois rédiger des règles *ad hoc* (c'est-à-dire des solutions de problèmes ponctuels). En pratique, il doit souvent sacrifier l'élégance des règles à l'exhaustivité et à la rigueur de l'analyse.

## *Prise en compte du sens*

Les diverses fonctions dont nous avons doté notre programme de traitement jusqu'à maintenant permettent de reconnaître des mots (par l'utilisation d'un dictionnaire), d'attacher aux mots reconnus des renseignements linguistiques (la catégorie grammaticale), de reconnaître les formes fléchies des mots variables (analyse morphologique) et d'interpréter la structure des phrases (analyse syntaxique). Cependant, dans son état actuel, le programme ne sait rien du sens des mots ni des compatibilités entre les mots. Il faut donc le pourvoir d'un répertoire de renseignements sémantiques.

### *Information sémantique sur les mots*

La consignation des renseignements sémantiques sur les mots se fait de la même façon que l'indication de la catégorie grammaticale : il suffit d'enrichir les entrées du dictionnaire.

L'identification des **classes sémantiques** se fait quelquefois sous forme de **traits**. Chacune des entrées du dictionnaire est décrite au moyen d'un nombre fini de traits sémantiques qui cherchent à rendre compte des sens des mots et à les distinguer les uns des autres. La figure 3.25 présente un marquage par traits pour des mots différents : *dame* possède le trait <humain>, <femelle> et <adulte>. Les traits <adulte> et <femelle> font défaut à *garçon*. Le trait <adulte> fait défaut à *fille*.

*dame* : + humain, + femelle, + adulte
*garçon* : + humain, – femelle, – adulte
*fille* : + humain, + femelle, – adulte

**Figure 3.25 – Marquage de classes sémantiques par traits**

Une autre technique consiste à attribuer à chacun des mots une **classe sémantique**. Par exemple, on peut dire de *chien* qu'il appartient à la classe des noms concrets, comme *machine*, *dame* ou *marteau*, de *traitement* qu'il appartient à la classe des noms d'action, comme *traduction* et *analyse*, et de *partie* qu'il s'agit d'un nom relationnel comme *ensemble* ou *groupe*. (Il importe de souligner que les classes choisies ne valent que pour les noms ; pour d'autres catégories de mots, les critères ne sont pas les mêmes.)

Il est possible d'affiner davantage le classement sémantique. Par exemple, les noms concrets peuvent désigner des êtres animés (*professeur, chien, dame*) et des objets inanimés (*os, marteau, livre*) ; les êtres animés se divisent en humains (*professeur, dame, victime*) et non-humains (*chien, chat, autruche*), les objets inanimés en artefacts (*marteau, livre, clou*) et en machines (*automobile, ordinateur, presse*), et ainsi de suite (voir la figure 3.26).

**Dictionnaire**
*chien*, nom concret, être animé, non-humain
*dame*, nom concret, être animé, humain
*ordinateur*, nom concret, objet inanimé, machine
*marteau*, nom concret, objet inanimé, artefact
*partie*, nom relationnel
*traduction*, nom d'action

**Figure 3.26 – Dictionnaire marquant les classes sémantiques**

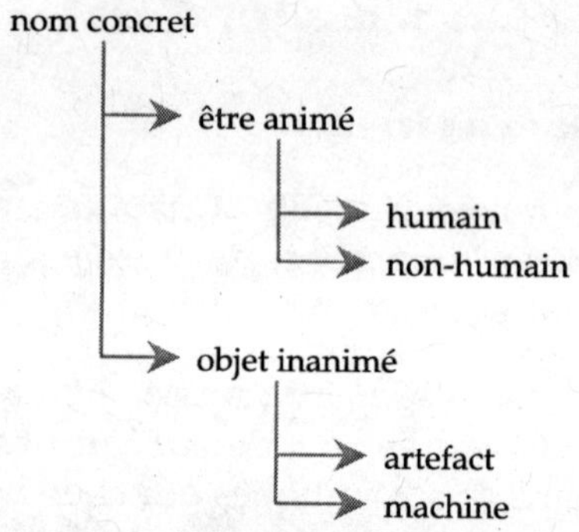


**Figure 3.27 – Hiérarchisation des classes sémantiques**

En outre, les classes sémantiques ainsi définies sont souvent hiérarchisées (voir la figure 3.27), ce qui évite de surcharger le dictionnaire. Par exemple, pour classer le mot *dame*, il suffit de dire qu'il s'agit d'un humain. Le programme qui a accès à des classes hiérarchisées déduit que le mot est lié aux catégories des êtres animés et des noms concrets. Autrement dit, la classe spécifique héritera de toutes les caractéristiques associées à ces classes génériques. Sans cette organisation, il faut expliciter tous les éléments de la hiérarchie dans le dictionnaire (par exemple, *dame* : nom concret, être animé, humain).

L'explicitation du sens des mots sert à vérifier la compatibilité sémantique des mots et à résoudre des ambiguïtés sémantiques et des ambiguïtés de structure. Il en sera question dans les sections suivantes.

***Vérification des compatibilités sémantiques entre les mots***

Un traitement automatique vérifie les compatibilités sémantiques entre les mots d'une phrase si les classes sémantiques des mots figurent au dictionnaire et si les compatibilités entre les mots sont indiquées dans une forme de répertoire (il peut s'agir d'un enrichissement du dictionnaire décrit plus haut). L'information sémantique, telle qu'elle est exploitée en TAL, est, comme on le verra, presque toujours tributaire de l'analyse syntaxique. Autrement dit, pour voir si deux mots sont compatibles sémantiquement, il faut d'abord comprendre les liens syntaxiques qui les unissent.

Nous allons illustrer la technique de vérification des compatibilités sémantiques au moyen des exemples suivants :

| | |
|---|---|
| *Le chien mange sa pâtée.* | **Sa pâtée mange le chien.* |
| *Le chien mange un os.* | **Un os mange le chien.* |

Pour rendre compte du fait que les exemples de gauche sont corrects et ceux de droite incorrects, il faut indiquer les classes de mots que le verbe *manger* accepte (ou sélectionne) : 1) l'action de manger est réalisée par des êtres animés (*chien*, *chat*, *dame*, etc.) ; 2) les éléments qui subissent cette action appartiennent à la classe des matières comestibles (*os*, *pâtée*). D'un point de vue plus technique, nous dirons, lorsque nous notons les classes de mots sélectionnées par un autre mot, que nous explicitons ses **restrictions de sélection**. *Manger* sélectionne des **arguments (ARG)** dénotant des êtres animés et des matières comestibles. Les restrictions de sélection précisent les conditions que doivent remplir les mots pour être compatibles avec d'autres. La figure 3.28 présente les restrictions de sélection du verbe *manger*.

| | |
|---|---|
| *manger* | ARG1 être animé |
| | ARG2 matière comestible |

**Figure 3.28 – Identification des restrictions de sélection de *manger***

***Résolution des ambiguïtés sémantiques***

Nous avons déjà vu que certains mots véhiculent plus d'une signification (il s'agit alors d'**homographes sémantiques**). La résolution des **ambiguïtés sémantiques** peut se faire au moyen de la vérification des **restrictions de sélection**.

Par exemple, pour analyser et, par conséquent, traduire correctement la phrase suivante, on doit distinguer les sens de *port* (qui peut se traduire par *porto* ou par *port*) : *The sailors drank the port at midnight*. Un dictionnaire de traduction automatisée peut signaler les équivalents possibles de *port*. Cependant, la simple lecture des entrées révèle la présence d'une ambiguïté sémantique, sans la lever.

En revanche, si nous indiquons la classe à laquelle se rattachent les deux sens de *port* – 1) liquide, 2) lieu – ainsi que les restrictions de sélection du verbe *drink*, l'ordinateur est en mesure de résoudre l'ambiguïté. Il consulte le dictionnaire pour connaître les classes sémantiques des mots et constate que le premier *port* est classé comme « liquide », mais non le second, classé comme « lieu ». Il rejette la deuxième possibilité au profit de la première, sachant que *porto* fait partie des liquides (ce mécanisme est illustré à la figure 3.29).

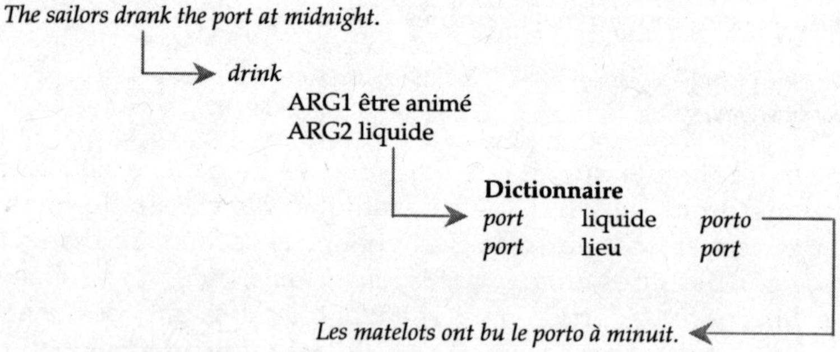


**Figure 3.29 – Désambiguïsation de *port* au moyen des restrictions de sélection de *drink***

Nous pourrions également rendre compte des différents sens de *conduire*, cité au chapitre 2 (*Les généraux conduisent les troupes à la défaite* ; *Les métaux conduisent très bien l'électricité*) au moyen de règles qui explorent les restrictions de sélection associées aux sens du verbe, comme celles qui sont présentées à la figure 3.30.

| | |
|---|---|
| *conduire* (ARG1 être animé, ARG2 être animé) | *lead* |
| *conduire* (ARG1 matière, ARG2 matière) | *conduct* |

**Figure 3.30 – Restrictions de sélection de *conduire***

### Désambiguïsation par domaines de spécialité

Une autre technique de désambiguïsation des homographes sémantiques utilisée en traduction automatisée consiste à associer chacun des sens de l'homographe à un **domaine de spécialité** distinct (l'administration, la mécanique, la médecine, etc.).

Nous pourrions, par exemple, associer un sens de *coquille* au domaine de la typographie (*misprint*) et un autre sens au domaine de la zoologie (*shell*). De même, les sens de *conductor* et de *jacket* peuvent être associés, d'une part, au domaine général (*chef d'orchestre* et *veston*) et, d'autre part, au domaine technique (*conducteur* et *enveloppe*). Il suffit alors d'accorder la priorité à un domaine lors d'une traduction, c'est-à-dire de faire sélectionner en premier lieu les équivalents associés au domaine prioritaire.

Les limites de cette approche sont cependant vite atteintes. Premièrement, les textes spécialisés comportent souvent des terminologies associées à plus d'un domaine. Deuxièmement, il est plus que probable qu'un texte général fasse appel à un sens qu'on aurait associé à un domaine spécialisé ou vice versa.

En revanche, il est impossible de lever, au moyen des restrictions de sélection, l'ambiguïté contenue dans la phrase empruntée à Lyons (1990) : *They passed the port at midnight.* Comme *pass* et *port* sont tous les deux ambigus, on ne peut s'appuyer sur un des deux mots pour désambiguïser l'autre. De plus, la vérification des affinités sémantiques est assez difficile à réaliser en pratique pour l'ensemble des combinaisons de mots. Il est, en effet, ardu de prévoir toutes les classes de mots sélectionnées par d'autres dans une langue donnée.

Par ailleurs, les mots ne sont pas toujours utilisés dans leur sens littéral. Les métaphores mettent souvent en relation des mots incompatibles *a priori*. S'il est possible de rendre compte des métaphores ancrées dans l'usage, les extensions sémantiques inattendues ne sont pas manipulables au moyen des restrictions de sélection.

Les traitements automatiques ont recours à la désambiguïsation par restrictions de sélection lorsque les contraintes concernent des domaines restreints. Il est extrêmement difficile d'implanter le même mécanisme pour rendre compte de la langue générale.

### *Sémantique et résolution des ambiguïtés de structure*

La technique de vérification des **restrictions de sélection** sert à lever certaines ambiguïtés sémantiques, mais elle peut également être mise à contribution pour résoudre des **ambiguïtés de structure**. Examinons les exemples suivants :

> *Julien mange ses pâtes à la cuiller.*
> *Julien mange ses pâtes au roquefort.*

Un syntagme prépositionnel peut, d'un point de vue syntaxique uniquement, se rattacher à un nom ou à un verbe. Si on analyse les phrases qui précèdent au moyen de règles syntaxiques uniquement, *à la cuiller* et *au roquefort* sont considérés soit comme des compléments du nom (se rattachant à *pâtes*), soit comme des compléments du verbe (se rattachant à *manger*). La figure 3.31 illustre les rattachements possibles.

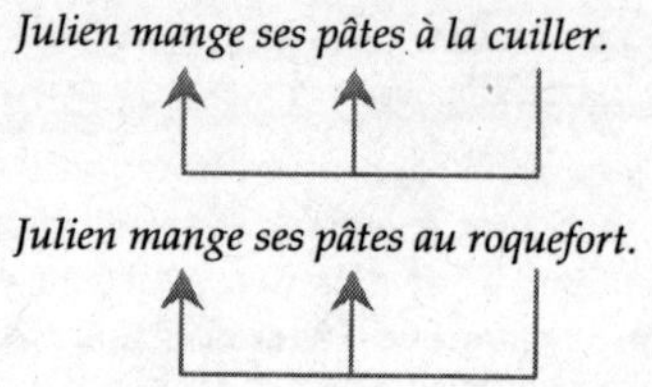


**Figure 3.31 – Rattachements possibles de syntagmes prépositionnels**

Dans les faits, *à la cuiller* est complément du verbe (le moyen utilisé pour manger) et *au roquefort* se rattache à *pâtes* (un ingrédient dans les pâtes en question). Nous pouvons orienter l'interprétation en précisant des restrictions de sélection étendues de *manger* comme celles qui apparaissent à la figure 3.32.

*manger* (ARG1 être animé ; ARG2 matière comestible ; ARG3 artefact)

**Figure 3.32 – Restrictions de sélection étendues de *manger***

Les restrictions de sélection précisent trois classes de mots sélectionnées par *manger* : 1) la classe à l'origine de l'action (être animé), 2) la classe qui subit l'action (matière comestible), 3) la classe du moyen utilisé pour réaliser l'action (artefact). Comme le mot *cuiller* remplit la condition pour appartenir à la troisième classe, il est considéré comme un complément du verbe. Comme le mot *roquefort* ne remplit pas cette condition, une telle interprétation est exclue. Il est alors analysé autrement (comme un complément du nom en l'occurrence).

De même, nous pourrions résoudre l'ambiguïté de structure contenue dans *Reset bit* (*Remettre le bit à l'état initial* ou *La remise à l'état initial a mordu*) si une règle précisait que *mordre* ne peut avoir qu'un être animé comme argument à l'origine de l'action (par exemple, *chien, dame, chat*). L'interprétation menant à la traduction *La remise à l'état initial a mordu* serait rejetée, puisque *remise à l'état initial* dénote une activité.

Cette technique présente toutefois des limites, puisqu'elle ne permet pas de trancher dans les cas où les ambiguïtés de structure mènent à différentes interprétations sémantiques plausibles (*L'auxiliaire assiste le directeur du magasin*). De plus, les problèmes de définition des restrictions de sélection signalés à la section précédente se posent ici aussi (métaphore, difficulté de rendre compte de l'ensemble des compatibilités entre les mots pour la langue en général, etc.).

### *Principe de compositionnalité*

Les analyses syntaxiques et la vérification des compatibilités entre les mots proposées dans les sections précédentes sont toutes fondées sur la notion de **compositionnalité**, c'est-à-dire qu'elles partent du principe que les sens des mots d'une phrase sont cumulés et que le sens global de la phrase résulte de ce cumul. Cependant, toutes les phrases ne peuvent être analysées de cette façon, puisque certaines comportent des **expressions figées.**

Pour être analysées correctement, les expressions figées doivent être connues du traitement automatique. Autrement dit, elles doivent être recensées comme les mots simples qui sont intégrés dans le dictionnaire. De plus, des mécanismes rendront compte du fait que certaines parties de ces expressions varient en contexte et que d'autres mots peuvent s'insérer entre les mots qui les composent. La figure 3.33 illustre la manière dont peuvent être prises en compte les expressions figées.

| | |
|---|---|
| *Mettre la charrue avant les bœufs* | |
| **Réalisations possibles** | **Prise en compte de la variation** |
| *Il met la charrue avant les bœufs*<br>*Il met toujours la charrue avant les bœufs* | Mettre (mot variable) – insertion possible – la charrue avant les bœufs |
| *Prendre quelqu'un par surprise* | |
| **Réalisations possibles** | **Prise en compte de la variation** |
| *Nous avons pris le professeur par surprise*<br>*Il a pris le groupe d'étudiants dont il dit le plus grand bien par surprise*<br>*Il prend par surprise son adversaire* | Prendre (mot variable) – insertion possible (nom animé ± modification possible) – par surprise – ajout possible (nom animé ± modification possible) |

**Figure 3.33 – Prise en compte des expressions figées**

## *Analyses interphrastiques*

Les techniques de traitement expliquées jusqu'ici rendent compte du comportement des mots en utilisant la phrase comme point de repère. Or, nous avons vu que l'analyse de rapports syntaxiques (par exemple, la détermination de l'antécédent d'un pronom) ou sémantiques (par exemple, la désambiguïsation d'un homographe sémantique) nécessite parfois le recours à une **analyse interphrastique.**

En règle générale, les traitements automatiques abordent les phrases une à la fois et ne puisent pas de façon systématique des renseignements de nature linguistique dans les phrases avoisinantes. Il en va de même pour l'exploitation des données sémantiques. L'examen de l'information sémantique, lorsqu'il est fait, s'appuie sur ce qui peut être observé dans une phrase. Les analyses extraphrastiques font rarement partie intégrante des traitements proposés par les outils les plus courants.

## *Techniques linguistiques actuelles*

Les techniques linguistiques examinées jusqu'à présent permettent à un programme informatique de connaître l'ensemble des mots d'une langue (par la consultation d'un dictionnaire), de leur attacher des renseignements grammaticaux (la catégorie grammaticale) et sémantiques (l'appartenance à une classe sémantique), de relier les formes fléchies et canoniques des mots variables (par l'utilisation de règles morphologiques), de représenter les rapports entre les mots (par une analyse syntaxique) et, enfin, d'effectuer certaines désambiguïsations (des homographes catégoriels, des homographes sémantiques et des ambiguïtés de structure). Le tableau 3.1 résume les différentes techniques abordées.

**TABLEAU 3.1**
**Récapitulatif des techniques linguistiques**

| Propriétés ou problèmes linguistiques | Techniques linguistiques |
|---|---|
| Prise en compte du mot | Dictionnaire |
| Catégorie grammaticale | Catégorisation<br>Étiquetage morphosyntaxique |
| Variation flexionnelle | Dictionnaire de formes<br>Dictionnaire de formes canoniques et analyse morphologique |
| Délimitation de la phrase | Analyse syntaxique |
| Structure de la phrase | Analyse syntaxique |
| Ambiguïtés catégorielles | Analyse syntaxique |
| Sens des mots | Indication de la classe sémantique dans le dictionnaire |
| Compatibilités sémantiques entre les mots | Restrictions de sélection |
| Ambiguïtés sémantiques | Restrictions de sélection |
| Ambiguïtés de structure | Restrictions de sélection |
| Expressions figées | Répertoire des expressions et prise en compte de leur variabilité |

L'approche linguistique nécessite, on l'aura constaté, la mise en place d'un appareil descriptif très lourd. Au moyen d'un modèle formel, le linguiste-informaticien transmet à l'ordinateur les différentes connaissances dont ce dernier a besoin pour traiter les mots, ainsi que les phrases dans lesquelles ces mots sont utilisés. Un dictionnaire renferme tous les mots susceptibles de se trouver dans un texte. Un premier ensemble de règles explique les modes de variation des mots (règles morphologiques) et un deuxième ensemble, les successions de mots (règles syntaxiques). On peut superposer à tout cet appareil des données sémantiques. Enfin, comme les langues diffèrent, la description est reprise toutes les fois qu'une nouvelle langue est prise en charge.

Dans l'état actuel des choses, les traitements reposant sur des techniques linguistiques ne sont pas infaillibles, et ce, malgré la finesse des descriptions auxquelles ils ont recours. Nous avons souligné ces limites à quelques endroits : grammaires formelles utilisées en TAL, désambiguïsations effectuées par l'ordinateur.

Divers facteurs expliquent ces limites. Toutefois, le problème fondamental réside dans le fait que la langue naturelle est extrêmement complexe et difficile à décrire. Aucun modèle formel ne décrit en totalité ne serait-ce qu'une seule langue. On peut penser que tout n'est pas résolu et que des recherches supplémentaires en linguistique et en informatique permettront de perfectionner les traitements automatiques.

## Les techniques basées sur corpus

Compte tenu des contraintes liées aux approches linguistiques et en raison du fait que ces approches, mêmes si elles sont ambitieuses, ne résolvent pas tout, des chercheurs ont exploré d'autres méthodes de traitement automatique de la langue. Nous examinerons dans cette section des méthodes regroupées sous le générique ***techniques basées sur corpus***.

D'une manière générale, ces techniques reposent sur l'idée que les solutions à des problèmes de TAL sont déjà répertoriées dans des textes existants, puisque ces textes ont été produits par des humains. Ainsi, plutôt que de modéliser les unités linguistiques sous forme de dictionnaires exhaustifs et de jeux de règles complets, le traitement automatique « apprend » à faire des généralisations à partir des informations contenues dans les textes. Il pourra ensuite réutiliser le résultat de cet apprentissage pour traiter de nouveaux phénomènes linguistiques.

Pour produire des résultats fiables, le traitement automatique doit avoir accès à un ensemble important de textes ou, du moins, à des textes qui sont susceptibles de contenir l'information dont il aura besoin. L'ensemble de textes utilisé porte le nom de ***corpus***. Les corpus peuvent être unilingues ou multilingues.

**Une technique basée sur corpus pour attribuer des catégories grammaticales aux mots**

Une technique basée sur corpus a été utilisée avec succès afin de guider l'attribution des catégories grammaticales aux mots contenus dans un texte. La technique, mise au point par Brill (1992) s'appuie sur un corpus préalablement étiqueté par des analystes humains. Dans ces textes, chacun des mots est accompagné de la mention de sa catégorie grammaticale (verbe, nom, adjectif, etc.).

Le traitement mis au point par Brill « apprend » à partir de ce corpus. Il acquiert les étiquettes associées à un mot et infère des règles permettant de désambiguïser un homographe catégoriel à partir des contextes dans lesquels apparaît ce mot.

Une fois l'apprentissage terminé, le traitement peut attribuer les étiquettes aux mots contenus dans un nouveau texte à partir de cet apprentissage.

S'il est vrai qu'elles ne nécessitent pas la mise au point d'un appareil descriptif lourd, les techniques décrites dans cette section dépendent de la qualité du corpus utilisé pour faire apprendre le traitement automatique. La définition d'un corpus « représentatif » est très difficile à cerner en pratique et varie en fonction de l'application visée. Un corpus peut être représentatif en fonction d'une application particulière et d'un type de texte donné, mais la représentativité théorique (représentativité du comportement général des unités linguistiques) reste vague.

## Les techniques numériques

Les **techniques numériques** reposent sur l'idée générale selon laquelle les phénomènes linguistiques sont prévisibles. Elles mesurent les probabilités selon lesquelles divers phénomènes linguistiques risquent de se produire et optent généralement pour la plus forte. On tient pour acquis que la plus forte probabilité constitue un repère suffisamment fiable pour « prévoir » de quelle manière se comportent les unités linguistiques. Les probabilités les plus « fiables » doivent être évaluées sur une masse importante de données linguistiques (autrement dit, la plupart des techniques numériques sont aussi des techniques basées sur corpus).

Les techniques numériques présentent un certain nombre d'avantages. D'abord, elles sont facilement exploitables par un programme informatique : elles ne nécessitent pas, comme les techniques linguistiques, des descriptions très poussées pour être mises en œuvre. De plus, elles sont parfaitement adaptées à l'ordinateur, qui manipule aisément les données numériques. Enfin, comme elles ne sont pas associées à une langue en particulier, elles peuvent être transposées sans refonte majeure, du moins en principe, pour le traitement d'une nouvelle langue.

Il est assez difficile de présenter un portrait des techniques numériques, puisqu'elles varient en fonction de l'application en vue. Autrement dit, elles sont élaborées dans le but de résoudre un problème particulier : par exemple, en dépouillement assisté par ordinateur, en traduction et même en traitement de la parole. Cependant, elles reposent toutes sur une évaluation quantitative des phénomènes linguistiques.

Les taux de succès des techniques numériques varient d'une application à l'autre. Les tenants de cette approche diront cependant que les performances des techniques numériques sont tout à fait comparables à celles des techniques linguistiques. D'ailleurs, les concepteurs d'outils qui ont recours aux techniques numériques les présentent souvent comme des moyens d'arriver à certaines fins, et non comme des techniques produisant des résultats parfaits.

Il arrive souvent qu'on combine des techniques linguistiques avec des approches numériques. Un décompte statistique est superposé à un traitement linguistique ou, à l'inverse, l'application d'une analyse linguistique vient épurer les résultats bruts fournis par un traitement statistique. On tente de conserver les avantages des deux approches et de combler les lacunes de l'une par les forces de l'autre. Par exemple, après la consultation d'un dictionnaire (technique linguistique), un algorithme statistique (technique numérique) peut procéder à une désambiguïsation des homographes catégoriels.

## Conclusion

Dans le présent chapitre, nous avons décrit différentes techniques utilisées en traitement automatique de la langue : la reconnaissance de caractères, les techniques linguistiques, les techniques basées sur corpus et les techniques numériques.

Nous verrons, dans la troisième partie, de quelle manière les méthodes en question sont employées concrètement dans des applications qui intéressent le traducteur. Certaines mettent en œuvre des techniques rudimentaires – par exemple, la délimitation du mot au moyen de repères graphiques pour la recherche d'information dans les textes. D'autres font appel à une technique linguistique simple – par exemple, la vérification orthographique se fait par la consultation d'un dictionnaire (voir le chapitre 9). D'autres, enfin, mobilisent tout un ensemble de techniques linguistiques – par exemple, la correction grammaticale fait appel à l'analyse morphologique et à l'analyse syntaxique (voir le chapitre 9) ; la traduction automatique ira jusqu'à intégrer des traitements sémantiques (voir le chapitre 10).

## *Suggestions de lectures*

Pour une présentation générale des problèmes et techniques reliés au traitement automatique de la langue, voir Bouillon et collab. (1998), Fuchs et collab. (1993) et Mitkov (2003). Pour un exposé des techniques particulières à la traduction, voir Arnold et collab. (1994), Hutchins et Somers (1992) et Nirenburg (1987). Dans Lebart et Salem (1998), on trouve une présentation de certaines techniques numériques. Habert (2005) décrit les méthodes d'étiquetage des textes de format électronique et l'exploitation qu'on peut faire de ces textes. Il existe peu d'ouvrages consacrés exclusivement au lexique en TAL ; une exception à signaler, Silberztein (1993).

Baudot (1987), Sabah (1988), Wehrli (1997) et Winograd (1983) décrivent divers types de grammaires formelles. Bien que la plus grande partie de l'ouvrage de Wehrli (1997) soit consacrée à l'analyse syntaxique, l'auteur aborde, au chapitre 5, l'analyse morphologique et la prise en compte des mots complexes et des expressions figées.

# TROISIÈME PARTIE : LES OUTILS

La troisième partie comporte sept chapitres :

Le chapitre 4, *Le traitement de texte (quelques fonctions)*, décrit des fonctions du logiciel de traitement de texte qui sont souvent moins connues.

Le chapitre 5, *La gestion des données de traduction*, se penche sur les outils de consignation des problèmes de traduction, à savoir les systèmes de gestion de bases de données et les logiciels de terminologie.

Le chapitre 6, *La recherche dans les textes électroniques*, aborde les questions relatives à la mise en forme d'une banque de textes et à l'utilisation des concordanciers. On y trouve également des explications sur un texte d'une nature un peu particulière, à savoir le bitexte.

Le chapitre 7, *Les outils de rappel automatique*, décrit les fonctionnements respectifs des mémoires de traduction et des traducteurs de vocabulaire.

Le chapitre 8, *Le dépouillement assisté par ordinateur*, traite du fonctionnement et des caractéristiques des dépouilleurs terminologiques et des dépouilleurs lexicaux.

Le chapitre 9, *Les aides à la correction*, porte sur les vérificateurs orthographiques et les correcteurs grammaticaux.

Le chapitre 10, *Les logiciels de traduction automatique*, décrit le fonctionnement des logiciels de traduction automatique commerciaux.

# 4. Le traitement de texte (quelques fonctions)

*In the distant past translators, like authors, produced their work writing it out by hand, starting with a draft and rewriting it. Then came the portable typewriter which was widely taken up by translators. The next technological advance was the dictating machine, which was adopted by in-house translation services and by some of the higher output translators who in turn used hired typists to actually produce the written text. And then came word processing.*

GEOFFREY KINGSCOTT, dans *Technology as Translation Strategy*

Il est assez ardu de caractériser de façon satisfaisante un **logiciel de traitement de texte**. Les tout premiers étaient assez proches de ce qu'on appelle aujourd'hui des **éditeurs**, c'est-à-dire des programmes rudimentaires facilitant la saisie, l'insertion, la suppression et le déplacement de segments de texte plus ou moins longs. Ces possibilités, bien qu'elles soient devenues banales par rapport à ce qui est offert maintenant, ont ravi toutes les personnes qui devaient produire des documents au moyen de méthodes traditionnelles. Malgré leurs limites à l'origine, les logiciels de traitement de texte apparaissaient déjà nettement supérieurs à la machine à écrire.

L'avantage principal des premiers logiciels de traitement de texte sur leurs prédécesseurs (les machines à écrire avec ou sans « mémoire ») réside dans les **fonctions d'édition**. Cette innovation a permis au traducteur de saisir lui-même ses textes[1] et de les remanier autant de fois qu'il le souhaitait, puisqu'il n'était plus essentiel désormais d'acquérir une formation pour manipuler un outil de saisie ou de faire appel à un tiers pour produire la version définitive d'un document. En outre, le texte pouvait être retravaillé autant de fois que cela s'avérait nécessaire.

Aujourd'hui, les logiciels de traitement de texte sont devenus de véritables environnements de gestion et de production de documents.

---

[1] Certains traducteurs avaient l'habitude de travailler au dictaphone : la saisie du texte comme telle était assurée par un tiers. Ces traducteurs ne percevaient pas le logiciel de traitement de texte comme une façon d'accélérer la production d'un texte cible, puisqu'ils devaient apprendre à maîtriser le clavier et les diverses fonctions du logiciel. La dictée a perdu des adeptes lorsque le traitement de texte est devenu plus convivial, mais elle pourrait connaître un regain de popularité avec le perfectionnement des logiciels de dictée vocale qui reproduisent à l'écran le texte dicté par l'utilisateur.

Aux fonctions de saisie et d'édition se superposent des fonctions d'éditique (mise en page, choix impressionnant de caractères, génération automatique de tables des matières et d'index, formatage systématisé des paragraphes, etc.), des fonctions de graphisme (insertion de dessins, mise en forme de tableaux, etc.) et d'autres fonctions annexes (comparaison de versions, vérification orthographique, etc.). Il est d'ailleurs très probable que de nouvelles fonctions s'ajouteront à celles qui sont déjà offertes.

## Quelques fonctions offertes par le traitement de texte

La concurrence entre les concepteurs de logiciels de traitement de texte est vive. Pour cette raison, les fonctions en tant que telles varient peu d'un produit à l'autre (par exemple, *Word*, *WordPerfect* ou *Word Pro*). La nouvelle version d'un logiciel particulier peut offrir une fonction inédite, mais il faut peu de temps pour que les concurrents emboîtent le pas. Les produits se distinguent surtout sur le plan de la convivialité et, même sur ce plan, les différences tendent à s'estomper.

Les sections suivantes décrivent un certain nombre de **fonctions avancées** qui permettent une véritable gestion des textes. Nous mettons donc de côté les fonctionnalités standard comme l'édition pure et simple et l'éditique, qui sont bien connues, sauf si elles peuvent être utilisées en combinaison avec une fonction avancée. Nous retiendrons les fonctions suivantes :

- ☑ gestion des formats de document ;
- ☑ statistiques de documents ;
- ☑ gestion des problèmes de traduction (tri et tableaux) ;
- ☑ recherche et remplacement ;
- ☑ rappel de chaînes de caractères ;
- ☑ fonctions de révision (comparaison de versions, suivi des modifications et commentaire) ;
- ☑ outils linguistiques (notamment la correction et la traduction) ;
- ☑ macrocommandes.

## *Gestion de formats de documents*

Il est essentiel de pouvoir travailler sur des documents saisis dans un autre produit. Les logiciels de traitement de texte sont tous pourvus de fonctionnalités permettant de gérer des formats différents. Les logiciels disposent d'un **module de conversion** qui reconnaît le document étranger et propose à l'utilisateur de le convertir. L'utilisateur enregistre le texte dans le nouveau format ou le conserve dans son format original. Par ailleurs, le module convertit un texte préalablement saisi au moyen du logiciel de l'utilisateur dans un autre format. La figure 4.1 montre le choix de formats proposé par un logiciel de traitement de texte. Cette liste indique une partie des formats que le logiciel peut gérer.

Document Word
Page Web
Texte mis en forme
Word 2.x pour Windows
Word 4.0 pour Macintosh
WordPerfect 5.0 pour Windows
Works 6.0 et 7.0

**Figure 4.1 – Une partie des formats gérés par le logiciel de traitement de texte *Word***

Les logiciels de traitement de texte convertissent de plus en plus facilement les documents de provenances diverses. Les problèmes surviennent rarement dans le texte lui-même (les caractères, à quelques rares exceptions, sont généralement bien reconnus), mais plutôt dans la structuration du texte (disposition des paragraphes, tabulations, tableaux, éléments graphiques ajoutés, etc.). Voici les causes les plus courantes de ces problèmes :

☑ la conversion se fait entre des logiciels de traitement de texte ou des éditeurs tournant dans des environnements différents (par exemple, d'un logiciel de traitement de texte sur Macintosh à un produit PC d'IBM) ;

☑ la conversion se fait entre des versions différentes d'un même logiciel de traitement de texte : on tente de récupérer le texte dans un logiciel d'une version antérieure à celui dans lequel le texte a été saisi ;

☑ le document à convertir a été saisi dans un logiciel de nature différente : un logiciel de présentation ou d'édition électronique.

Parfois, la conversion est simplement impossible, lorsque le document à récupérer a été saisi dans un logiciel de traitement de texte ou un éditeur à diffusion réduite. Il faut alors avoir recours à un

**convertisseur autonome** qui interprète un plus grand éventail de formats.

La conversion de documents devient utile lorsque le traducteur reçoit des textes produits au moyen de logiciels de traitement de texte différents ou de versions différentes d'un même logiciel. De plus, la conversion devient nécessaire si un client exige que le texte lui soit transmis dans un format particulier. Enfin, le traducteur a recours à la conversion pour faire traiter des textes par un autre logiciel – un concordancier (voir le chapitre 6) ; une mémoire de traduction ou un traducteur de vocabulaire (voir le chapitre 7), etc. – qui n'interprète qu'un nombre limité de formats[1].

## *Statistiques de documents*

La fonction des **statistiques de documents** fournit des données quantitatives sur les différentes caractéristiques matérielles d'un texte : nombre de caractères, de lignes, de paragraphes, de pages et de mots. La figure 4.2 présente les différents éléments dont tient compte en général la fonction, mais nous ne retiendrons, dans ce qui suit, que le décompte des mots (puisque c'est cette statistique qui intéresse au premier plan le traducteur).

| Texte | Printers.doc | |
|---|---|---|
| | Pages | 14 |
| | Mots | 4 198 |
| | Caractères | 23 493 |
| | Paragraphes | 229 |
| | Lignes | 541 |

**Figure 4.2 – Statistiques de documents**

Les logiciels de traitement de texte utilisent des repères graphiques pour dénombrer les mots (voir le chapitre 3), mais les critères retenus peuvent varier d'un produit à l'autre. Un logiciel exclura les chaînes numériques et considérera les chaînes apparaissant de part et d'autre d'un trait d'union comme un seul mot ; un autre tiendra compte des chaînes numériques et comptabilisera les chaînes reliées par un trait d'union comme deux mots distincts. Ces variations entraînent des écarts, parfois non négligeables, entre les résultats produits.

Comme le décompte de mots est pris en charge par une fonction automatisée, le traducteur n'a plus à accomplir cette tâche manuellement (ou à établir une moyenne calculée sur un nombre réduit de

[1] Nous reviendrons sur la question des formats de documents au chapitre 6, qui porte sur la mise en forme d'une banque de textes.

pages) à des fins de facturation. Cela vaut la peine d'insister pour obtenir la version électronique du document source, même si c'est uniquement pour procéder au décompte des mots.

## *Gestion des problèmes de traduction*

Les logiciels de traitement de texte offrent la possibilité de gérer des listes de termes (ou de problèmes de traduction au sens large) de différentes manières. Deux fonctions sont plus directement associées à cette gestion, à savoir le tri et le tableau.

Cependant, le traitement des problèmes de traduction se fait de préférence avec d'autres outils, c'est-à-dire des systèmes de gestion de bases de données génériques ou des logiciels de terminologie (voir le chapitre 5). Ces outils sont spécifiquement conçus pour organiser et manipuler des données. Ils sont d'ailleurs nettement mieux adaptés et plus polyvalents que les logiciels de traitement de texte pour ce genre de tâche.

Les listes d'équivalences sont prises en charge par le traitement de texte de manière satisfaisante si l'information retenue reste minimale. Les listes plus complexes (par exemple, celles qui comportent des définitions, des contextes, des notes) sont mieux prises en charge dans un logiciel adapté. Le traducteur a recours à des listes de traitement de texte s'il n'a pas accès à un outil spécialisé ou, encore, pour répondre à des besoins ponctuels (un petit dossier de traduction remis par un nouveau client, par exemple).

### *Tri*

Dans le logiciel de traitement de texte, le **tri** organise des données alphabétiques, numériques et chronologiques de façon structurée. Le tri se fait à partir des lignes ou des paragraphes, c'est-à-dire à partir du premier mot (ou des quelques premiers mots) apparaissant au début d'une ligne ; il est croissant ou décroissant. Enfin, le tri peut porter sur la totalité d'un document ou sur une partie sélectionnée par l'utilisateur.

La figure 4.3 présente deux fois la même liste de termes : dans la première partie, les termes ne sont pas triés ; dans la seconde, ils ont été triés à partir du terme anglais placé à gauche.

**Liste non triée**

| | |
|---|---|
| alphagraphic character | caractère alphagraphique |
| backup utility | utilitaire de sauvegarde |
| circuit board | carte à circuits imprimés |
| backup | sauvegarde |
| computer's working area | zone de travail informatique |
| random access memory | mémoire vive |
| DBMS | SGBD |

**Liste triée à partir du terme anglais**

| | |
|---|---|
| alphagraphic character | caractère alphagraphique |
| backup | sauvegarde |
| backup utility | utilitaire de sauvegarde |
| circuit board | carte à circuits imprimés |
| computer's working area | zone de travail informatique |
| DBMS | SGBD |
| random access memory | mémoire vive |

**Figure 4.3 – Listes de termes non triée et triée**

Le traducteur utilise le tri pour ordonner les listes d'équivalences. Il consigne des termes spécialisés, leurs équivalents et d'autres renseignements dans une liste qu'il enrichit et retrie au besoin. Si la liste est longue, les consultations se font au moyen de la fonction de recherche, dont il sera question un peu plus loin.

### *Tableau*

Les listes terminologiques peuvent être consignées dans un **tableau**, plutôt que simplement disposées en colonnes, comme l'illustre la figure 4.4. Le tableau n'est pas uniquement intéressant parce qu'il ordonne de façon plus formelle les composantes d'une liste. Il permet aussi des manipulations distinctes des éléments figurant dans chacune des colonnes :

☑ les colonnes du tableau sont déplacées sans modifier les éléments qu'elles contiennent ;

☑ une recherche séparée est menée dans chacune des colonnes du tableau ;

☑ le tri porte sur les éléments de chacune des colonnes.

Dans l'exemple suivant (voir la figure 4.4), le traducteur retient un terme anglais, un terme français et une marque pour indiquer l'équivalent que préfère le client. Il effectue un tri à partir de l'entrée anglaise, puis à partir d'un code associé au client (il pourrait, ultérieurement, faire un tri à partir de l'entrée française).

| Terme anglais | Code client | Terme français |
|---|---|---|
| full backup | CAR | sauvegarde complète |
| full backup | DIO | sauvegarde totale |
| random access memory | LHE | mémoire vive |
| random access memory | DIO | mémoire RAM |
| read-only memory | LHE | mémoire morte |
| read-only memory | DIO | mémoire ROM |
| word processor | CAR | traitement de texte |
| word processor | LHE | logiciel de traitement de texte |

| Terme anglais | Code client | Terme français |
|---|---|---|
| full backup | CAR | sauvegarde complète |
| word processor | CAR | traitement de texte |
| full backup | DIO | sauvegarde totale |
| random access memory | DIO | mémoire RAM |
| read-only memory | DIO | mémoire ROM |
| random access memory | LHE | mémoire vive |
| read-only memory | LHE | mémoire morte |
| word processor | LHE | logiciel de traitement de texte |

**Figure 4.4 – Tri des éléments dans différentes colonnes d'un tableau**

## *Recherche et remplacement*

### *Recherche*

La fonction de **recherche** trouve les **occurrences** de divers éléments (c'est-à-dire les endroits où les éléments en question apparaissent dans un texte). Elle repère :

☑ des chaînes de caractères (des mots simples, des parties de mot ou des suites de mots) ;

☑ des codes associés au texte (un format particulier – les italiques ou le gras, par exemple –, un appel de note en bas de page, une tabulation, etc.) ;

☑ une chaîne de caractères associée à un code particulier (par exemple, un mot en majuscules).

La recherche de chaînes de caractères ressemble aux fonctions de base des concordanciers (voir le chapitre 6), mais il importe de souligner que le traitement de texte offre un peu moins de possibilités (par exemple, ce dernier ne trouve pas les combinaisons de mots non contigus). Cependant, le traducteur qui n'a pas accès à un concordancier trouvera utile d'exploiter la fonction de recherche. De plus, cette première fonction se combine, comme on le verra à la section suivante, avec une fonction de remplacement.

Dans les versions des traitements de texte les plus récentes, l'utilisateur peut définir un certain nombre d'options qui permettent de restreindre ou d'étendre la portée de la recherche.

☑ Type de chaîne de caractères à atteindre : La recherche porte soit sur un **mot simple**, soit sur une **chaîne non définie**. Par exemple, une recherche de la chaîne non définie *ou* donne accès aux contextes suivants :

*En outre*
*le document source*
*les outils informatiques*
*le traitement de texte ou l'éditique*
*un traducteur ou un terminologue*

La recherche du mot simple *ou* ne s'arrêterait que sur les deux derniers contextes. Ce genre de recherche offre des résultats intéressants si le mot à atteindre ne varie pas beaucoup, car la fonction ne tient pas compte de la **variation flexionnelle**. Par exemple, pour trouver les mots *cheval* et *chevaux* tels quels dans un texte, deux recherches sont nécessaires.

La recherche d'une chaîne non définie est utile, quant à elle, pour trouver toutes les formes fléchies d'un mot extrêmement variable (un verbe français, par exemple). L'utilisateur accède alors aux formes fléchies en précisant la partie du mot qui ne varie pas. Par exemple, une recherche de *mang* donne accès aux occurrences suivantes :

*Les enfants mangeront des pâtes demain.*
*Non seulement a-t-il mangé tout l'après-midi, mais il dit qu'il mangerait encore.*
*Qu'est-ce qu'on mangera demain ?*

☑ Traitement des majuscules-minuscules : La recherche de chaînes de caractères (mots simples ou chaînes non définies) se fait soit en tenant compte de la **distinction majuscules-minuscules**, soit en neutralisant cette distinction. Par exemple, une recherche de *ta* (défini comme mot simple) sans la distinction majuscules-minuscules donne accès aux contextes suivants :

*Ma démarche vaut bien ta méthode.*
*Il a retrouvé toute l'information qu'il cherchait dans ta description.*
*La TA (pour traduction automatique) constitue encore de nos jours un domaine de recherche fort actif.*

*La traductique est un générique qui englobe la traduction automatique (TA) et la traduction assistée par ordinateur (TAO).*

Une recherche de *ta* en respectant la distinction majuscules-minuscules (*TA* et *ta*) élimine quelques contextes : les minuscules donnent accès aux deux premiers ; les majuscules, aux deux derniers.

☑ Utilisation de **caractères génériques** : La chaîne de caractères recherchée peut être tronquée pour retrouver des suites variables. L'astérisque (*) remplace de 0 à *n* caractères ; le point d'interrogation (?) remplace un seul caractère. Par exemple, une requête formulée comme suit – *m*t* – ramènera les occurrences suivantes :

***m*t***
*mettront*
*mot*
*misent*
*monument*

☑ **Recherche phonétique** : Le choix de cette option permettra de retrouver des chaînes de caractères variables, mais dont la prononciation est semblable. Elle est parfois utile pour retrouver des mots mal orthographiés. Par exemple, une recherche à partir de *langage* retrouvera *langage*, *language* et *langagier*.

☑ Prise en compte de certaines **variantes flexionnelles** : Cette option permet d'étendre la recherche aux formes différentes de la plupart des noms et des adjectifs. Une recherche à partir de *flexionnel* permettra d'atteindre *flexionnels*, *flexionnelle* et *flexionnelles* en plus de la forme canonique. Toutefois, la recherche des formes fléchies de verbes et des formes irrégulières n'est pas encore offerte dans toutes les langues.

Lorsqu'elle est utilisée pour repérer des unités linguistiques, la fonction de recherche présente certaines limites. Nous avons déjà signalé les problèmes posés par la variation flexionnelle (qu'on peut contourner partiellement). Un second problème se pose si la recherche porte sur des mots complexes (ou n'importe quelle suite composée de plusieurs entités graphiques). Dans ce cas, il arrive qu'une suite de mots soit scindée en contexte. Par exemple, une recherche d'*imprimante laser* donne accès aux deux contextes suivants :

*L'imprimante laser offre certainement une qualité d'impression supérieure.*
*Notre imprimante laser est moins coûteuse que le modèle le plus populaire.*

Toutefois, le contexte ci-dessous échappe au repérage, puisque les mots *imprimante* et *laser* ne sont pas contigus :

> *On distingue divers types d'imprimantes en fonction de la technologie utilisée : l'imprimante matricielle, à jet d'encre et laser.*

### *Remplacement*

Les logiciels de traitement de texte permettent également le remplacement systématique d'un élément recherché (des mêmes types que ceux qui sont mentionnés plus haut, à savoir une chaîne de caractères, un code associé à des chaînes ou une combinaison des deux). La fonction de **remplacement** repose sur la fonction de recherche, qui identifie les éléments à remplacer. Par ailleurs, le remplacement reproduit, si on le précise, le format de l'objet remplacé.

Le remplacement de chaînes de caractères se fait de deux manières : *a*) systématiquement, c'est-à-dire d'un bout à l'autre d'un document ; ou *b*) avec la confirmation de l'utilisateur.

La technique systématique est nettement plus rapide, mais ne produit pas toujours les résultats escomptés pour différents motifs. Rappelons les difficultés que posent la variation flexionnelle et les mots complexes signalées plus haut. Par ailleurs, le remplacement peut toucher des homographes catégoriels, des homographes sémantiques ou des expressions figées. Examinons, par exemple, ce que produiraient des remplacements systématiques de *chapeau* par *couvre-chef* dans les contextes suivants :

> *Il n'a pas l'habitude de porter un chapeau.*
> *Il n'a pas l'habitude de porter un couvre-chef.*
>
> *Après la représentation, il a passé le chapeau* (expression figée).
> *?Après la représentation, il a passé le couvre-chef.*
>
> *On reconnaît cette variété de champignon à son chapeau rouge* (nouveau sens donné à *chapeau*, qui est un homographe sémantique).
> *?On reconnaît cette variété de champignon à son couvre-chef rouge.*

De plus, lors de certains remplacements, l'utilisateur doit tenir compte des accords imposés par le mot à remplacer. La figure 4.5 montre les conséquences du remplacement systématique de *modification*, dont le genre est féminin par *changement*, dont le genre est masculin.

**Phrases initiales**
*La fonction de comparaison de versions met en évidence les différences existant entre deux documents (c'est-à-dire les ajouts, les suppressions et les modifications).*
*... les modifications sont signalées par une combinaison de ces deux marques.*
*Cette portion de texte a subi une modification...*

**Phrases après le remplacement**
*La fonction de comparaison de versions met en évidence les différences existant entre deux documents (c'est-à-dire les ajouts, les suppressions et les changements).*
*... les changements sont signalées par une combinaison de ces deux marques.*
*Cette portion de texte a subi une changement...*

**Figure 4.5 – Remplacement systématique de *modification* par *changement***

Il est donc plus prudent de confirmer chacun des remplacements, puisqu'il est extrêmement difficile de prévoir l'ensemble des variations des mots en contexte.

Voici, toutefois, une utilisation possible du remplacement systématique. Dans l'exemple de la figure 4.6, le traducteur saisit d'abord *logiciel de traitement de texte* dans une traduction. En cours de route, le client précise qu'il préfère le terme *texteur*. Le traducteur fait rechercher *logiciel de traitement de texte* et *logiciels de traitement de texte* et les fait remplacer respectivement par *texteur* et *texteurs*.

**Texte original**
*Il est assez ardu aujourd'hui de caractériser de façon satisfaisante un logiciel de traitement de texte.*
*Les logiciels de traitement de texte ont connu des débuts modestes mais, malgré leurs limites à l'origine, ils apparaissaient déjà nettement supérieurs à la machine à écrire utilisée traditionnellement.*
*L'avantage principal des premiers logiciels de traitement de texte sur leurs prédécesseurs (les machines à écrire avec ou sans « mémoire ») réside dans les fonctions d'édition.*

**Forme du texte après le remplacement systématique**
*Il est assez ardu aujourd'hui de caractériser de façon satisfaisante un texteur.*
*Les texteurs ont connu des débuts modestes mais, malgré leurs limites à l'origine, ils apparaissaient déjà nettement supérieurs à la machine à écrire utilisée traditionnellement.*
*L'avantage principal des premiers texteurs sur leurs prédécesseurs (les machines à écrire avec ou sans « mémoire ») réside dans les fonctions d'édition.*

**Figure 4.6 – Remplacement systématique de chaînes de caractères**

**Autres utilisations des fonctions de recherche et de remplacement**

Les fonctions de recherche et de remplacement peuvent être mises à contribution pour corriger les problèmes qui surviennent à la suite d'autres traitements automatiques : *a*) pour corriger un texte produit par un outil de rappel automatique (voir le chapitre 7) avant la lecture proprement dite ; *b*) pour apporter les premières corrections à un texte produit par un logiciel de traduction automatique (voir le chapitre 10).

La fonction de remplacement est utilisée par le traducteur principalement pour des changements touchant le vocabulaire (notamment, les remplacements terminologiques). Par exemple, celui-ci peut changer d'avis quant au choix d'un équivalent en cours de traduction ou, encore, un client impose un nouveau terme en fin de parcours. Il s'agit alors de rechercher l'ancienne expression et de la remplacer par la nouvelle.

### *Rappel de chaînes de caractères*

Le **rappel de chaînes de caractères** reproduit une chaîne plus ou moins longue au moyen d'une séquence de touches ou à partir d'une liste préalablement constituée. Le rappel évite de saisir une suite au long à plusieurs reprises. La fonction de rappel reproduit un mot simple (par exemple, *anticonstitutionnellement*), un mot complexe ou une expression figée (par exemple, *logiciel de traitement de texte*) ou, encore, des phrases entières (par exemple, *Veuillez agréer l'expression de mes sentiments les meilleurs*). Elle est d'ailleurs particulièrement utile pour reproduire des chaînes difficiles à entrer au clavier (graphie peu familière, terme spécialisé assez long, marque déposée, etc.) et fréquentes dans un texte donné (par exemple, *Epson© Laser Printer EP/1000*).

Précisons que la reproduction d'une chaîne de caractères peut être réalisée au moyen d'une autre fonction, à savoir l'**autocorrection**. L'utilisateur inscrit dans un tableau prévu à cette fin les correspondances entre les caractères qu'il entrera au clavier et le remplacement souhaité. La figure 4.7 montre comment ce tableau est constitué. Toutes les fois que l'utilisateur saisira la chaîne plus courte, elle sera immédiatement remplacée par la plus longue.

| **Chaîne courte** | **Remplacer par :** |
|---|---|
| language | langage |
| logtex | logiciel de traitement de texte |
| Univ | Université de Montréal |
| Vaexp | Veuillez agréer l'expression de mes sentiments les meilleurs. |
| impep | imprimante Epson 2000 |
| traitword | logiciel de traitement de texte *Word* |
| teahq | traduction entièrement automatique de haute qualité |

**Figure 4.7 – Tableau d'autocorrection**

Par ailleurs, les versions les plus récentes des logiciels de traitement de texte sont pourvues d'une fonction d'**anticipation de la frappe**. Cette fonction affiche la fin d'un mot ou d'une expression lorsqu'elle peut en deviner la suite (en fait, lorsqu'il y a suffisamment de caractères pour ne pas confondre le mot ou l'expression avec une autre chaîne). L'utilisateur saisit les premières lettres d'une expression (par exemple, *Univ*) ; le logiciel de traitement de texte lui propose l'expression complète (par exemple, *Université de Montréal*). L'utilisateur peut alors approuver la suggestion qui sera insérée directement dans le texte.

## *Fonctions de révision*

Les différentes fonctions de révision qui font l'objet des sections suivantes aident l'utilisateur à gérer les changements apportés aux versions successives d'un document. Ces fonctions sont : la comparaison de versions ; le suivi des modifications ; le commentaire.

### *Comparaison de versions*

La fonction de **comparaison de versions** met en évidence les différences entre deux documents (c'est-à-dire les ajouts, les suppressions et les modifications). Il existe également des logiciels conçus spécifiquement pour réaliser cette tâche : les **comparateurs de versions**. Ces outils spécialisés étaient intéressants lorsque la fonction n'était pas offerte par les logiciels de traitement de texte, mais actuellement leur utilité réelle peut être mise en doute.

La comparaison de versions confronte les éléments formels qui se trouvent dans deux textes et met en évidence les parties dissemblables. Les ressemblances et les différences sont établies par une confrontation des chaînes de caractères présentes dans les deux documents. La comparaison de versions est étroitement liée à la fonction appelée **suivi des modifications** (dont il sera question à la section suivante), qui indique les changements au fur et à mesure que le texte est modifié.

La figure 4.8 illustre le fonctionnement de la comparaison de versions en présentant le texte original et sa version modifiée. Le logiciel signale les différences de la façon suivante : le soulignement indique les ajouts et la rature met en évidence les suppressions ; les modifications sont indiquées par une combinaison de ces deux marques.

| **Texte original** | **Version modifiée** | |
|---|---|---|
| *The ActionLaser 500 and 900 printers combine performance and reliability with a range of features and characteristics. To get started with your ActionLaser, please: Read the safety information, printer precautions, and important safety instructions in this introduction. Use your Maintenance guide to set up and test your new ActionLaser printer.* | *The ActionLaser 500~~and~~ 900, 1000 and 1500 printers combine high performance and reliability with a wide range of features ~~and characteristics~~. To get started with your ActionLaser, please: Read the safety information, laser printer precautions, and important safety instructions in this introduction. Use your Setup and Maintenance guide to set up and test your new ActionLaser printer.* | AJOUT<br>EFFACEMENT |
| Printers1.doc | Printers2.doc | |

**Figure 4.8 – Comparaison de versions**

La comparaison de versions est particulièrement utile lors de la mise à jour d'anciennes traductions (par exemple, la mise à jour d'un manuel d'utilisation de logiciel ou d'entretien de voiture). Le logiciel de traitement de texte identifie alors les différences qui existent entre les deux versions sources et le traducteur repère immédiatement les passages sur lesquels il doit intervenir. En plus d'accélérer la production du texte cible, cette méthode assure une plus grande uniformité entre les différentes versions d'un même document. La fonction sert également à constater les modifications apportées par un réviseur. Le traducteur voit immédiatement ses erreurs et peut rectifier le tir dans ses traductions ultérieures.

Toutefois, la comparaison de versions est plus efficace si les deux documents comparés présentent un degré assez élevé de similitude. Si les différences sont trop nombreuses, elles deviennent difficiles à localiser.

### *Suivi des modifications*

La fonction de **suivi des modifications**, également présente dans les versions les plus récentes des logiciels de traitement de texte, affiche des marques spéciales pour signaler à l'écran les modifications au fur et à mesure qu'elles sont apportées à un document.

La figure 4.9 montre un texte qui comporte des indicateurs graphiques des changements : les formes supprimées sont raturées ; les ajouts sont mis en évidence au moyen du soulignement. La barre verticale signale les portions de texte modifiées.

> *La fonction* révision, ~~*également*~~ *présente dans les versions les plus récentes des logiciels de traitement de texte, permet d'ajouter des marques spéciales pour signaler à l'écran des corrections ou des propositions de correction à l'utilisateur.* ~~*Ainsi,*~~ *Un réviseur-relecteur peut donc utiliser des codes graphiques ou des jeux de couleurs affichés à l'écran pour* ~~*signaler*~~ *mettre en évidence les ajouts, les modifications et les suppressions. Il peut également modifier les codes en fonction de critères mieux adaptés à la traduction : des codes peuvent distinguer une correction proposée par le réviseur d'une correction imposée par lui.*

**Figure 4.9 – Texte comportant des marques de suivi des modifications**

L'utilisateur visualise les différentes marques graphiques et prend connaissance des passages qui ont été retouchés sans devoir parcourir le texte en totalité. Les marques de révision sont repérées automatiquement au moyen d'une fonction offerte dans la barre d'outils ou au moyen de la fonction de recherche. L'utilisateur intervient sur le texte remanié au moyen d'une option par laquelle il accepte ou rejette les suggestions du relecteur une à une ou en bloc.

Le suivi des modifications peut servir à mettre en évidence les changements apportés par un relecteur ou un réviseur. L'utilisateur peut également paramétrer les repères graphiques en fonction de critères mieux adaptés à la traduction : des codes spéciaux peuvent distinguer un changement imposé d'un changement proposé.

#### Commentaire

Les logiciels de traitement de texte offrent une fonction dite de **commentaire**. Cette fonction sert à annoter une partie de texte dans une fenêtre conçue à cette fin (qui est affichée sur demande). Le réviseur-relecteur utilise les commentaires pour expliquer un changement ou faire une proposition de modification. La figure 4.10 présente un texte annoté.

| Texte | Commentaire |
|---|---|
| *Les [logiciels de traitement de texte] offrent des fonctions d'édition et d'éditique, des outils linguistiques, des fonctions de gestion de documents, etc.* | *Utiliser* texteur *plutôt que* logiciel de traitement de texte *(plus court et préféré par le client)* |

**Figure 4.10 – Texte commenté**

Le commentaire est inséré près du mot ou du passage faisant l'objet de l'explication. L'utilisateur fait afficher les commentaires, ou les masque en désactivant la fonction d'affichage. Il est parfois possible de distinguer à l'écran les commentaires de plusieurs relecteurs au moyen de repères différents, si besoin est.

L'utilisateur fait rechercher les commentaires automatiquement au moyen de la fonction de recherche. Après avoir pris connaissance du commentaire de son relecteur, il peut choisir de remplacer l'élément du texte par celui qui est proposé au moyen des fonctions copier et coller.

### *Outils linguistiques*

Certaines fonctions offertes par le logiciel de traitement de texte doivent tenir compte de la langue de rédaction du texte. Nous faisons référence ici à la fonction de césure, à la possibilité d'insérer des caractères spéciaux et aux outils linguistiques proprement dits (correcteurs, dictionnaires de synonymes et fonction de traduction).

*a)* **Césure** : Le logiciel de traitement de texte applique généralement les règles de césure propres à une langue donnée. L'utilisateur sélectionne une langue en particulier et les règles qui lui sont associées sont prises en charge automatiquement.

*b*) **Caractères spéciaux** (par exemple, les guillemets français ou anglais, les ligatures) : La plupart des cas particuliers peuvent être réglés au départ par l'utilisateur, qui modifie certains paramètres relatifs aux caractères (par exemple, changer les guillemets anglais ["..."] pour des guillemets français [« ... »] en associant les caractères choisis à une touche du clavier ou en les faisant remplacer systématiquement par le logiciel en cours de saisie). L'utilisateur peut également aller puiser des caractères spéciaux dans une table prévue à cette fin. Il extrait les caractères souhaités en ouvrant cette table ou encore les reproduit dans le texte au moyen d'une séquence de touches.

*c*) **Outils linguistiques** (vérification orthographique, correction grammaticale, dictionnaires de synonymes et traduction) : La plupart des logiciels de traitement de texte contiennent des outils pour traiter plusieurs langues. Les langues les plus courantes sont en général présentes (on tient même compte des variantes régionales comme l'anglais britannique et l'anglais américain). Toutefois, pour étendre le traitement à de nouvelles langues, il faut parfois acquérir un module supplémentaire auprès du concepteur du logiciel.

Notons que les performances des outils de correction varient en fonction de la langue traitée. Les recherches en matière de vérification orthographique ou de correction grammaticale ne sont pas au même point pour toutes les langues.

Par ailleurs, certains logiciels de traitement de texte assurent la vérification et la correction de textes multilingues. L'utilisateur sélectionne des blocs de texte et leur associe ensuite une langue en particulier. Par exemple, un bloc A composé de trois paragraphes peut être associé au français ; pour un bloc B, c'est l'anglais qui est appelé, et ainsi de suite. Les outils de correction ainsi que la fonction d'affichage des mots incorrects respecteront la langue sélectionnée.

### *Correction*

Les logiciels de traitement de texte intègrent presque tous des outils d'aide à la correction, à savoir des vérificateurs orthographiques et des correcteurs grammaticaux. Nous n'aborderons pas ici les principes de fonctionnement des correcteurs, puisque ceux-ci font l'objet d'un chapitre entier (voir le chapitre 9). Nous ne retiendrons que les caractéristiques propres aux fonctions de correction trouvées dans les logiciels de traitement de texte, soit : l'autocorrection ; la détection et l'affichage des mots incorrects.

Signalons que des éditeurs de logiciels de traitement de texte ont conclu des ententes avec des firmes commercialisant des correcteurs. Par conséquent, un correcteur, par ailleurs vendu séparément, est parfois intégré dans un logiciel de traitement de texte grand public. Il faut donc s'assurer de l'intérêt que peut représenter l'acquisition d'un nouveau correcteur : certains sont comparables à ceux incorporés au traitement de texte.

### *Autocorrection*

Des logiciels de traitement de texte disposent d'une fonction d'**autocorrection**. Cette dernière corrige immédiatement certaines erreurs en cours de saisie. L'utilisateur dresse une liste des erreurs à détecter et les associe aux corrections souhaitées. Par exemple, s'il a tendance à écrire *language* plutôt que *langage* dans un texte français, il demande au module d'autocorrection de remplacer la première forme par la seconde au fur et à mesure qu'il la saisit.

L'autocorrection peut également porter sur des éléments de typographie. Le logiciel de traitement de texte s'assure, par exemple, que le premier caractère apparaissant au début d'une ligne est une majuscule. Deux lettres majuscules placées au début d'un mot peuvent également être rectifiées (par exemple, *CEtte version...* devient *Cette version...*).

**Autre utilisation de l'autocorrection**

N'oublions pas que l'autocorrection peut se substituer à la fonction de rappel de chaînes de caractères et jouer le même rôle pour reproduire une séquence longue. De plus, contrairement au rappel, l'autocorrection effectue les remplacements en cours de saisie. Ainsi, plutôt que d'entrer une séquence de touches ou de sélectionner un mot ou une suite de mots dans une liste, on laisse le traitement de texte les produire à partir d'une forme plus courte.

### *Détection et affichage des mots incorrects*

Les aides à la correction du logiciel de traitement de texte signalent les erreurs de deux manières, au choix de l'utilisateur. Dans le premier cas, l'utilisateur sélectionne une fonction qui charge le correcteur en mémoire ; ce dernier passe en revue l'ensemble du texte et fait des suggestions pour chacune des erreurs repérées.

Dans le second cas, l'utilisateur peut mettre en évidence les formes incorrectes par un affichage spécial, et ce, dès l'ouverture du fichier. La figure 4.11 montre un texte où les formes incorrectes sont signalées. L'affichage peut être activé ou désactivé par l'utilisateur. Les erreurs de nature différente, c'est-à-dire les erreurs orthographiques et les fautes grammaticales (voir le chapitre 9), sont généralement indiquées au moyen de codes de couleur différents. Dans l'exemple de la figure 4.11, les fautes grammaticales sont assorties d'un pointillé. Le soulignement simple attire l'attention de l'utilisateur sur les fautes orthographiques. L'utilisateur peut également superposer au texte une fenêtre contextuelle qui contient des suggestions de correction.

> Certaines versions récents des logiciels de traotement de texte mettent en évidence les mots incorrects (ou plutôt non recconnus par la vérification ortographique). Les formes en question apparaît à l'écran soulignées ou teintées d'une certaine couleur, ce qui permet à l'utilisateur de les repérrer tout de suite.

**Figure 4.11 – Affichage des formes incorrectes**

L'affichage des mots incorrects sert à repérer les erreurs sans passer par l'opération de vérification qui relève les problèmes un à un. Il permet, en outre, de gagner du temps et est plus convivial que le balayage du texte.

### *Dictionnaires de synonymes (et autres)*

Les **dictionnaires de synonymes** offerts dans les logiciels de traitement de texte renferment des listes de mots reliés entre eux par parenté sémantique. Les synonymes sont parfois subdivisés en fonction des divers sens véhiculés par le mot recherché. Certains dictionnaires signalent également les antonymes.

| **MONTRER** | |
|---|---|
| présenter (verbe) | arborer<br>découvrir<br>dénuder<br>dévoiler<br>étaler<br>exhiber<br>exposer<br>présenter |
| Antonymes | cacher |
| désigner (verbe) | afficher<br>dénoter<br>désigner<br>développer<br>dire<br>enseigner<br>exprimer<br>indiquer<br>manifester<br>prouver<br>signaler<br>témoigner |
| Antonymes | dissimuler<br>taire |

**Figure 4.12 – Listes de mots reliés sémantiquement au verbe *montrer* affichées par le logiciel *Word***

Le dictionnaire est appelé après la sélection d'un mot du texte. Une liste de mots apparentés est alors proposée. L'utilisateur peut ensuite remplacer le mot sélectionné par l'un des mots apparaissant dans la liste. La figure 4.12 présente les listes affichées par le logiciel *Word* à la suite d'une sélection du verbe *montrer*.

Les dictionnaires de synonymes sont utiles au traducteur qui accède à une liste de suggestions en ligne ; il n'a plus à parcourir des répertoires papier. Il peut, en outre, insérer la suggestion et remplacer ainsi l'ancien mot sélectionné. Le dictionnaire de synonymes sert également à rappeler un mot juste dans un contexte donné.

#### *Traduction*

Les versions les plus récentes des logiciels de traitement de texte offrent une **fonction de traduction**. Toutefois, il ne faut pas confondre cette fonction avec la traduction automatique à proprement parler. Dans le traitement de texte, l'activation de cette fonction fait simplement afficher une liste d'équivalents extraits d'un dictionnaire.

L'utilisateur doit d'abord sélectionner un couple de langues (par exemple, anglais vers le français, puis préciser le mot pour lequel il souhaite obtenir une liste d'équivalents (ou encore sélectionner un mot dans le texte). La figure 4.13 présente les résultats de cette suite d'opérations pour le verbe *montrer*.

| **montrer** |
|---|
| show ; display ; indicate ; point out ; ***se montrer*** *figuratively* prove (oneself); turn out; appear |

**Figure 4.13 – Liste d'équivalents proposés pour le verbe *montrer* par le logiciel *Word***

### *Macrocommandes*

Les **macrocommandes** sont de petits programmes rédigés ou conçus par l'utilisateur qui souhaite faire réaliser des suites d'opérations automatiquement plutôt que de les appeler une à une. L'utilisateur crée des macrocommandes de deux manières (il est également possible de modifier une macrocommande ultérieurement en l'éditant) :

- ☑ il rédige lui-même la macrocommande au moyen d'un langage de programmation simplifié ;
- ☑ il automatise la suite d'opérations en les sélectionnant dans l'ordre dans les menus du logiciel de traitement de texte ; la macrocommande est alors générée par le logiciel de traitement de texte.

Dans l'exemple suivant (voir la figure 4.14), le traducteur automatise un certain nombre de remplacements systématiques plutôt que de les faire un à un. Il remplace les différentes formes du verbe *implanter* (*implante, implantons, implantez, implantera,* etc.) par les formes correspondantes de *implémenter* (*implémente, implémentons, implémentez, implémentera,* etc.) à la suite de la demande d'un client qui préfère ce second terme au premier, car il reflète mieux l'usage dans le domaine de la gestion informatique.

```
Sub MAIN

ÉditerRemplacer .Rechercher = « implante »,.Remplacer = « implémente »,
.Direction = 0, .RespecterCasse = 0, .MotEntier = 1, .RespecterFormat = 1,
.RemplacerTout, .Format = 0, .Reprendre = 1

ÉditerRemplacer .Rechercher = « implantons »,.Remplacer = « implémentons »,
.Direction = 0, .RespecterCasse = 0, .MotEntier = 1, .RespecterFormat = 1,
.RemplacerTout, .Format = 0, .Reprendre = 1

ÉditerRemplacer .Rechercher = « implantez »,.Remplacer = « implémentez »,
.Direction = 0, .RespecterCasse = 0, .MotEntier = 1, .RespecterFormat = 1,
.RemplacerTout, .Format = 0, .Reprendre = 1

ÉditerRemplacer .Rechercher = « implantent »,.Remplacer = « implémentent »,
.Direction = 0, .RespecterCasse = 0, .MotEntier = 1, .RespecterFormat = 1,
.RemplacerTout, .Format = 0, .Reprendre = 1

et ainsi de suite

End Sub
```

**Explication**

Direction (0) : sens de la recherche non précisé
RespecterCasse (0) : distinction majuscules-minuscules non précisée
MotEntier (1) : recherche d'un mot simple
RespecterFormat (1) : reproduire le format de la chaîne remplacée
RemplacerTout : remplacer toutes les chaînes
Format (0) : format de la chaîne recherchée non précisé
Reprendre (1) : reprendre au début

**Figure 4.14 – Macrocommande pour des remplacements systématiques multiples**

Les macrocommandes servent à accélérer les manipulations fastidieuses qu'on fait subir à un texte de façon stéréotypée, c'est-à-dire les mêmes manipulations qui sont toujours faites dans le même ordre. Dans l'exemple qui précède, la macrocommande se révèle utile pour effectuer des séries de remplacements systématiques. (Elle peut également être éditée pour remplacer d'autres formes verbales.)

Les macrocommandes sont définies en fonction des besoins d'un utilisateur. Elles sont utiles, notamment, pour automatiser la correction d'imperfections qui subsistent à la suite de la conversion d'un document ou encore pour rectifier certains problèmes récurrents produits par un logiciel de traduction automatique.

## Récapitulatif des fonctions des logiciels de traitement de texte

Le tableau 4.1 rappelle les fonctions décrites dans ce chapitre en précisant leur utilisation éventuelle par le traducteur.

**TABLEAU 4.1**
**Récapitulatif des fonctions des logiciels de traitement de texte**

| Fonction | Utilisation concrète en traduction |
|---|---|
| Gestion de formats de documents | Conversion de documents reçus du client ou à expédier au client ; conversion pour soumettre un document à d'autres outils |
| Statistiques de documents | Dénombrement des mots contenus dans un texte à traduire |
| Tri | Établissement de listes terminologiques<br>Organisation des termes |
| Tableau | Établissement de listes terminologiques<br>Organisation des termes ; tri sur des éléments d'un tableau |
| Recherche et remplacement | Repérage de mots<br>Remplacement de mots |
| Rappel de chaînes de caractères | Frappe rapide pour des mots fréquents, longs ou difficiles à saisir<br>Rappel de chaînes de caractères en cours de saisie |
| Comparaison de versions | Mise en évidence des modifications apportées à une version antérieure d'un document |
| Suivi des modifications | Mise en évidence des modifications apportées par un réviseur-relecteur |
| Commentaire | Insertion par le réviseur-relecteur de commentaires sur des éléments d'un texte rédigé par le traducteur |
| Manipulation de textes multilingues | Coupures automatiques de mots appartenant à diverses langues<br>Insertion de caractères propres à certaines langues<br>Correcteurs et dictionnaires de synonymes associés à diverses langues<br>Sélection de blocs de texte et association à des langues distinctes |
| Correction | Autocorrection de formes fréquemment tapées<br>Mise en évidence à l'écran d'erreurs orthographiques, grammaticales et typographiques |
| Dictionnaire de synonymes | Variation des formulations ; rappel du mot juste |
| Traduction | Recherche d'équivalents |
| Macrocommandes | Automatisation de tâches répétitives et fastidieuses |

## Conclusion : Importance du traitement de texte en traduction

Parmi la gamme des aides informatiques à la traduction, le logiciel de traitement de texte reste sans conteste le plus important. Il demeure essentiel pour produire la plus grande partie du texte cible et il constitue l'élément central à partir duquel d'autres outils sont appelés – ouvrages lexicographiques ou terminologiques sur support électronique, banques de textes (voir le chapitre 6), logiciels de terminologie (voir le chapitre 5). Au moyen du logiciel de traitement de texte, le traducteur rédige le texte cible ou corrige une traduction produite par l'ordinateur – les textes produits par un outil de rappel automatique (voir le chapitre 7) ou une traduction automatique (voir le chapitre 10). Il utilise aussi fréquemment ce logiciel pour manipuler et convertir des textes de provenances diverses. En fait, la plupart des outils d'aide à la traduction commerciaux sont conçus pour être intégrés aux logiciels de traitement de texte largement diffusés.

De plus, le logiciel de traitement de texte demeure l'élément informatique minimal indispensable pour réaliser une traduction. Un traducteur peut se passer d'autres applications, comme un logiciel de terminologie ou un concordancier, mais il peut difficilement bouder le logiciel de traitement de texte. En outre, de nombreuses tâches normalement assurées par des outils spécialisés sont prises en charge de manière relativement satisfaisante par ce logiciel (par exemple, la recherche de mots dans les textes ou la gestion de problèmes de traduction). Ainsi, le traducteur à qui manquent les ressources nécessaires à l'acquisition d'outils spécialisés peut exploiter les différentes fonctions du traitement de texte afin d'accélérer sa production.

### *Suggestions de lectures*

Il existe de nombreux manuels d'initiation à l'utilisation des logiciels de traitement de texte les plus répandus. Les manuels décrivent le fonctionnement concret des fonctions expliquées dans ce chapitre.

Pour des préoccupations propres aux traducteurs, voir Vasconcellos (1988). Quelques articles (peu récents, il est vrai) sont consacrés à l'utilisation du traitement de texte à des fins de traduction. Voir aussi quelques articles dans *Circuit*, notamment Marchand (1989). On trouvera dans Horguelin et Brunette (1998) des renseignements sur l'apport des logiciels de traitement de texte à la révision.

# 5. La gestion des données de traduction

*It is now recognised that the only practical means of processing lexical data is by computer.*
J. C. SAGER, *A Practical Course in Terminology Processing*

La plupart des traducteurs trouvent utile de conserver, d'une manière ou d'une autre, les « trouvailles » faites lors de recherches documentaires (les équivalents de termes spécialisés, les distinctions entre les significations multiples que revêtent certains mots ou tout autre renseignement servant à résoudre des problèmes de traduction). Une consignation méthodique et systématique allège considérablement les recherches ultérieures.

Pour emmagasiner et gérer les données de traduction – dont la nature peut varier, comme on le verra –, les traducteurs ont longtemps eu recours aux fiches cartonnées de petit format. Ces fiches contiennent les unités linguistiques faisant problème dans la langue source, les solutions à adopter dans le texte cible et, parfois, des notes descriptives ou explicatives supplémentaires. Les fiches cartonnées (ou toute autre forme de support papier), mêmes si elles sont utiles, présentent toutefois des limites qui sont éliminées par le support électronique.

**Quelques limites des fiches cartonnées**

Les contraintes matérielles rendent difficile la gestion d'un volume important de données. Les fiches sont triées à partir d'un seul élément (habituellement, l'entrée). Pour des accès multiples, une partie de l'information doit être copiée sur une autre fiche. Les recherches sont limitées au premier élément (généralement, le premier mot de l'entrée) du premier champ. Il est également impossible de combiner des éléments de recherche. L'organisation des données est uniforme et ne peut varier (à moins de dupliquer l'information).

L'informatique offre une série d'avantages et une flexibilité que n'arrivera jamais à égaler le support papier. Sager (1990) n'exagère aucunement lorsqu'il affirme (dans le passage reproduit en tête de chapitre) que l'ordinateur constitue le seul outil, à l'heure actuelle, qui gère efficacement les données lexicales. Les causes de cet état de fait devraient ressortir clairement dans le présent chapitre.

## Les données consignées en traduction

En pratique, la plupart des données inscrites par le traducteur sont de nature terminologique, c'est-à-dire qu'elles se rapportent à des termes. Il ne faut pas écarter, toutefois, la possibilité de consigner d'autres types d'unités linguistiques (des mots polysémiques pour lesquels on fournit des explications, des expressions figées ou fréquentes et même des parties de phrases ou des phrases entières). Nous parlerons de **données de traduction** pour englober les divers renseignements pouvant se trouver dans un répertoire consulté par un traducteur, c'est-à-dire l'entrée (le mot ou la suite de mots documentés) et l'ensemble des rubriques qui l'accompagnent (définition, équivalent, note, contexte, etc.).

Le traducteur peut consigner de l'information sur une seule langue (ce premier cas de figure est rare, toutefois), sur deux langues ou, dans certains cas, sur plusieurs langues distinctes. Il convient de noter que les rubriques varient en fonction de la nature des entrées et du problème spécifique qu'elles posent du point de vue de leur traduction.

## La base de données et le système de gestion de bases de données

Le support informatique couramment utilisé pour stocker et gérer les données de traduction est la **base de données**. La base de données recueille et organise de l'information sur des objets logiquement reliés. Elle est pilotée par un **système de gestion de bases de données (SGBD)**, c'est-à-dire un ensemble de programmes conçus pour créer les bases, les gérer et les interroger.

Les bases de données, quels que soient leur concepteur ou l'environnement dans lequel elles sont utilisées, s'articulent autour de quelques principes fondamentaux assez simples. Les informations sont présentées de façon uniforme, c'est-à-dire dans une **structure** qui est répétée pour chaque entrée. D'un point de vue plus technique, chacune des entrées et les renseignements s'y rattachant constituent un enregistrement distinct. Chaque renseignement est inscrit dans une cellule prévue à cette fin, appelée **champ**. La figure 5.1 montre une base de données contenant des mots et une courte description.

champs

Enregistrements

| **Terme anglais** | **Domaine** | **Terme français** | **Définition** | **Source** |
|---|---|---|---|---|
| dog | général | chien | Animal domestique... | 001 1996:5 |
| hammer | armement | chien | Partie d'une arme à feu... | 002 2001:7 |
| German shepherd | général | berger allemand | | 003 2007:154 |

**Figure 5.1 – Structure d'une base de données**

On retrouve un effort d'organisation comparable dans le dictionnaire usuel en format papier. Ce dernier a recours aux codes typographiques pour distinguer les rubriques (les renseignements fournis sur les mots) : le gras pour l'entrée ; l'italique pour la catégorisation grammaticale ; les majuscules pour l'indication des marques de domaines, et ainsi de suite. Dans la base de données, les distinctions sont faites au moyen d'un classement par champs.

Par ailleurs, comme les renseignements associés à une entrée apparaissent dans des champs distincts, ils peuvent tous faire l'objet d'une manipulation isolée. Ce trait distingue encore la base de données de sa contrepartie papier. Par exemple, chaque champ peut faire l'objet d'un **tri** (un premier tri des termes anglais, un deuxième des termes français, un troisième des domaines, etc.). Le tri du répertoire papier ne porte que sur l'entrée. De plus, chacun des champs d'une base de données peut faire l'objet d'une **recherche** : 1) le terme anglais et l'information qui s'y rattache ; 2) le terme français et la description qui en est faite, etc. La recherche dans le dictionnaire papier reste confinée aux entrées (à moins qu'à la fin de l'ouvrage un index supplémentaire, reproduisant une partie de l'information contenue dans les articles, renvoie aux entrées correspondantes).

## Les fonctions des systèmes de gestion de bases de données

Les systèmes de gestion de bases de données offrent un certain nombre de fonctions essentielles que nous examinerons dans les sections qui suivent. Ces fonctions se trouvent dans la plupart des produits à grande diffusion (par exemple, *Access*, *Approach*, *dBASE*, *FileMaker Pro*, *Oracle*). Nous nous concentrerons sur : 1) le mode d'organisation des données ; 2) les recherches dans les bases ; et 3) quelques autres aspects techniques importants du point de vue de la consignation des données de traduction. Nous laisserons de côté les fonctionnalités qui varient considérablement d'un outil à l'autre (et parfois au sein d'un même outil), comme la présentation visuelle des résultats d'une recherche, et dont l'intérêt dépend davantage des préférences des utilisateurs. Signalons, par ailleurs, que certains SGBD offrent à l'utilisateur des fonctions de programmation, que nous laisserons de côté également.

La première partie de ce chapitre présente les fonctionnalités des outils **génériques** (SGBD pour la gestion de tout type de données apparentées). La seconde partie se penchera sur les SGBD conçus spécifiquement pour les traducteurs. Nous verrons qu'ils diffèrent sur certains plans des systèmes génériques.

## *Organisation et manipulation des données*

Dans un système de gestion de bases de données, l'utilisateur peut rassembler et organiser les informations de manières extrêmement diverses. Nous examinerons les modalités de création de structures et d'organisation des données en mettant l'accent sur les besoins qu'entraîne la description de problèmes de traduction. Les éléments suivants font l'objet d'une section : création de structures de données ; exploitation simultanée de plusieurs structures ; prise en compte de données annexes ; tri.

### *Création de structures de données*

Comme nous l'avons vu précédemment, les données de traduction sont insérées dans une **structure** répétée et uniforme pour chacune des entrées. Cette structure se compose d'un nombre fixe de champs d'une longueur déterminée à l'avance et adaptée aux renseignements inscrits (un problème posé par la langue source et un certain nombre d'éléments descriptifs qui s'y rattachent). Dans l'exemple suivant (voir la figure 5.2), le traducteur inscrit un terme anglais, un domaine de spécialité, l'équivalent du terme ainsi qu'une source. Il a recours à quatre champs de longueur différente.

TRADUCTEUR 1

| Terme anglais | Domaine | Terme français | Source |
|---|---|---|---|
| carrier | télécommunications | entreprise de télécommunications | 001 |
| key | mécanique | clavette | 002 |
| RAM | informatique | MEV | 003 |

**Figure 5.2 – Structure contenant des termes anglais, des domaines, des termes français et des sources**

Il existe différentes façons de documenter les mêmes unités. Les figures 5.2 et 5.3 organisent différemment les données liées aux unités terminologiques : un premier traducteur indique les équivalents, le domaine d'emploi et les sources où il a trouvé ces renseignements ; un deuxième traducteur ajoute une définition des unités terminologiques ; un troisième traducteur distingue les sens de mots polysémiques. Les trois traducteurs ont recours à des structures distinctes.

TRADUCTEUR 2

| Terme anglais | Domaine | Terme français | Source |
|---|---|---|---|
| carrier, telecommunication carrier | télécommunications | entreprise de télécommunications | 001 |
| Entreprise assurant les services... | | | |
| random access memory, RAM | informatique | mémoire vive, MEV | 003 |
| Mémoire de travail de l'ordinateur... | | | |
| key | mécanique | clavette | 002 |
| Fente... | | | |

TRADUCTEUR 3

| Terme anglais | Contexte | Terme français |
|---|---|---|
| run | To run a business, shop, etc. | diriger |
| run | To run an organization, an institution, etc. | diriger |
| run | To run in an election | se présenter, être candidat |
| run | The engine is running | tourner |
| run | To run a program on a computer | faire tourner, exécuter |

**Figure 5.3 – Structures différentes créées par des traducteurs différents**

Les trois modèles présentés aux figures 5.2 et 5.3 n'illustrent qu'une partie des possibilités de consignation et d'organisation des données. On peut allonger la liste : un traducteur choisit d'inscrire les équivalents d'une troisième langue, un autre insère des contextes d'emploi d'un terme spécialisé, et ainsi de suite. Les multiples structures ainsi créées peuvent, en outre, être modifiées à l'infini pour répondre à des besoins particuliers.

### *Exploitation simultanée de plusieurs structures*

Un même traducteur peut juger utile de consigner ses données de traduction dans des structures distinctes afin de répartir les informations rattachées à des domaines, à des clients ou à des types de textes ou, encore, pour stocker des données de nature différente. Les nombreuses structures ainsi créées peuvent généralement se combiner, notamment lors d'interrogations : la recherche se fait alors simultanément dans toutes les structures.

***Prise en compte de données annexes***

Certains traducteurs recensent, en plus des données de traduction proprement dites, d'autres renseignements annexes, comme les sources bibliographiques ou les codes de domaines (en s'inspirant de méthodes utilisées par les terminologues, mais en les simplifiant pour ne pas surcharger les enregistrements d'information).

Dans l'exemple suivant (voir la figure 5.4), l'utilisateur inscrit les informations relatives aux termes dans une première structure, puis il assortit à chacun des enregistrements un code de source. Ces codes sont ensuite explicités dans une seconde structure qui contient les renseignements de nature bibliographique.

BASE DE DONNÉES TERMINOLOGIQUES

| Terme anglais | Domaine | Terme français | Source |
|---|---|---|---|
| carrier | télécommunications | entreprise de télécommunications | 001 |
| key | mécanique | clavette | 002 |
| RAM | informatique | MEV | 003 |

BASE DE DONNÉES BIBLIOGRAPHIQUES

| Auteur | Code | Titre | Éditeur | Année |
|---|---|---|---|---|
| Tremblay, Jean | 001 | Initiation à la micro-informatique | Micro-informatique | 1991 |
| Dupont, Didier | 002 | Mécanique : principes de base | Maison pédagogique | 1986 |
| Gros, Pierre | 003 | Micro-informatique : concepts fondamentaux | Moyen | 1994 |

**Figure 5.4 – Création de deux structures pour les unités terminologiques et les données bibliographiques**

Le traducteur utilisant cette méthode n'inscrit qu'une seule fois la référence complète d'un ouvrage (dans la base de données bibliographiques) plutôt que de la répéter dans chaque enregistrement terminologique pertinent. S'il souhaite connaître la référence complète d'un ouvrage signalé dans la base terminologique, il consulte la base bibliographique (à noter que la consultation peut se faire simultanément dans un **système de gestion de bases de données relationnelles**).

**Systèmes de gestion de bases de données relationnelles**

Dans l'exemple de la figure 5.4, l'utilisateur emploie un code de source qu'il inscrit dans la base de données terminologiques et qu'il décode dans la base de données bibliographiques. Dans les SGBD plus anciens, il devait noter le code de source à la suite d'une interrogation de la base terminologique et consulter la base bibliographique pour connaître la référence complète d'un ouvrage.

Presque tous les SGBD actuels relient des bases différentes de manière dynamique. La création d'une **relation** permet d'exploiter des bases parallèlement. Les bases reliées doivent contenir de l'information commune. Les deux bases de la figure 5.4 respectent cette condition. Le code de source apparaît dans la base terminologique et dans la base bibliographique. Si les champs <Source> de la base terminologique et <Code> de la base bibliographique sont liés, l'utilisateur fait afficher la référence complète lors d'une interrogation, même si la recherche est faite dans la base terminologique et que la référence figure dans la seconde base.

Interrogation : *carrier* dans <Terme anglais>

carrier télécommunications entreprise de télécommunications 001

001 Tremblay, Jean
Initiation à la micro-informatique
Micro-informatique
1991

### *Tri*

Les systèmes de gestion de bases de données effectuent des **tris** pour chacun des champs d'une structure, c'est-à-dire qu'ils classent les informations par ordre alphabétique, numérique ou chronologique (l'ordre est croissant ou décroissant).

**Tri et index**

Les systèmes de gestion de bases de données distinguent la notion de tri de celle d'**index**. Le tri est effectué par l'utilisateur le plus souvent lors d'une séance de travail et peut être modifié au besoin. L'index, qui organise les données en fonction des mêmes critères que le tri (ordre alphabétique, numérique ou chronologique croissant ou décroissant), est permanent (jusqu'à ce qu'on le désamorce) et permet au SGBD d'accéder rapidement aux informations lors des interrogations.

Dans l'exemple suivant (voir la figure 5.5), l'utilisateur effectue trois types de tris alphabétiques à partir de la même structure : 1) des termes anglais ; 2) des termes français ; 3) des codes clients. En outre, le tri peut combiner plus d'un champ.

**1. Tri des termes anglais**

| Terme anglais | Code client | Terme français |
|---|---|---|
| bus | Express | bus |
| cache | NOVA | antémémoire |
| cache | NOVA | mémoire cache |
| circuit board | Soft | carte de circuits imprimés |
| circuit board | Soft | carte à circuits |
| control panel | NOVA | panneau de commande |
| control panel | NOVA | tableau de commande |
| LED | NOVA | DEL (diode électroluminescente) |
| mother board | Express | carte mère |

**2. Tri des termes français**

| Terme anglais | Code client | Terme français |
|---|---|---|
| cache | NOVA | antémémoire |
| bus | Express | bus |
| circuit board | Soft | carte à circuits |
| circuit board | Soft | carte de circuits imprimés |
| mother board | Express | carte mère |
| LED | NOVA | DEL (diode électroluminescente) |
| cache | NOVA | mémoire cache |
| control panel | NOVA | panneau de commande |
| control panel | NOVA | tableau de commande |

**3. Tri des codes clients**

| Terme anglais | Code client | Terme français |
|---|---|---|
| bus | Express | bus |
| mother board | Express | carte mère |
| cache | NOVA | antémémoire |
| LED | NOVA | DEL (diode électroluminescente) |
| cache | NOVA | mémoire cache |
| control panel | NOVA | panneau de commande |
| control panel | NOVA | tableau de commande |
| circuit board | Soft | carte à circuits |
| circuit board | Soft | carte de circuits imprimés |

**Figure 5.5 – Trois tris dans une structure de données**

## *Recherche de données*

Les **fonctions de recherche** sont conçues pour atteindre l'information dans les champs d'une base de données. Dans sa forme la plus simple, l'utilisateur saisit une chaîne de caractères, précise le champ dans lequel il souhaite la retrouver et le SGBD établit une correspondance entre la chaîne recherchée et le contenu du champ. Il suffit d'une recherche simple pour localiser, par exemple, un terme précis ou pour isoler les termes associés à un domaine. Ces deux possibilités sont illustrées à la figure 5.6.

RECHERCHE D'UN TERME

| Terme anglais | Domaine | Terme français | Source |
|---|---|---|---|
| cache | informatique | antémémoire | 001 |
| circuit board | électronique | carte de circuits imprimés | 004 |
| command | informatique | commande | 003 |
| control panel | électronique | panneau de commande | 004 |
| LED | électronique | DEL (diode électroluminescente) | 004 |

*cache* dans <Terme anglais>

RECHERCHE DE TERMES ASSOCIÉS À UN DOMAINE

| Terme anglais | Domaine | Terme français | Source |
|---|---|---|---|
| cache | informatique | antémémoire | 001 |
| circuit board | électronique | carte de circuits imprimés | 004 |
| command | informatique | commande | 003 |
| control panel | électronique | panneau de commande | 004 |
| LED | électronique | DEL (diode électroluminescente) | 004 |

*électronique* dans <Domaine>

**Figure 5.6 – Recherches simples**

Les systèmes de gestion de bases de données disposent toutefois de mécanismes pour formuler des **requêtes** plus complexes. Certaines font appel à des **opérateurs booléens**, c'est-à-dire à des opérateurs qui relient des arguments[1]. Les requêtes suivantes font l'objet d'une section :

- ☑ opérateur **OU** ;
- ☑ opérateur **ET** ;
- ☑ opérateur **SAUF** ;
- ☑ troncature ;
- ☑ combinaison des possibilités de recherche ;
- ☑ recherche multistructure.

[1] Nous verrons au chapitre 6 que les mêmes opérateurs sont utilisés pour effectuer des recherches dans les textes électroniques. La logique est identique, même si la nature des informations à atteindre change. À noter que la forme des opérateurs peut varier également d'un outil à l'autre. Les résultats restent toutefois les mêmes.

### *Opérateur OU*

L'utilisateur peut vouloir atteindre plusieurs champs ou des objets différents stockés dans un champ unique au moyen d'une seule requête. Ces recherches se font au moyen de l'**opérateur** booléen **OU**, qui cumule plusieurs éléments à rechercher. La figure 5.7 montre une recherche du terme *exécuter* dans les champs <Entrée>, <Synonyme> ou <Forme fautive>.

| Entrée | Domaine | Synonyme | Forme fautive | Contexte |
|---|---|---|---|---|
| exécuter | informatique | faire tourner | | Exécuter un programme |
| saisir | informatique | taper | entrer | Saisir du texte |

*exécuter* dans <Entrée>
OU *exécuter* dans <Synonyme>
OU *exécuter* dans <Forme fautive>

**Figure 5.7 – Recherche d'un même terme dans divers champs**

L'opérateur OU peut également trouver deux chaînes différentes dans le même champ. Dans l'exemple suivant (voir la figure 5.8), l'utilisateur souhaite visualiser les enregistrements décrivant deux entrées, à savoir *mémoire vive* et *mémoire morte*.

| Terme français | Domaine | Terme anglais |
|---|---|---|
| mémoire vive | informatique | random access memory |
| clavette | mécanique | key |
| entreprise de télécommunications | télécommunications | carrier |
| mémoire morte | informatique | read-only memory |

Recherche : *mémoire vive* OU *mémoire morte* dans <Terme français>

**Figure 5.8 – Recherche de deux termes à la fois**

### *Opérateur ET*

Il est également possible de raffiner les interrogations en formulant des requêtes plus précises. La première variation examinée ici est la **recherche multicritère** grâce à laquelle on combine des critères pour épurer une longue liste de résultats. Cette recherche utilise l'**opérateur** booléen **ET**. Dans l'exemple suivant (voir la figure 5.9), l'utilisateur atteint l'enregistrement *printer* associé au domaine de l'informatique (et écarte le second enregistrement de cette manière).

| Terme anglais | Domaine | Terme français | Source |
|---|---|---|---|
| printer | informatique | imprimante | 001 1994:216 |
| printer | imprimerie | imprimeur | 012 1980:1796 |

Recherche : *printer* dans <Terme anglais> ET *informatique* dans <Domaine>

**Figure 5.9 – Recherche d'un terme associé à un domaine**

### *Opérateur SAUF*

On peut éliminer des éléments indésirables d'une liste de résultats au moyen d'un nouvel **opérateur** booléen, à savoir **SAUF**. Dans l'exemple suivant (voir la figure 5.10), l'utilisateur localise les enregistrements associés à *release*, à l'exception de celui dont l'équivalent est *libérer*.

| Verbe anglais | Contexte | Équivalent |
|---|---|---|
| release | screw, bolt | desserrer |
| release | brake | desserrer |
| release | gas | libérer |
| run | program | exécuter |

Recherche : *release* dans <Verbe anglais> SAUF *libérer* dans <Équivalent>

**Figure 5.10 – Recherche d'un verbe et exclusion d'un équivalent**

### *Troncature*

L'information à atteindre peut correspondre parfaitement à ce qui a été formulé dans la requête ou seulement en partie. Dans le second cas de figure, il est possible de fouiller une base de données au moyen d'un mécanisme appelé **troncature** et noté au moyen de l'astérisque (*).

La figure 5.11 illustre une recherche par troncature : l'utilisateur atteint l'enregistrement *run* à partir de la forme *programme* apparaissant dans le champ <Contexte>. Les astérisques signalent que *programme* peut être immédiatement précédé ou suivi de n'importe quelle chaîne de caractères.

| Terme anglais | Terme français | Contexte |
|---|---|---|
| Run | exécuter, faire tourner | To run a program on a computer : exécuter un programme, faire tourner un programme sur un ordinateur |

Recherche : *programme*

**Figure 5.11 – Recherche de *programme* dans un champ contenant d'autres chaînes de caractères**

### *Combinaison des possibilités de recherche*

Les techniques de recherche décrites dans les sections précédentes peuvent souvent être combinées. Une recherche peut porter sur plusieurs éléments dans un champ (OU) tout en excluant un mot en particulier (SAUF) ; de même, une recherche multicritère (ET) peut intégrer la troncature (*).

Dans l'exemple de la figure 5.12, l'utilisateur recherche les termes *run* et *release,* mais veut obtenir uniquement les enregistrements touchant le domaine de l'informatique.

| Verbe anglais | Domaine | Contexte | Équivalent |
|---|---|---|---|
| release | mécanique | screw, bolt | desserrer |
| release | mécanique | brake | desserrer |
| release | informatique | software | lancer |
| run | informatique | program | exécuter |
| run | mécanique | engine | faire tourner |

*run* dans <Verbe anglais>
OU *release* dans <Verbe anglais>
ET *informatique* dans <Domaine>

**Figure 5.12 – Recherche de deux verbes associés au domaine de l'informatique**

### *Recherche multistructure*

La plupart des SGBD autorisent des recherches dans plus d'une structure à la fois. Dans ce cas, l'utilisateur doit préciser, en plus de l'élément qu'il recherche et le champ dans lequel il se trouve, les structures qui font l'objet de fouilles.

Pour illustrer le fonctionnement de la **recherche multistructure,** nous utiliserons des structures semblables à celles créées précédemment. L'utilisateur a élaboré deux bases distinctes pour rendre compte : 1) des termes spécialisés ; 2) des verbes polysémiques. Il souhaite atteindre le terme *command* dans le champ <Terme anglais> de la structure 1 et dans le champ <Contexte> de la structure 2. Les résultats sont reproduits à la figure 5.13.

**STRUCTURE 1 : TERMES SPÉCIALISÉS**

| Terme anglais | Domaine | Terme français | Source |
|---|---|---|---|
| bus | informatique | bus | 001 |
| cache | informatique | antémémoire | 001 |
| circuit board | électronique | carte de circuits imprimés | 004 |
| command | informatique | commande | 003 |
| control panel | électronique | panneau de commande | 004 |
| LED | électronique | DEL (diode électroluminescente) | 004 |
| mother board | informatique | carte mère | 001 |

**STRUCTURE 2 : VERBES POLYSÉMIQUES**

| Verbe anglais | Contexte | Équivalent |
|---|---|---|
| adjust | measuring device | régler |
| enter | command | saisir |
| hit | key, button | appuyer sur |
| ignore | command | ne pas tenir compte de |
| release | screw, bolt | desserrer |
| run | engine (runs) | tourner |
| run | program (on a computer) | faire tourner, exécuter |
| set | measuring device | régler |

*command* dans <Terme anglais> de la structure 1

OU *command* dans <Contexte> de la structure 2

**Figure 5.13 – Recherche dans plusieurs structures**

## Autres fonctions

En plus des modes d'organisation des données et des possibilités de recherche, les SGBD proposent d'autres fonctions importantes du point de vue de la gestion de données de traduction. Nous en retenons deux dans les sections qui suivent :

- ☑ impression de listes ;
- ☑ importation et exportation de données.

### *Impression de listes*

L'impression de listes papier est souvent essentielle dans un contexte de traduction, notamment pour diffuser des choix terminologiques à l'extérieur.

Les listes imprimées sont produites directement à partir du SGBD et sont généralement définies au préalable. L'utilisateur a le choix d'imprimer le contenu d'une structure en totalité ou en partie. La figure 5.14 illustre l'impression du contenu d'une base de données terminologiques. La liste imprimée ne contient que les entrées anglaises et leur équivalent.

| Terme anglais | Domaine | Terme français | Source |
|---|---|---|---|
| bus | informatique | bus | 001 |
| cache | informatique | antémémoire | 001 |
| circuit board | informatique | carte de circuits imprimés | 003 |
| control panel | électronique | panneau de commande | 004 |
| LED | électronique | DEL (diode électroluminescente) | 004 |
| mother board | informatique | carte mère | 001 |

↓

| | |
|---|---|
| bus : | bus |
| cache : | antémémoire |
| circuit board : | carte de circuits imprimés |
| control panel : | panneau de commande |
| LED : | DEL (diode électroluminescente) |
| mother board : | carte mère |

**Figure 5.14 – Impression d'une partie d'une structure de données**

L'utilisateur peut également imprimer toutes les données relatives à une partie des entrées : par exemple, tous les termes associés au domaine de l'informatique ainsi que l'information qui s'y rapporte. Par ailleurs, certains SGBD interagissent directement avec un logiciel de traitement de texte. L'utilisateur récupère ainsi le contenu de la liste et l'édite au besoin.

### *Importation et exportation de données*

Il est généralement possible de faire passer le contenu des bases d'un système de gestion de bases de données à un autre. L'**importation** (chargement d'une base « étrangère » dans son propre SGBD) ou l'**exportation** (transfert d'une base contenue dans son SGBD à un autre outil) se font automatiquement si l'outil utilisé reconnaît le format de l'outil étranger, ou nécessitent certaines manipulations pour rendre les formats compatibles.

De plus, la plupart des SGBD actuels accueillent facilement les données textuelles. Il arrive qu'un traducteur utilise d'abord le logiciel de traitement de texte pour stocker des problèmes de traduction (voir la section consacrée à cette question dans le chapitre 4), qu'il change d'avis par la suite et décide d'intégrer ces informations dans une base de données. Par ailleurs, de nombreux lexiques accessibles dans Internet sont proposés dans des formats textuels. Le traducteur peut les récupérer et les placer dans une structure de données.

Pour pouvoir être importées dans une base de données, les données d'un document texte doivent être séparées au moyen de délimiteurs uniformes. Ces délimiteurs permettront au SGBD de reconnaître les frontières entre les différents renseignements et de placer ces derniers aux endroits prévus à cette fin dans la structure de données.

Dans l'exemple suivant, l'utilisateur veut importer un fichier texte dans lequel il a documenté des problèmes de traduction. Les données sont inscrites comme à la figure 5.15.

release (mécanique) : screw, bolt / desserrer

release (mécanique) : brake / desserrer

release (informatique) : software / lancer

run (informatique) : program / exécuter

**Figure 5.15 – Données terminologiques inscrites dans un document de traitement de texte**

L'utilisateur élabore ensuite une structure qui accueillera ces données : il crée quatre champs auxquels il donne les noms de <Verbe anglais>, <Domaine>, <Contexte> et <Équivalent>. Cette structure est présentée à la figure 5.16. La méthode la plus simple consiste à dépouiller le texte original des codes typographiques qu'il contient et à insérer à la place deux types de délimiteurs uniformes : le point virgule servira à indiquer le changement de champ et une nouvelle ligne signalera un changement d'enregistrement. Il s'agit alors de préciser au système de gestion de bases de données les délimiteurs utilisés et l'importation se fait automatiquement. La figure 5.16 illustre l'importation qui est faite des données citées dans l'exemple précédent.

**Étape 1 : Structuration du document texte**

release ; mécanique ; screw, bolt ; desserrer
release ; mécanique ; brake ; desserrer
release ; informatique ; software ; lancer
run ; informatique ; program ; exécuter

**Étape 2 : Importation dans une structure de données**

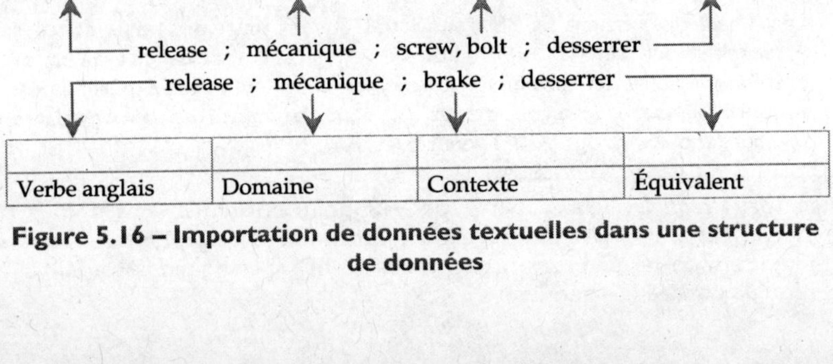


**Figure 5.16 – Importation de données textuelles dans une structure de données**

**Conversion d'un fichier texte en vue d'une importation dans un SGBD**

Si le fichier à importer est volumineux, l'insertion de délimiteurs uniformes peut être faite au moyen de recherches et de remplacements dans le logiciel de traitement de texte.

En outre, si les mêmes caractères doivent être changés et remplacés dans plusieurs fichiers différents, la séquence d'opérations peut être prise en charge par une macrocommande.

La première partie de ce chapitre a présenté les fonctions qu'on trouve généralement dans les systèmes de gestion de bases de données. Nous les rappellerons brièvement à la fin du chapitre. Mais auparavant nous décrirons un type particulier de SGBD, à savoir le logiciel de terminologie. Nous comparerons ce dernier outil au SGBD générique.

## Les SGBD spécialisés : les logiciels de terminologie

Pour consigner et gérer les problèmes de traduction, deux catégories d'outils sont offertes au traducteur. Il existe, d'une part, des systèmes de gestion de bases de données **génériques** (ceux que nous avons étudiés jusqu'à présent dans ce chapitre), qui sont conçus pour traiter toutes sortes de données à condition que celles-ci soient apparentées : un inventaire, un répertoire d'adresses, les caractéristiques d'un produit, etc. Les SGBD génériques effectuent des opérations variées sur les données stockées (des opérations mathématiques ou des classements chronologiques, par exemple). On trouve, d'autre part, des logiciels destinés spécifiquement aux traducteurs (ou à d'autres langagiers, comme les terminologues). Ces systèmes, appelés **logiciels de terminologie**[1], sont spécialement adaptés à la gestion des données de traduction. Ils s'adressent à une clientèle restreinte et offrent une série de fonctions moins riche, mais adaptée à ses besoins. Cette catégorie comprend un certain nombre de produits commerciaux (*LogiTerm, MultiTerm, MultiTrans* et *TermStar*).

**SGBD génériques ou logiciels de terminologie ?**

La plupart des anciens SGBD génériques étaient nettement plus difficiles à maîtriser que ceux d'aujourd'hui. On comprend l'attrait qu'avaient les premiers logiciels de terminologie pour les utilisateurs non expérimentés. Aujourd'hui, cependant, cet attrait s'atténue en raison de la convivialité toujours croissante des SGBD génériques.

[1] Bien que *terminologie* fasse partie de leur nom, ces outils sont utilisés pour emmagasiner d'autres renseignements d'ordre linguistique. En fait, il faut voir les logiciels de terminologie comme des SGBD spécifiquement adaptés à la gestion de données de traduction.

Les premiers logiciels de terminologie pouvaient également être consultés lors d'une séance de travail dans le logiciel de traitement de texte. Il suffisait d'appuyer sur une combinaison de touches pour faire apparaître une fenêtre de consultation. Cette fonctionnalité était particulièrement prisée à une époque où certains systèmes d'exploitation n'autorisaient pas l'utilisation simultanée de logiciels. Aujourd'hui, il est désormais possible d'intégrer plus d'un logiciel dans un seul environnement.

Bien que les outils génériques et les logiciels de terminologie soient tous deux des systèmes de gestion de bases de données, ils se distinguent sur plusieurs plans. Nous citons les distinctions générales ci-dessous (d'autres différences seront signalées plus loin). Du point de vue de l'utilisateur, les deux types de systèmes présentent des avantages et des inconvénients.

D'abord, le système générique est nettement plus flexible que le logiciel de terminologie. Les structures ainsi que les recherches sont conçues par l'utilisateur lui-même, qui les adapte à ses besoins particuliers et qui peut les modifier fréquemment. Le système générique peut, en outre, être utilisé à toutes sortes de fins (autres que la gestion de données de traduction) si cela se révèle nécessaire (par exemple, pour la gestion des dossiers de traduction ou du suivi avec les clients).

**Autres modes de consignation des données de traduction**

Les systèmes de gestion de bases de données génériques et les logiciels de terminologie décrits dans le présent chapitre ne sont pas les seuls outils de stockage et d'organisation des données de traduction. D'autres possibilités sont offertes au traducteur.

*a)* Des fonctions intégrées aux logiciels de traitement de texte sont adaptées à la confection de listes terminologiques : tri et tableau (voir le chapitre 4). Rappelons que cette solution est retenue lorsque les listes sont simples, c'est-à-dire lorsqu'elles contiennent un minimum de renseignements, comme terme anglais, domaine et équivalent. Lorsque les données à consigner pour chaque entrée (terme anglais) sont complexes et nombreuses (domaine, définition, contexte, équivalent, notes, etc.), les listes sont difficiles à gérer.

*b)* Des techniques assez avancées d'organisation du texte peuvent se substituer aux bases de données. En fait, ces techniques empruntent la logique des bases de données, mais c'est dans le texte lui-même que les « champs » sont signalés par des balises :

<entrée>key</entrée>
<domaine>mécanique</domaine>
<équivalent>clavette</équivalent>

La grande flexibilité des SGBD génériques qui, à première vue, semble constituer un avantage est parfois déroutante pour le néophyte. La maîtrise parfaite d'un outil générique exige, lorsqu'on souhaite en tirer le maximum, une formation et donc un investissement de temps assez important (et cela malgré la convivialité des systèmes les plus récents). Le logiciel de terminologie, quant à lui, est certainement plus facile à maîtriser pour le débutant. Comme il propose souvent des structures et des modèles de recherche déjà créés, l'utilisateur se contente d'entrer des données et de les interroger. Cependant, la flexibilité, dont le degré varie selon les logiciels, n'est certes pas aussi grande que dans le cas des outils génériques.

Par ailleurs, les fonctions des logiciels de terminologie varient considérablement d'un produit à l'autre. Nous examinerons quelques distinctions importantes qui ont trait à la création de structures et aux modalités de recherche.

### *Création de structures dans les logiciels de terminologie*

Les structures de données sont souvent imposées dans les logiciels de terminologie. On peut toutefois trouver des variantes d'un produit à l'autre. Voici une liste de possibilités offertes dans les logiciels existants (parfois, ces possibilités sont combinées) :

☑ Structures fixes : L'utilisateur entre des données dans des structures imposées par le système. Les structures fixes comportent un nombre de champs prédéterminé, d'une longueur établie par le concepteur. Le logiciel renferme une seule structure prédéfinie (par exemple, pour décrire des unités terminologiques) ou, encore, quelques structures (pour décrire d'autres types d'unités linguistiques ou documenter la même unité de façon différente). Il est à noter que les modèles de structures varient d'un système à l'autre (par exemple, un premier système permet la prise en compte de données bilingues ; un deuxième, de données multilingues).

☑ Structures fixes modifiables : Les structures prédéfinies sont modifiées par l'utilisateur qui souhaite consigner ses données d'une manière différente de celle prévue par le concepteur du logiciel.

☑ Création de structures par l'utilisateur : L'élaboration d'une structure se fait de la même manière que dans le SGBD générique. Certains logiciels offrent la possibilité de créer une structure à partir d'une liste de champs prédéfinie (voir la figure 5.17).

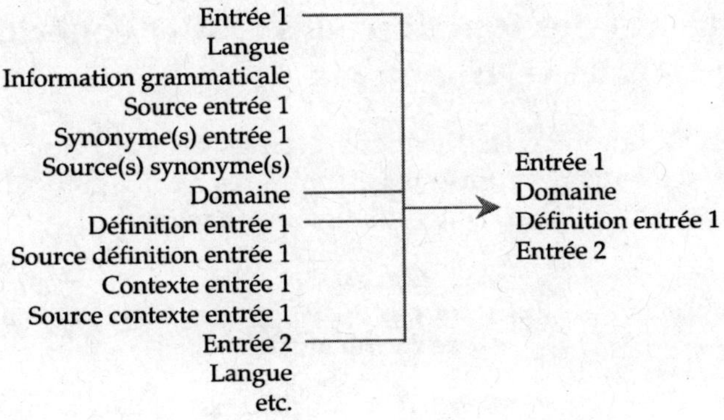


**Figure 5.17 – Champs proposés à l'utilisateur lors de la création d'une structure**

## *Recherche dans les logiciels de terminologie*

Les logiciels de terminologie autorisent les recherches dans une partie des champs ou, plus rarement, dans tous les champs. Ici encore, les possibilités varient d'un produit à l'autre. Dans tous les cas, cependant, les modalités de recherche sont déjà définies : l'utilisateur doit donc composer avec les requêtes proposées. Voici une liste des possibilités de recherche dans ces outils :

☑ Champs fouillés : Dans certains produits, les possibilités de recherche sont limitées aux seules entrées (de différentes langues si les données sont bilingues ou multilingues). D'autres outils effectuent des interrogations à partir d'autres champs (le domaine, par exemple, pour atteindre tous les termes associés à un domaine particulier). Enfin, quelques logiciels de terminologie autorisent la fouille dans tous les champs.

☑ Possibilités de recherche : Certains logiciels de terminologie n'offrent que des recherches simples (un seul élément dans un champ à la fois). D'autres prévoient des recherches multicritères (ET), des recherches simultanées de plusieurs éléments dans un même champ (OU), l'exclusion d'un élément (SAUF) et la troncature (*). Toutes ces possibilités sont offertes ou seulement quelques-unes d'entre elles. Enfin, des logiciels permettent la combinaison des possibilités ; d'autres n'autorisent qu'un seul type de recherche à la fois.

## Récapitulatif des fonctions des SGBD génériques et des logiciels de terminologie

Le tableau 5.1 énumère les fonctions décrites dans le présent chapitre. Il résume également les différences entre les SGBD génériques et les logiciels de terminologie relativement à ces fonctions.

**TABLEAU 5.1**
**Récapitulatif des fonctions des SGBD génériques et des logiciels de terminologie**

| Fonctions | SGBD générique | Logiciel de terminologie |
|---|---|---|
| 1. Organisation des données | | |
| Création d'une structure | De toutes pièces | Prédéfinie fixe<br>Prédéfinie modifiable<br>De toutes pièces<br>Combinaison des possibilités ci-dessus |
| Création de plusieurs structures | Pas de contrainte véritable | Possibilité de création de plusieurs structures<br>Combinaisons possibles<br>Combinaisons possibles avec limite<br>Combinaisons impossibles |
| Prise en compte de données annexes | Création de nouvelles bases | Structures fixes pour recevoir les données annexes<br>Structures modifiables pour recevoir les données annexes<br>Rien n'est prévu pour les données annexes |
| Tri | Tri dans tous les champs<br><br>Combinaisons des champs dans un tri | Tri dans tous les champs<br>Tri dans quelques champs<br>Tri dans un seul champ<br>Combinaisons possibles<br>Combinaisons impossibles |
| 2. Recherche de données | | |
| Recherche dans divers champs | Tous les champs | Tous les champs<br>Certains champs seulement |
| Opérateur ET | Possible<br>Aucune limite quant au nombre de champs combinés | Tous les champs<br>Nombre limité de champs combinés<br>Impossible |
| Opérateur OU | Possible<br>Aucune limite quant au nombre d'éléments recherchés | Aucune limite<br>Nombre limité d'éléments recherchés<br>Impossible |
| Opérateur SAUF | Possible | Possible<br>Impossible |
| Troncature | Possible<br>Dans tous les champs | Dans tous les champs<br>Dans quelques champs |

**TABLEAU 5.1**
**Récapitulatif des fonctions des SGBD génériques et des logiciels de terminologie (suite)**

| Fonctions | SGBD générique | Logiciel de terminologie |
|---|---|---|
| Combinaison des types de recherche | Toutes les combinaisons possibles | Toutes les combinaisons possibles<br>Une partie des combinaisons (par exemple, troncature + plusieurs champs) possibles<br>Impossible |
| Recherche multistructure | Combinaison de structures possible<br>Combinaison impossible | Combinaison de structures possible<br>Combinaison impossible |
| 3. Autres fonctions | | |
| Impression | Définition des formats d'impression | Impression impossible<br>Format d'impression fixe<br>Format d'impression pouvant être défini |
| Importation et exportation | Importation et exportation d'autres bases de données | Importation et exportation d'autres bases de données possibles<br>Importation et exportation d'autres bases de données impossibles |
| | Importation et exportation de données textuelles | Importation et exportation de données textuelles possibles<br>Importation et exportation de données textuelles impossibles |

## Conclusion : Rôle de la consignation informatisée des données de traduction

La collecte de données sur les termes, les mots polysémiques ou d'autres unités présente un intérêt en traduction spécialisée, notamment lorsque le contenu des textes reste relativement stable. L'inscription des renseignements sur un support exige du temps et des efforts continus. Le traducteur spécialisé réutilise souvent, lors de projets ultérieurs, les résultats de recherches qu'il a menées une première fois. En revanche, lorsque la nature des textes varie (et, par conséquent, la nature des problèmes qu'ils recèlent), les efforts déployés pour documenter les données de traduction sont nettement moins rentables. Concrètement, le traducteur utilise le support électronique pour les motifs suivants :

☑ Rentabiliser des recherches : En stockant les solutions trouvées au fur et à mesure qu'il les débusque, le traducteur s'assure de ne pas reprendre des démarches qui ont parfois été longues ou fastidieuses. Lorsqu'il entreprend un nouveau dossier, le traducteur consulte d'abord ses propres données avant de chercher dans d'autres répertoires. De plus, si l'outil de consignation est utilisé par plusieurs traducteurs travaillant en équipe, la mise en commun des solutions permet de tirer profit des trouvailles des autres.

☑ Récupérer des réponses toutes faites : Le traducteur stocke des solutions qu'il peut récupérer telles quelles dans un texte qu'il est en train de produire. L'outil de consignation sert alors d'aide-mémoire. Le support électronique rend la récupération aisée au moyen de fonctions de recherche, de copie et de collage.

☑ Uniformiser des équivalents : Parmi les traductions possibles pour un mot, un terme ou une expression, le traducteur en choisit une seule afin d'uniformiser les textes qu'il produit. Les causes de cette harmonisation ainsi que les unités qui en font l'objet sont variées :

- Mots ou termes propres à un type de texte : par exemple, dans les textes techniques, traduire *procedure* par *marche à suivre* ; *choose* par *sélectionner* ; *warning* par *mise en garde*.

- Expressions figées ou fréquentes, phrases ou parties de phrases : traduire *Follow these guidelines* par *Se conformer aux directives suivantes* ; traduire *Follow these precautions* par *Respecter les mesures de précaution suivantes*, etc.

- Préférences des clients : par exemple, le client 1 exige que *random access memory* soit traduit par *mémoire vive*, alors que le client 2 préférera *mémoire RAM*. De même, le client 1 peut exiger que *control panel* se traduise par *panneau de commande*, alors que le client 2 privilégie *tableau de commande*, et ainsi de suite.

Les SGBD génériques et les logiciels de terminologie servent notamment à isoler et à atteindre directement ces équivalents.

Par ailleurs, en centralisant des mots ou termes normalisés, on donne aux membres d'une équipe un accès aux mêmes solutions, ce qui assure, par conséquent, une plus grande uniformité des textes cibles produits par plusieurs.

En plus des finalités décrites ci-dessus, qui sont valables dans une perspective de consultation, les données de traduction peuvent être sollicitées, si elles sont stockées sur support électronique, dans le but de produire des traductions partielles. Il en sera question au chapitre 7.

## *Suggestions de lectures*

Il existe de nombreux manuels d'initiation à l'utilisation des SGBD génériques. Le chapitre 7 de Austermühl (2001) ainsi que le chapitre 4 de Bowker (2002) sont consacrés aux logiciels de terminologie.

Le chapitre 8 de L'Homme (2004) décrit l'utilisation qui peut être faite des outils de gestion de données terminologiques par un terminologue.

# 6. La recherche dans les textes électroniques

*Trouver une aiguille dans une botte de foin...*
PIERRE CLOUTIER, dans *Circuit*

*... ou une bouteille à la mer...*
CLAUDE BÉDARD

Les textes de diverses natures (ouvrages didactiques, monographies, articles de revues, rapports, manuels, catalogues, etc.) regorgent de renseignements de toute sorte. Le traducteur connaît bien l'importance de la documentation pour mener à bien son travail : la recherche d'information dans les textes constitue un complément aux ouvrages lexicographiques et terminologiques.

Les deux types de ressources documentaires diffèrent pourtant sensiblement : les répertoires lexicographiques et terminologiques renferment des informations qui ont été préalablement sélectionnées et traitées par des spécialistes dans une optique précise ; les textes, quant à eux, constituent une matière brute et extrêmement abondante, qui n'a pas fait l'objet d'un prétraitement linguistique. On les utilise soit pour repérer des contextes illustrant l'emploi d'un terme ou d'un mot, soit pour trouver des explications sur des concepts peu familiers.

Aujourd'hui, la plupart des documents, sinon tous, sont produits au moyen d'un logiciel de traitement de texte ou d'un autre type d'éditeur. La généralisation du support informatique contribue à une mise en circulation massive de documents en format électronique. En outre, Internet (et notamment sa composante graphique, le *World Wide Web*) participe à cette grande diffusion. On y trouve des documents portant sur les sujets les plus divers et rédigés dans toutes sortes de langues (bien que, il est vrai, l'anglais soit prédominant).

L'information recherchée, si elle figure dans un document papier, est difficilement repérable ; le traducteur parcourt souvent de longues sections avant de mettre le doigt sur un renseignement précis. En revanche, l'information **numérique** (celle qui se trouve dans des textes électroniques fouillés au moyen d'un logiciel conçu à cette fin et appelé **concordancier**) est presque instantanément accessible. Dans le domaine de la **recherche d'information**, tout comme en gestion de données (voir le chapitre 5), les techniques informatiques surpassent de loin les méthodes traditionnelles. Elles permettent, comme le souligne Cloutier dans le passage cité en tête du présent chapitre, de « trouver une aiguille dans une botte de foin ». Ce chapitre montre de quelle manière l'accès immédiat est possible.

La première section du chapitre porte sur la mise en forme d'une banque de textes. Nous nous pencherons ensuite sur le fonctionnement et les fonctions des concordanciers. Enfin, nous examinerons des textes d'une nature particulière, à savoir les bitextes, exploitables à des fins de traduction.

## Les textes électroniques

Le repérage d'information repose sur un accès à des textes en format électronique. Cette première condition s'impose d'elle-même et il peut paraître inutile de la mentionner. Toutefois, c'est souvent celle qui pose le plus de problèmes en pratique.

Pour obtenir les différents renseignements dont il a besoin, le traducteur doit assembler des documents qu'il consulte simultanément ou à tour de rôle dans ce qu'il est convenu d'appeler une **banque de textes**[1]. Cette banque contient des documents de diverses natures que l'utilisateur organise en fonction de critères variables.

---

**Pourquoi constituer une banque de textes puisque le Web est là ?**

À l'heure d'Internet, on peut se demander si cela vaut la peine de consacrer du temps à l'élaboration d'une banque de textes. Il suffit d'entrer une requête dans un moteur de recherche pour dénicher une multitude de contextes pour des mots, des termes ou des expressions. Voici quelques raisons qui, nous l'espérons, parviendront à convaincre le lecteur :

☑ La qualité des textes est fort inégale : contrairement aux documents publiés, les textes placés dans le Web n'ont pas tous fait l'objet d'une révision ou d'une évaluation.

☑ La plupart des requêtes produisent une liste extrêmement longue de résultats. Cette liste devient rapidement difficile à gérer.

☑ Il est plutôt difficile de cibler des textes portant sur un domaine ou un sujet particulier. On peut difficilement éviter le problème de l'ambiguïté. On contourne le problème, mais partiellement, en formulant des requêtes complexes.

---

[1] Le terme *corpus* est souvent utilisé comme synonyme de *banque de textes*. Toutefois, le premier terme a une acception plus précise que le second. Il fait référence à un ensemble de textes colligés à des fins de recherche linguistique (étude du comportement des mots pour les décrire dans un dictionnaire, par exemple). La mise en forme d'un corpus doit respecter des critères de représentativité.

Certains documents sont immédiatement accessibles au traducteur :

☑ les textes en langue cible : les traductions produites par un traducteur donné ou par des pairs (qui sont saisies au moyen d'un logiciel de traitement de texte) ;

☑ les textes en langue source : les textes remis ou expédiés au traducteur en format électronique ;

☑ la documentation produite par le client : les entreprises ont généralement un fonds documentaire (rapports, courrier, manuels, etc.) qu'elles rendent parfois accessible au traducteur.

En plus de cette documentation maison, le traducteur peut consulter les versions électroniques d'autres types de textes (articles spécialisés, ouvrages, revues grand public ou spécialisées, etc.). Toutefois, l'accès à ces documents se révèle parfois difficile. Même si, en principe, les textes sont tous produits sur support électronique, l'accès à cette version n'est pas nécessairement garanti.

Certaines maisons d'édition proposent depuis quelques années des compilations de périodiques généraux ou spécialisés sur cédérom. Dans certains cas, les textes peuvent être récupérés et copiés, puis interrogés au moyen d'un concordancier. Aujourd'hui, le traducteur puise également dans Internet des documents dont les auteurs permettent la copie sur un disque d'ordinateur. Ces documents traitent des sujets les plus divers et sont souvent mis à jour. Le traducteur les intègre à une banque après en avoir évalué l'intérêt et la qualité.

**Des corpus déjà créés**

Des chercheurs appartenant à différentes communautés (littérature, recherche d'information, informatique, linguistique) ont procédé à la création de corpus (parfois extrêmement volumineux) pour les assister lors de leurs recherches. Certains corpus peuvent être acquis, mais la plupart du temps, uniquement à des fins de recherche. Un organisme appelé ELRA (European Language Resources Association) a comme mandat de rassembler les corpus (et autres ressources linguistiques) et de les rendre accessibles.

### *Normalisation des formats*

Les textes sont produits dans des formats très variés pour différentes raisons (recours à des logiciels de traitement de texte différents, à des logiciels d'édition électronique, insertion de balises pour la publication dans Internet, etc.). Il faut parfois normaliser les formats pour exploiter les documents électroniques de façon satisfaisante. Certains concordanciers ainsi que d'autres outils abordés dans cet ouvrage n'interprètent qu'un nombre limité de formats.

Pour des formats trouvés dans les logiciels de traitement de texte les plus courants, la conversion se fait au moyen des modules offerts par ces logiciels ou encore au moyen d'un convertisseur autonome. En outre, la plupart des modules font une conversion dans des normes textuelles « neutres ». En voici quelques-unes :

☑ Format **texte seul** (**.txt**) : Ce format dépouille le texte de la plupart de ces éléments de formatage (disposition des éléments textuels, graphiques, images, enjolivements divers, etc.) pour ne retenir que le texte.

☑ Format ***Rich Text Format*** (**.rtf**) : Ce format proposé par Microsoft explicite la forme du document ; il est réinterprété par tout logiciel qui le reconnaît. Le format .rtf est utile, par exemple, pour transférer un document produit sur une version de *Word* tournant sur Macintosh dans une version du même logiciel sur PC d'IBM.

De plus, certains modules de conversion interprètent des formats qui ne sont pas spécifiquement liés à un logiciel de traitement de texte. Par exemple, un nombre croissant d'éditeurs de tout genre gèrent le format des documents publiés sur le Web (le format **HTML**, pour ***Hypertext Markup Language***). D'autres formats beaucoup moins répandus (par exemple, des formats d'éditeurs tournant sur mini-ordinateurs) sont interprétés uniquement par des convertisseurs prévus à cette fin.

---

**Le *Portable Document Format* (PDF)**

Un nombre croissant d'utilisateurs transmettent des documents en format PDF. En outre, des documents intéressants sont placés dans le Web dans ce format.

L'intérêt premier du format PDF est de reproduire le contenu et la disposition d'un document dans la forme définie par l'auteur. En outre, il neutralise les multiples différences existant entre les logiciels d'édition et applications tournant sur des plateformes différentes.

Le format PDF peut être lu et généré au moyen d'un logiciel mis au point par la société Adobe, le logiciel *Acrobat*. Au départ, le format PDF est un format d'impression. Toutefois, on peut convertir un document PDF en format texte si on dispose de la version complète du logiciel *Acrobat*.

---

**Normalisation des formats**

Différents groupes se sont penchés sur la question de la diversité des formats de documents. Certains ont proposé des normes de modèles descriptifs neutres. La norme originale porte le nom de ***Standard Generalized Markup Language*** (**SGML**). Toutefois, ce sont ses dérivés, comme le **HTML** et le **XML** (***eXtended Markup Language***) qui jouissent d'une plus grande popularité. Nous expliquons ici les principes de base communs à ces normes.

Un document de la famille SGML est un document dont toutes les différentes propriétés sont indiquées au moyen d'un **balisage** explicite. Autrement dit, la structure du document apparaît en clair et peut être lue par un éditeur qui interprète les codes de balisage. Les éléments explicites varient : type de document (par exemple, note de service, rapport, lettre), types d'éléments contenus dans le texte (par exemple, titres, sous-titres), disposition des éléments textuels (par exemple, paragraphes, tabulations), et ainsi de suite. L'explicitation prend la forme suivante : des chevrons sont placés au début et à la fin de l'élément explicité. Les chevrons simples signalent que l'explicitation vaut pour la chaîne qui suit, les chevrons dans lesquels apparaît une barre oblique indiquent que l'explicitation n'est plus valable. Par exemple, pour signaler un titre, la chaîne sera précédée des chevrons avec la mention explicite *titre* et suivie de chevrons indiquant que la mention n'est valable que jusqu'à ce point :

<titre> La traductique </titre>
<sous-titre> Quelques précisions terminologiques </sous-titre>

Les étiquettes peuvent être combinées et hiérarchisées :

<chapitre 1>
<titre> La traductique </titre>
<sous-titre> Quelques précisions terminologiques </sous-titre>
<texte>...
<texte>
</chapitre 1>

## *Documents électroniques inaccessibles : numérisation et reconnaissance optique de caractères*

Lorsque les documents ne sont accessibles qu'en format papier, mais qu'ils revêtent un intérêt de premier plan pour le traducteur, celui-ci procède à leur conversion en format électronique. Cette conversion se fait au moyen d'un **numériseur** (également appelé **scanner**) et d'un logiciel de **reconnaissance optique de caractères** (**ROC**).

Le numériseur est un périphérique d'ordinateur qui effectue un premier balayage du document papier et l'affiche en version graphique. Le numériseur n'effectue pas lui-même la véritable conversion en texte électronique : il prend une sorte de « photographie » du document et la propose au logiciel de reconnaissance optique de caractères[1]. Ce dernier identifie, dans la reproduction proposée, les caractères interprétables proprement dits. La figure 6.1 présente les étapes à franchir pour la conversion d'un document papier en fichier électronique.

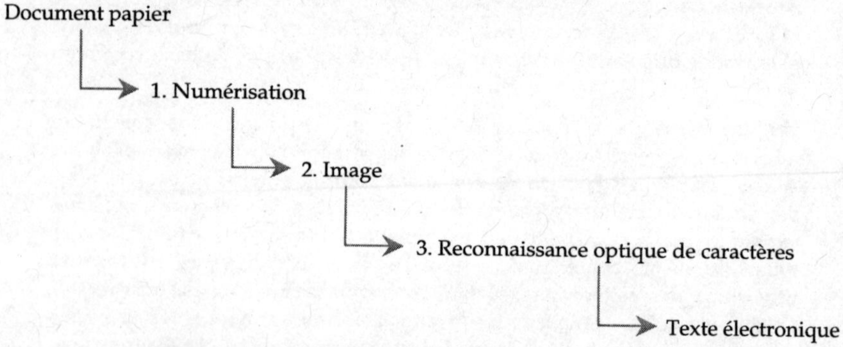


**Figure 6.1 – Opérations de conversion d'un document papier en texte électronique**

---

**Types de numériseurs**

Numériseur à main : l'utilisateur tient l'appareil dans la main et le déplace lentement sur un document à convertir (ce numériseur n'est pas très intéressant pour reconnaître du texte).

Numériseur à rouleaux : l'utilisateur insère une feuille à convertir entre les rouleaux du numériseur ; la feuille se déplace au-dessus d'une rangée de photodiodes.

Numériseur pleine page : le document à convertir est placé sur une surface vitrée (un peu comme un photocopieur) et les photodiodes se déplacent sous la surface vitrée.

Appareil générique muni d'un numériseur à rouleaux, mais qui assure également les fonctions de télécopie et d'impression.

---

Il résulte de cette séquence d'opérations un texte qu'on peut par la suite récupérer dans d'autres applications (un logiciel de traitement de texte ou un concordancier). Toutefois, les documents produits à la suite d'une reconnaissance optique sont rarement parfaits, c'est-à-dire en tous points identiques à l'original. Il reste toujours des éléments mal reconnus, et ce, malgré les progrès considérables qui ont été réalisés au cours des dernières années. La figure 6.2 présente un document numérisé et converti au moyen d'un logiciel de ROC.

---

[1] Le logiciel de ROC convertit en texte l'image produite par le numériseur. La numérisation peut se faire à partir d'autres types de données (images ou photos) ; l'image est alors transmise à un autre logiciel (certains permettent de faire des retouches aux images numérisées).

*En règle générale, Lotus affiche le message UNDO au bas de l'écran. Lorsque ce message est affiché, Lotus fait une copie de sécurité dans une mémoire tampon ; lorsque vous appelez la commande UNDO ([Alt] et [F4]), c'est cette copie que vous rappelez à l'écran. En principe, tout changement qui affecte le mode " Ready ~ amène Lotus à faire une copie de sécurité.*
*REMAR~UES : Lorsque vous utilisez Allways, un logiciel d'infographie compris dans Lotus, il est recommandé d'annuler UNDO avant d'activer Allways, afin de disposer du plus de mémoire possible pour vos données.*

Le tilde (~) représente les caractères qui n'ont pas été reconnus. Parfois, le logiciel de ROC substitue un autre caractère à un caractère correct.

**Figure 6.2 – Texte numérisé et soumis à un logiciel de ROC (muni d'un dictionnaire)**

La qualité de la reconnaissance varie en fonction des facteurs suivants :

☑ qualité d'impression du document à numériser : les caractères peuvent être plus ou moins bien définis sur le document original (notamment si le document numérisé est une photocopie ou une télécopie) ; cette définition a des répercussions directes sur la qualité de la numérisation ;

☑ résolution offerte par le numériseur : certains numériseurs sont plus sensibles que d'autres à la définition des caractères ;

☑ performances du logiciel de ROC : la qualité de la reconnaissance varie parfois considérablement d'un produit à l'autre.

---

**Logiciels de reconnaissance optique de caractères**

Les logiciels de ROC offrent des fonctions qui ont des conséquences sur la qualité de la conversion :

1. prise en compte ou non des tailles variables des caractères ;
2. prise en compte ou non des différentes polices de caractères (Gothique, Times, etc.) ;
3. prise en compte ou non des propriétés de certains caractères (gras, italiques, etc.) ;
4. présence ou non d'un dictionnaire : des logiciels de ROC ont recours à un dictionnaire pour corriger les petites erreurs qui subsistent à la suite de la conversion. Par exemple, lors d'un premier passage, le logiciel remplace la lettre *m* par *r* et *n* (par exemple, *ernbouteillage*) ; les mots sont confrontés au dictionnaire et si *ernbouteillage* n'est pas présent, le logiciel cherche la forme la plus proche graphiquement (*embouteillage*) et remplace la forme fautive. Les logiciels de ROC peuvent être munis de dictionnaires regroupant les mots de plusieurs langues (une seule langue est sélectionnée lors d'une reconnaissance ; parfois plus d'une langue peut être choisie pour des documents multilingues).

---

Pour parfaire le document converti, l'utilisateur procède à une correction plus ou moins importante en fonction de ce qu'il compte en faire. La correction humaine d'un document numérisé est l'opération la plus exigeante du processus de conversion. Une correction rapide, bien qu'imparfaite, peut être réalisée au moyen d'un vérificateur orthographique (voir le chapitre 9).

---

**Le texte source en format électronique : essentiel pour d'autres modes d'automatisation**

Dans le présent chapitre, nous mettons l'accent sur la recherche d'information dans les textes, mais il convient de signaler qu'un texte source, s'il est remis en format électronique ou converti, se prête à une foule d'autres traitements :

*a*) décompte des mots (chapitre 4) ;

*b*) comparaison de versions (chapitre 4) ;

*c*) dépouillement assisté par ordinateur (chapitre 8) ;

*d*) rappel automatique (chapitre 7) ;

*e*) vérification orthographique et correction grammaticale (chapitre 9) ;

*f*) traduction automatique (chapitre 10).

---

## Le concordancier

Lorsque la banque de textes (composée de textes cibles, de textes sources, de documents d'entreprises, de textes récupérés dans Internet ou de documents numérisés) est mise en forme, elle peut faire l'objet de fouilles. La consultation se fait généralement au moyen d'un logiciel appelé **concordancier**. Ce logiciel est conçu pour retrouver les **occurrences** d'une ou de plusieurs chaînes de caractères (des mots simples, des chaînes non définies ou des combinaisons de mots) dans un ou plusieurs textes électroniques. Au sens strict, le concordancier établit une liste de **concordances**, c'est-à-dire une liste contenant la chaîne recherchée assortie de contextes[1]. La figure 6.3 présente les concordances du mot *chien* obtenues après l'examen d'un court texte.

```
i animaux familiers. J'aime mon  chien  , mais je dois convenir qu'il est trè
er ses voisins. Ma voisine a un  chien  qui jappe continuellement. Mes voisin
abord facile, j'en conviens. Un  chien  regarde bien un évêque ! Il ne faut p
```

**Figure 6.3 – Concordances de *chien***

---

[1] Nous verrons que les outils que nous regroupons sous le générique *concordancier* peuvent s'écarter plus ou moins de la définition technique que nous donnons ici (certains produits ne présentent pas une liste de concordances comme celle qui est reproduite à la figure 6.3). Nous utiliserons l'appellation pour tous les outils qui localisent des chaînes de caractères, quel que soit le mode de présentation des résultats.

Il existe plusieurs concordanciers (*Concordance, MicroConcord, NatQuest, TextStat, TransSearch*[1], *WordSmith Tools*), certains étant plus largement diffusés que d'autres. Les fonctions des concordanciers varient sur un certain nombre de plans. Nous verrons d'abord les différences relatives à leur mode de fonctionnement pour ensuite nous pencher sur les mécanismes de recherche. Enfin, nous verrons comment constituer des banques de textes à des fins d'interrogation.

---

**Autre méthode de recherche : le logiciel de traitement de texte**

Une fonction offerte par les logiciels de traitement de texte – la fonction de recherche (voir le chapitre 4) – trouve les occurrences d'une chaîne de caractères.

La recherche est confiée au traitement de texte lorsqu'elle reste simple. Les fouilles perfectionnées (par exemple, des recherches de combinaisons de mots non contigus) sont réalisées par le concordancier.

---

## *Modes de fonctionnement des concordanciers*

Les concordanciers utilisent des techniques différentes pour atteindre les chaînes de caractères, puis présenter les contextes. Les sections suivantes décrivent quelques variantes : mécanisme d'identification des chaînes ; chaîne prise en compte ; mode de présentation des contextes ; organisation des contextes ; neutralisations.

### *Mécanisme d'identification des chaînes*

Les mécanismes mis en œuvre par les concordanciers pour trouver les occurrences d'une chaîne de caractères varient d'un produit à l'autre. Le concordancier : *a*) effectue un **balayage du texte** entier pour établir des correspondances ; ou *b*) établit des correspondances à partir d'un **index**.

*a*) Le **balayage** consiste à parcourir un texte du début à la fin pour s'arrêter sur toutes les chaînes de caractères qui correspondent à celle que souhaite relever l'utilisateur. La figure 6.4 illustre ce mécanisme à partir du mot *chien*. Grâce à la recherche par balayage, on interroge un texte directement sans lui faire subir un traitement préalable (ce qui n'est pas le cas de la recherche par index). Ce type de recherche est la technique exploitée notamment par les logiciels de traitement de texte, mais on le trouve également dans certains concordanciers. Toutefois, l'identification des

---

[1] *TransSearch* est un concordancier un peu particulier, car il est conçu pour interroger un bitexte. Il en sera question plus loin dans ce chapitre.

chaînes de caractères par balayage du texte est assez longue dans les cas où le texte fouillé est volumineux.

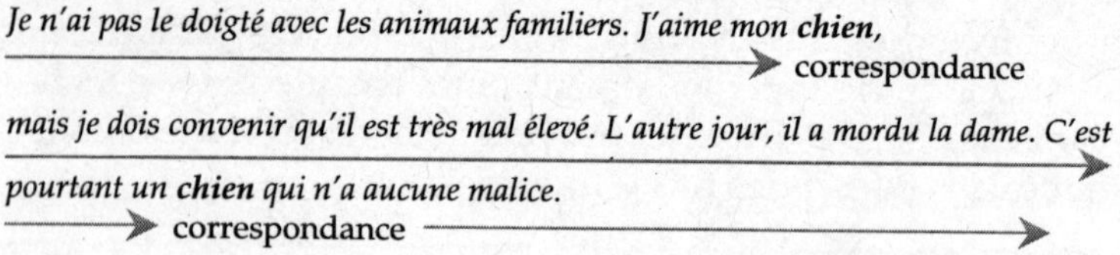


**Figure 6.4 – Recherche par balayage du texte**

*b*) L'**indexation** consiste à retenir l'endroit précis (c'est-à-dire la portion du texte, la ligne) où apparaît un mot et à inscrire son « adresse » dans un registre appelé **index**. Ce dernier permet à l'utilisateur de localiser rapidement les occurrences du mot sans avoir à parcourir l'ensemble du document.

L'index se construit avant la recherche proprement dite : le texte est découpé en **mots simples**, qui sont ensuite placés dans un index. Ce dernier indique les endroits précis où se trouvent les occurrences des mots. Par exemple, si le mot *memory* est utilisé 118 fois dans un texte, il note les endroits où il le repère (l'occurrence 2 de la forme *memory* figure à la ligne 3 du segment 4 dans un texte donné *x*). Lors d'une recherche, le concordancier consulte l'index, établit la correspondance avec le texte, puis présente le contexte. La figure 6.5 illustre ce mode de repérage.

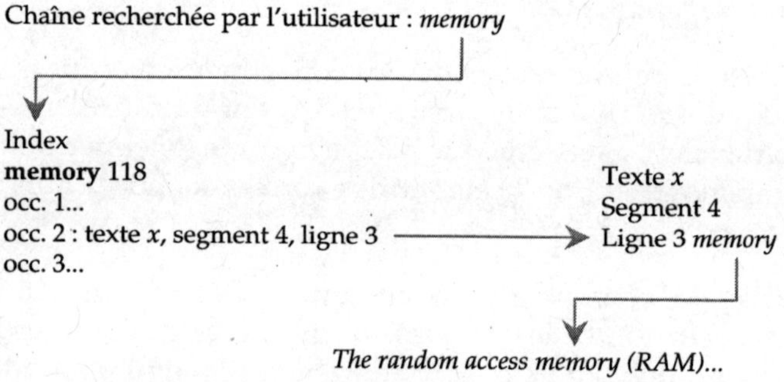


**Figure 6.5 – Recherche à partir d'un index**

L'indexation réduit considérablement le temps nécessaire pour repérer les mots et devient particulièrement intéressante lorsque la recherche se fait dans des banques de textes volumineuses.

Lors de la constitution de l'index, des concordanciers procèdent à l'exclusion de certaines chaînes de caractères : en voici quelques exemples (parfois les chaînes à exclure sont sélectionnées au préalable par l'utilisateur) :

- **chaînes numériques** (*1,3, 1990*) ;
- **chaînes alphanumériques** (*ALC98*) ;
- **mots vides** : mots très fréquents qui ne sont pas porteurs d'information (prépositions, déterminants, conjonctions, pronoms) ou autres mots très fréquents (comme les différentes formes des verbes *être* et *avoir*). Les mots vides sont peu susceptibles de faire l'objet de recherches. Ils sont opposés aux **mots pleins**, porteurs d'information (noms, adjectifs, adverbes et verbes).

Les chaînes de caractères qui ne figurent pas dans l'index ne peuvent pas faire l'objet de recherches.

### *Chaîne prise en compte*

Les concordanciers prennent en compte deux types de chaînes : *a*) des **chaînes non définies** ; ou *b*) des **mots simples**. Il convient de noter que la chaîne prise en compte par le concordancier a des conséquences directes sur les méthodes d'interrogation (il en sera question plus loin).

*a*) La recherche de **chaîne non définie** permet de localiser une suite de caractères quel que soit l'endroit où elle se trouve. La figure 6.6 montre les résultats d'une telle recherche à partir de la chaîne *support*.

```
ny colleagues and many members who  support  ed various candidates
he best buy. This operating system  support  s most Windows applic
on the ground. The base is used to  support  the entire pump syste
ng the last few years she has been  support  ing the entire family
```

**Figure 6.6 – Recherche d'une chaîne de caractères non définie**

Comme l'indique la figure 6.6, le concordancier établit des correspondances entre des chaînes de caractères même si elles font partie de mots plus longs.

*b*) La recherche de **mots simples** trouve les chaînes de caractères segmentées au moyen de délimiteurs graphiques. Signalons que ce type de recherche est le seul offert par les concordanciers indexeurs. La figure 6.7 montre un certain nombre de contextes contenant le mot *support*. Les concordances produites sont différentes des précédentes.

```
the various memory and  support  chips to the bus. Data passes through
entation and technical  support  . Operating system software can be ac
to its own work. These  support  chips are responsible for such proces
the slots. Many of the  support  cards in the PC are programmable, whe
rectly programming the  support  chips, you should look in the IBM tec
```

**Figure 6.7 – Recherche d'un mot simple**

On obtient ici uniquement les chaînes *support* délimitées. Ainsi, les formes fléchies d'un mot variable ne sont pas immédiatement accessibles : par exemple, les formes du verbe *support* – *supports, supported* et *supporting* – échapperaient à ce type de dépistage. Un mécanisme spécifique permet toutefois de les récupérer (il s'agit de la troncature, abordée plus loin).

#### Mode de présentation des contextes

Les contextes repérés sont présentés différemment d'un concordancier à l'autre. On distingue deux modes de présentation principaux, à savoir : *a*) l'**index KWIC** (pour ***key-word in context***) ; et *b*) la concordance plein texte. Certains concordanciers combinent les deux modes de présentation.

*a*) L'**index KWIC** extrait les contextes immédiats dans lesquels la chaîne recherchée apparaît et les aligne pour une consultation rapide. La figure 6.8 montre un index KWIC généré à la suite d'une recherche du sigle *CPU* (pour *central processing unit*) – la longueur du contexte est calculée de la façon suivante : *n* caractères à gauche, *n* caractères à droite.

```
ravels to and from the   CPU   and the other parts of the computer. C
e microprocessor; this   CPU   is also used in the PC/XT, the Portabl
r second, a measure of   CPU   speed). The 8086 Microprocessor The 80
ng is the ability of a   CPU   switches among tasks so quickly, it ap
hold." But because the   CPU   chips, you should look in the IBM tech
sor used i 80486. This   CPU   offers faster clock speeds than does t
d RAM chips, if a fast   CPU   tries to read data from RAM. Next, the
```

**Figure 6.8 – Index KWIC**

D'autres concordanciers utilisent comme point de repère non pas un nombre fixe de caractères, mais plutôt des délimiteurs de phrases, ou, parfois, de paragraphes. Voici (figure 6.9) les concordances de *CPU* obtenues à la suite d'une délimitation par phrases.

1. *The device adds Wait States to the bus to halt the CPU until the device can complete its operation.*
2. *A PC Wait State causes the CPU to appear busy.*
3. *However, the operation proceeds at the speed of the device and not that of the CPU.*
4. *Upgrading the CPU chip did not make the device any faster, so the system still appears to be busy all the time.*

**Figure 6.9 – Contextes extraits à la suite d'une délimitation par phrases**

*b*) La **concordance plein texte** reporte l'utilisateur directement dans le document fouillé en signalant la chaîne recherchée au moyen d'un affichage spécial (couleur, soulignement, etc.). L'utilisateur passe ainsi d'un contexte à l'autre sans les voir tous d'un seul coup d'œil. La figure 6.10 reprend les concordances du mot CPU, mais en mode plein texte.

... *Wait States to the bus to halt the CPU until the device can complete its operation. A PC Wait State causes the CPU to appear busy. However, the operation proceeds at the speed of the device and not that of the CPU. Upgrading the CPU chip did not make the device any faster, so the system still appears to be busy all the time.*

Concordances suivantes :

... *strictly limited memory and a faster CPU. A 33 Mh 486 SX with 12 megabytes will always outperform a 66 Mh 486 DX. Even when 4 megs is added to both systems (allowing the DX system to get some work done), the 16-meg system with the slower CPU may outperform the "faster" 8-meg system.*

**Figure 6.10 – Concordances en mode plein texte**

Certains concordanciers combinent les deux modes de présentation. Un index KWIC est généré, puis l'utilisateur sélectionne un contexte dans la liste produite ; le concordancier affiche, sur demande, l'occurrence en plein texte.

### *Organisation des contextes*

L'ordre d'affichage des contextes à la suite d'une recherche peut varier. Le concordancier présente les contextes en fonction : *a*) de l'ordre d'apparition des contextes dans les documents fouillés ; *b*) des mots trouvés ; *c*) des mots apparaissant dans l'environnement du mot recherché ; *d*) de la pertinence des textes. Dans certains cas, l'utilisateur paramètre le mode d'organisation des contextes.

*a*) L'affichage par ordre d'apparition des contextes consiste à classer les contextes extraits dans l'ordre qu'ils avaient dans les documents fouillés.

*b*) L'affichage en fonction des mots trouvés regroupe, dans des séries distinctes, les contextes où apparaissent ces mots. Dans l'exemple de la figure 6.11, le concordancier génère des listes distinctes pour les variantes de *support*.

***support***
*ed on the ground. The base is used to support the entire pump syste*
*the various memory and support chips to the bus. Data passes through*
*entation and technical support. Operating system software can be ac*

***supported***
*many colleagues and many members who supported various candidates.*
*the entire pump system, supported by a base that must be riveted to*

***supporting***
*uring the last few years she has been supporting the entire family*

***supports***
*y the best buy. This operating system supports most Windows applic*

**Figure 6.11 – Distinction des variantes d'un mot**

Si la recherche porte sur plusieurs mots à la fois, le concordancier peut distinguer les contextes qui renferment ces mots. La figure 6.12 illustre un tri des concordances obtenues à la suite d'une recherche portant sur *médicament* et *posologie*.

***médicament***
*... de nombreuses caractéristiques propres au malade risquent de perturber l'utilisation du médicament, donc des concentrations plasmatiques.*
*... le développement éventuel d'une tolérance au médicament...*
*La maladie peut affecter la liaison d'un médicament aux protéines.*

***posologie***
*... la connaissance de leurs propriétés permet d'accepter la posologie ainsi décrite. Les effets seront souvent essentiellement dépendants de la posologie.*
*... le choix de la posologie optimale d'une substance demeure un problème difficile.*

**Figure 6.12 – Tri des contextes à partir des mots recherchés**

*c*) Certains concordanciers ordonnent les contextes en fonction des mots voisins du mot recherché. Le tri se fait soit à partir du mot placé à droite de la chaîne recherchée, soit à partir du mot placé à gauche. Ce tri regroupe les **cooccurrents** (c'est-à-dire les mots fréquemment employés avec un mot donné). La figure 6.13 montre les concordances obtenues à la suite d'une recherche portant sur le mot *doses* ; les concordances sont triées par ordre alphabétique en fonction du mot placé à droite de *doses*.

***doses***
*... ont comparé à des DOSES bêtabloquantes identiques, les effets de ce médicament...*
*Les DOSES contenues dans des comprimés identifiés...*
*... des DOSES de charge...*
*... et ralentissent la conduction, en particulier à des DOSES élevées...*
*DOSES modérées, peu susceptibles d'engendrer des effets secondaires...*
*... tandis que les DOSES moyennes et fortes...*
*... ce médicament, aux DOSES thérapeutiques, renforcerait le cœur.*

**Figure 6.13 – Tri des contextes à partir du mot placé à droite du mot recherché**

*d*) Les contextes peuvent être organisés en tenant compte de la **pertinence des textes**. La pertinence est souvent évaluée au moyen de techniques numériques : par exemple, le concordancier accorde la priorité aux documents dans lesquels le mot recherché apparaît le plus souvent. Un autre critère de pertinence est la distance qui sépare deux mots faisant l'objet d'une recherche.

#### Neutralisations

La plupart des concordanciers procèdent à la neutralisation de certains caractères. Les méthodes les plus courantes sont : *a*) la **neutralisation des majuscules et des minuscules** (*apple, APPLE* et *Apple* sont des chaînes identiques) ; et *b*) la **neutralisation des formes accentuées** (*traites* et *traités*, *a* et *à* sont respectivement considérées comme des chaînes identiques).

La neutralisation a des conséquences importantes sur les concordances produites. Elle regroupe des mots identiques, mais écrits différemment dans les textes (par exemple, *chien, Chien* ou *CHIEN*). Cependant, elle perd certaines distinctions significatives (*cat* au sens de « chat » et *CAT* pour *computer-assisted translation*).

### Méthodes d'interrogation

L'utilisateur d'un concordancier précise, à partir de **requêtes**, la chaîne de caractères qu'il souhaite atteindre pour faire produire des concordances. Les recherches sont formulées de différentes manières ; certaines rappelleront les recherches permises dans les bases de données (voir le chapitre 5). En effet, la logique et certains opérateurs booléens restent les mêmes[1] :

☑ la troncature ;

☑ l'opérateur ***OU*** ;

☑ les combinaisons de mots ;

☑ l'opérateur ***SAUF*** ;

☑ la combinaison des possibilités de recherche.

Nous verrons également comment l'utilisateur accède aux variantes flexionnelles d'un mot variable et dans quelle mesure il peut distinguer les homographes catégoriels et sémantiques.

#### Troncature

Les concordanciers autorisent la recherche de mots tronqués. Si l'outil établit des correspondances sur des chaînes non définies, la **troncature** est implicite. Si, au contraire, l'outil tient compte de mots simples, un symbole (généralement l'astérisque) doit remplacer la partie du mot

[1] Les moteurs de recherche utilisent aussi des techniques de fouille qui s'apparentent à celles décrites dans les sections suivantes.

qui varie[1]. La figure 6.14 montre les concordances obtenues à la suite de recherches de mots tronqués.

> ***trait****
> *Le traitement des informations est vieux comme l'écriture...*
> *... c'est la façon dont sont traitées les informations...*
> *... le processeur traite les données...*
>
> ***tique**
> *dans le secteur artistique, par exemple,...*
> *En linguistique et aussi pour planifier...*
> *On ne peut parler de Révolution informatique...*
> *... dans l'ensemble de la vie économique, politique et sociale...*

**Figure 6.14 – Recherche de mots tronqués**

Ce type de recherche, comme on le verra, est particulièrement utile pour trouver les formes fléchies de mots variables, notamment les formes verbales.

### *Opérateur OU*

L'utilisateur effectue une recherche de plusieurs chaînes à la fois au moyen de l'**opérateur OU**. La figure 6.15 montre les concordances obtenues à la suite d'une recherche portant sur *automobile* ou *voiture*.

> ***automobile* OU *voiture***
> *L'automobile est garée dans le stationnement du grand magasin.*
> *Il possède cette voiture depuis déjà 10 ans.*
> *La voiture la plus fiable n'est pas nécessairement la plus coûteuse.*
> *Quand les travailleurs se lasseront-ils de leur automobile et utiliseront-ils les transports en commun ?*

**Figure 6.15 – Recherche de plusieurs chaînes à la fois**

Ce type de recherche est utile pour repérer les contextes contenant des mots apparentés sémantiquement : des synonymes, des quasi-synonymes ou des variantes graphiques (par exemple, *blog* ou *blogue* ; *chien* ou *toutou* ; *saisir* ou *taper*) ou, encore, des mots ou termes appartenant à la même classe sémantique (par exemple, *mémoire* ou *disque* ; *pogo* ou *hamburger* ; *politicien* ou *menteur*).

### *Combinaisons de mots*

Les recherches dont il est question dans cette section combinent deux mots ou plus et ne retrouvent que les contextes qui contiennent les mots précisés. Cependant, les modalités varient selon que les mots recherchés sont : *a*) contigus ; ou *b*) non contigus.

[1] Rappelons que l'astérisque remplace une chaîne de caractères indéfinie (de zéro à plusieurs caractères). On peut également substituer un point d'interrogation à un caractère, qui ne remplace que ce seul caractère.

*a*) Mots contigus : Les concordanciers effectuant un balayage du texte ne dénichent généralement que les mots contigus. L'utilisateur saisit les chaînes en respectant la forme qu'ils ont dans le texte (les espaces entre les mots doivent être reproduits tels quels). La figure 6.16 présente les concordances obtenues à la suite d'une recherche portant sur *mémoire vive*.

> ***mémoire vive***
> *La capacité de stockage de la mémoire vive de cet ordinateur n'est pas très impressionnante.*
> *On distingue généralement la mémoire vive (RAM) de la mémoire morte (ROM).*

**Figure 6.16 – Recherche d'une combinaison de mots**

Toutefois, le contexte suivant échappera au concordancier utilisant cette méthode de repérage : *Les définitions de mémoire morte et vive sont données ci-après.*

Les concordanciers indexeurs exigent l'ajout d'un opérateur (**ADJ**, pour adjacent ou l'équivalent) pour obtenir uniquement les contextes ou les mots apparaissant côte à côte. Par exemple, à la figure 6.17, l'opérateur ADJ signale que les mots *mémoire* et *vive* doivent apparaître côte à côte dans les contextes à extraire.

> ***mémoire* ADJ *vive***
> *La capacité de stockage de la mémoire vive de cet ordinateur n'est pas très impressionnante.*
> *On distingue généralement la mémoire vive (RAM) de la mémoire morte (ROM).*

**Figure 6.17 – Recherche de mots contigus**

*b*) Mots non contigus : Certains concordanciers repèrent des mots qui n'apparaissent pas côte à côte dans le texte. Pour ce type de recherche, on autorise une distance maximale entre les deux mots, qui est exprimée soit en nombre de caractères (en comprenant les espaces et les signes de ponctuation), soit en nombre de mots. La figure 6.18 montre les concordances obtenues pour *administrer* et *dose* en autorisant l'insertion de 10 mots au maximum entre les deux (en général, seuls les contextes présentant les mots dans l'ordre indiqué sont extraits).

> ***administrer* (10 mots au maximum) *dose***
> *Dans les coronaires, on peut administrer le produit à la dose...*
> *En cas de surdosage, administrer du chlorure de potassium à la dose de 1-3 g, 3 fois par jour.*
> *Ils sont particulièrement redoutables lorsque surviennent les premières administrations, d'où la règle de n'administrer qu'une dose minime au départ.*

**Figure 6.18 – Recherche de mots non contigus**

### *Opérateur SAUF*

Certains concordanciers excluent des chaînes pour épurer une liste de résultats. La figure 6.19 reprend une recherche par troncature citée à la figure 6.14, mais en ajoutant un autre contexte.

> ***trait****
> *Le traitement des informations est vieux comme l'écriture...*
> *... c'est la façon dont sont traitées les informations...*
> *... le processeur traite les données...*
> *Les processeurs traitent les informations à un rythme de plus en plus...*

**Figure 6.19 – Recherche d'un mot tronqué**

Si l'utilisateur souhaite atteindre les occurrences du verbe *traiter*, le premier contexte extrait ci-dessus n'est pas utile. Il fait exclure le mot *traitement* de la liste des mots recherchés en le faisant précéder de l'opérateur SAUF. La figure 6.20 présente les résultats obtenus à la suite de cette recherche.

> ***trait*** **SAUF** ***traitement***
> *... c'est la façon dont sont traitées les informations...*
> *... le processeur traite les données...*
> *Les processeurs traitent les informations à un rythme de plus en plus...*

**Figure 6.20 – Recherche d'un mot tronqué et exclusion d'un mot**

### Combinaison des possibilités de recherche

Les concordanciers permettent généralement de combiner deux ou trois des possibilités de recherche décrites dans les sections précédentes. Un exemple est fourni dans la section précédente : la troncature est combinée avec l'opérateur SAUF. Dans l'exemple suivant (voir la figure 6.21), l'utilisateur souhaite atteindre les contextes dans lesquels se trouve soit le mot *tempête*, soit le mot *verglas* (opérateur OU). Il précise de plus que ces mots doivent apparaître dans les mêmes contextes que *Québec* et autorise un maximum de 15 mots entre *tempête* ou *verglas* et *Québec*.

> **(*tempête* [15 mots au maximum] *Québec*) OU (*verglas* [15 mots au maximum] *Québec*)**
> *La tempête de verglas a paralysé presque tout le Québec pendant plus d'une semaine.*
> *Le verglas s'est abattu sur le Québec en janvier 1998.*
> *La population touchée par la tempête qui a frappé certaines régions du Québec a du mal à se remettre à vivre normalement.*

**Figure 6.21 – Combinaison des possibilités de recherche**

### *Traitement des variantes flexionnelles*

Comme certains mots subissent des **variations flexionnelles**, il est très souvent utile de les localiser toutes dans une seule requête. À quelques exceptions près, les concordanciers ne tiennent pas compte implicitement de la variation flexionnelle et laissent l'utilisateur formuler sa requête en fonction des correspondances souhaitées. Deux types de formulations sont possibles :

*a*) Tronquer la partie variable du mot : par exemple, *imprim** donne accès aux formes fléchies de *imprimer*. Toutefois, ce mode d'interrogation trouve des mots dont la première partie est identique, mais qui n'appartiennent pas à la même catégorie grammaticale : par exemple, la requête *imprim** donne accès à *imprimer*, *imprimons*, *imprimaient*, mais également à *imprimante* et *imprimeur* (on peut corriger cette situation partiellement au moyen de l'opérateur SAUF). Par ailleurs, la troncature n'est pas utile pour les mots dont le radical lui-même varie. Ainsi, une recherche du verbe *pouvoir* à partir de *pouv** ne relèverait pas *peut*, *peux*, *peuvent*, etc.

*b*) Inscrire l'ensemble des formes d'un mot dans une requête : par exemple, *pouvoir*[1], *peux*, *peut*, *pouvons*, *pouvez*, *peuvent*, etc. Cette méthode présente un certain intérêt pour accéder aux noms et aux adjectifs, mais devient vite fastidieuse pour dénicher les formes verbales (un verbe français, par exemple, comporte plusieurs dizaines de formes fléchies).

Des concordanciers plus perfectionnés repèrent eux-mêmes les formes variables. Ils recensent, dans un **dictionnaire de formes**, l'ensemble des formes fléchies en les associant à une forme canonique. L'utilisateur formule alors sa requête à partir de la forme canonique et le concordancier se charge d'établir les correspondances. La figure 6.22 illustre le fonctionnement de cette technique de recherche.

Certains concordanciers sont déjà pourvus d'un dictionnaire de formes. Dans d'autres outils, c'est l'utilisateur qui le crée (qui associe les formes fléchies à une forme canonique).

---

[1] À noter que *pouvoir* est un homographe catégoriel, ce qui complique davantage le problème. Il en sera question plus loin.

Recherche : *pouvoir*

Répertoire consulté par le concordancier

| | |
|---|---|
| peux | pouvoir |
| peut | pouvoir |
| pouvons | pouvoir |
| pouvez | pouvoir |
| peuvent | pouvoir |
| ... | |

Résultats :

*Nous pouvons désormais accéder aux formes fléchies.*
*Le dictionnaire peut associer formes fléchies et forme canonique.*
*Je suis certain que vous pouvez y arriver.*

**Figure 6.22 – Consultation d'un dictionnaire de formes**

### *Traitement des homographes*

En général, les concordanciers ne distinguent pas les **homographes catégoriels ou sémantiques**. Par exemple, une recherche du mot *pouvoir* produit des contextes dans lesquels il est utilisé comme nom ou comme verbe (ambiguïté catégorielle) :

| | |
|---|---|
| *Il pensait pouvoir nous rendre ce service, mais il a eu un empêchement.* | verbe |
| *Le pouvoir exerce un grand attrait sur plusieurs personnes.* | nom |

Les homographes sémantiques créent également une surenchère de concordances. Par exemple, une recherche du terme *mémoire* produit des contextes dans lesquels le mot véhicule des significations différentes :

*De toute évidence, il perd la mémoire.*
*La mémoire de l'ordinateur est la composante dans laquelle on peut stocker des informations.*

Dans les deux cas, l'utilisateur doit écarter lui-même de la liste de résultats les contextes qui sont inintéressants pour lui. Signalons qu'une technique, l'étiquetage du texte, assure la désambiguïsation des homographes catégoriels, mais son utilisation n'est pas encore généralisée dans les applications.

**Désambiguïsation des homographes par étiquetage du texte**

L'**étiquetage** du texte permet la désambiguïsation des homographes. La technique est surtout utilisée pour l'identification des homographes catégoriels, mais elle peut également être étendue à la distinction des homographes sémantiques. Dans l'exemple suivant, la catégorie grammaticale des mots ambigus est explicitée directement dans le texte :

> *Il*<pron.> *pensait*<v.> *pouvoir*<v.> *nous*<pron.> *rendre*<v.> *ce*<dét.> *service*<n.>...
> *Le*<dét.> *pouvoir*<n.> *exerce*<v.> *un*<dét.> *grand*<adj.> *attrait*<n.>...

Notons que l'étiquetage est parfois réalisé automatiquement ou semi-automatiquement par des programmes conçus à cette fin, à savoir des **étiqueteurs**. Le concordancier qui interprète les étiquettes permet à l'utilisateur de formuler sa requête en précisant les catégories grammaticales : *pouvoir* + <v.> ; les problèmes causés par l'ambiguïté catégorielle s'éliminent alors d'eux-mêmes.

## *Concordanciers en ligne et concordanciers autonomes*

On trouve dans le Web un nombre croissant de concordanciers permettant l'interrogation d'une banque de textes déjà constituée. En général, ces concordanciers sont spécialisés et rattachés à une banque de textes en particulier (ou à un petit nombre de banques de textes). Dans ce premier cas de figure, la banque de textes ne peut être définie par l'utilisateur.

D'autres concordanciers, en revanche, sont distribués sans banque, ce qui laisse l'utilisateur libre de consulter ses propres textes. On trouve ici un certain nombre de variantes dans les modes d'organisation des textes qui feront l'objet de fouilles.

D'abord, certains produits interrogent plusieurs textes simultanément en conservant la trace du texte (c'est-à-dire le nom de fichier) ; d'autres ne traitent qu'un document à la fois. Dans ce dernier cas, il faut cumuler, dans un fichier unique, l'ensemble des documents que l'on souhaite interroger (on perd ainsi la trace des documents distincts) ou, encore, fouiller des textes différents l'un après l'autre.

Par ailleurs, les concordanciers autorisant l'interrogation simultanée de plusieurs textes offrent à l'utilisateur la possibilité de définir une ou plusieurs banques et de les appeler au moment voulu. L'utilisateur définit alors soit une banque unique contenant l'ensemble des documents électroniques mis à sa disposition, soit des banques distinctes élaborées selon des critères variés (classement par langue, par domaine de spécialité, etc.).

## Récapitulatif des fonctions des concordanciers

Le tableau 6.1 résume les fonctions présentes le plus souvent dans les concordanciers et décrites dans les sections qui précèdent, ainsi que les variantes trouvées dans les produits existants.

**TABLEAU 6.1**
**Récapitulatif des fonctions des concordanciers**

| | Fonctions | Variantes |
|---|---|---|
| **Mode de fonctionnement** | Mécanisme d'identification des chaînes | Balayage du texte<br>Recherche par index |
| | Chaîne prise en compte | Chaînes non définies<br>Mots simples |
| | Mode de présentation des contextes | Index KWIC<br>Mode plein texte |
| | Tri des contextes | Par ordre d'apparition dans le texte<br>En fonction des mots trouvés<br>En fonction des mots avoisinants<br>En fonction de la pertinence des documents |
| | Neutralisations | Majuscules-minuscules<br>Formes accentuées |
| **Recherches** | Troncature | Généralement possible |
| | Opérateur OU | Possible<br>Impossible |
| | Combinaisons de mots | Mots contigus uniquement<br>Mots distants avec précision de la distance admissible |
| | Opérateur SAUF | Possible<br>Impossible |
| | Combinaison des possibilités de recherche | Impossible<br>Nombre de combinaisons limité<br>Toutes les combinaisons possibles |
| | Prise en compte des formes fléchies | Troncature<br>Énumération des formes fléchies<br>Dictionnaire de formes |
| **Définition des banques de textes** | | Impossible (concordancier dédié)<br>Un texte à la fois<br>Plus d'un texte simultanément<br>Définition d'une seule banque<br>Définition de plusieurs banques |

## Le bitexte

Nous avons vu, dans les premières parties du présent chapitre, qu'un traducteur peut constituer une banque à partir des textes qu'il produit (en langue cible) et, parfois, à partir des textes qui lui sont remis (en langue source). Les textes sources et cibles ainsi archivés sont consultés séparément. Toutefois, ce mode de consultation rend difficile l'établissement de liens entre les éléments traduits : le traducteur fait lui-même les correspondances nécessaires et navigue constamment entre les deux textes.

Des chercheurs ont pensé qu'il serait utile de relier formellement les différentes composantes d'un texte source aux parties correspondantes d'un texte cible. Ils ont proposé une mise en parallèle de ces textes par l'**alignement** de leurs composantes respectives (phrases ou paragraphes). Le document résultant de cet alignement est appelé **bitexte**[1].

Le concept du bitexte est relativement simple, même si sa réalisation comme telle est parfois laborieuse. Il s'agit de mettre en parallèle formellement (donc, d'**aligner**) des segments de textes écrits dans une langue et les segments correspondants traduits dans une autre langue. La figure 6.23 montre un texte source (anglais) et sa traduction (française). Les textes sont alignés et placés côte à côte pour en faciliter la consultation. Le bitexte présenté à la figure 6.23 procède par alignement phrase à phrase. Toutefois, l'alignement peut se faire à partir d'autres éléments[2] (des paragraphes, par exemple).

Le principe du bitexte est particulièrement attrayant dans un contexte de traduction. Comme le soulignent Simard et collab., « on conserve donc, sur support magnétique, non seulement les documents originaux et leur traduction, mais aussi les liens intimes qui les unissent » (1993, p. 2). De plus, l'utilisateur a constamment accès aux contextes dans les deux langues.

---

[1] Comme nous l'avons déjà signalé à la section *D'autres outils* du chapitre 1, l'idée du bitexte est généralement attribuée à Harris (1988).

[2] Rien ne s'oppose en principe à l'alignement d'éléments plus petits que la phrase, comme les syntagmes ou les mots. Les correspondances plus fines sont cependant nettement plus difficiles à établir, puisque l'ordre des mots n'est pas le même dans toutes les langues et que le nombre de mots d'un texte original et celui de sa traduction ne sont jamais identiques (entre autres problèmes). De plus, comme il est intéressant de constituer un bitexte lorsque cette constitution est automatisable, un alignement établissant des correspondances entre les mots serait très difficile à mettre en œuvre.

Le bitexte constitue donc un vaste répertoire de solutions à des problèmes de traduction. Toutefois, il convient de préciser qu'il existe peu de bitextes volumineux accessibles puisque, contrairement aux textes unilingues, les bitextes doivent être constitués.

**Texte source**
*From the file menu, choose Open. The Open dialog box appears. In the File name box, select the file you want to open. You can open the file by clicking twice on the mouse button or by clicking Open in the dialog box.*

**Texte cible**
*Ouvrir le menu Fichier et sélectionner Ouvrir. La boîte de dialogue Ouvrir apparaît. Dans la case Nom de fichier, sélectionner le fichier à ouvrir. Le fichier peut être ouvert si on appuie deux fois sur le bouton de la souris ou qu'on clique sur Ouvrir dans la boîte de dialogue.*

**Bitexte**

| | |
|---|---|
| From the file menu, choose Open. | Ouvrir le menu Fichier et sélectionner Ouvrir. |
| The Open dialog box appears. | La boîte de dialogue Ouvrir apparaît. |
| In the File name box, select the file you want to open. | Dans la case Nom de fichier, sélectionner le fichier à ouvrir. |
| You can open the file by clicking twice on the mouse button or by clicking Open in the dialog box. | Le fichier peut être ouvert si on appuie deux fois sur le bouton de la souris ou qu'on clique sur Ouvrir dans la boîte de dialogue. |

**Figure 6.23 – Textes alignés dans un bitexte**

### *Réalisation d'un bitexte*

Un nombre croissant d'outils permettent au traducteur de créer des bitextes de manière automatique. Ces outils, appelés **aligneurs**, sont souvent livrés avec une mémoire de traduction (voir le chapitre 7) et servent à l'alimenter.

L'aligneur s'appuie en premier lieu sur une délimitation graphique des phrases contenues dans les textes à aligner et sur leur ordre d'apparition. Toutefois, il arrive fréquemment que l'ordre d'apparition des phrases dans un texte source ne corresponde pas exactement à l'ordre observé dans le texte cible. Une phrase source peut être rendue par deux ou trois phrases dans la langue cible. Inversement, deux phrases sources peuvent être réunies dans une seule phrase cible.

Les aligneurs prendront en compte d'autres paramètres afin de rectifier les alignements erronés. Souvent, la structuration du texte est mise à contribution. Par exemple, un titre (dont le format diffère du texte normal) servira à corriger des décalages entre les alignements.

D'autres aligneurs ont recours à des repères additionnels, comme les noms propres ou les chaînes numériques. Comme ces chaînes sont rarement traduites, ils peuvent les utiliser pour aligner les deux phrases qui les renferment et parfois rectifier un mauvais alignement.

Une dernière méthode consiste à procéder à une évaluation quantitative de la longueur des segments (calculée en nombre de mots ou en nombre de caractères) en tenant pour acquis que la longueur d'un segment source et celle de sa traduction ont les mêmes proportions du début à la fin du texte.

Malgré ces raffinements, l'alignement automatique n'est pas à l'abri des erreurs, et cela, même s'il fait appel à des stratégies plus perfectionnées. Toutefois, les résultats sont suffisamment intéressants (autour de 95 % d'alignements corrects pour un bon aligneur) pour rendre l'alignement automatique attrayant (notamment, si l'autre solution consiste à faire le travail à la main). Ainsi, de nombreux aligneurs sont pourvus d'une interface permettant à l'utilisateur d'éditer les alignements. La figure 6.24 illustre le fonctionnement d'un éditeur d'alignements pour un bitexte présentant un décalage. La première partie de la figure montre les résultats bruts d'un alignement automatique. Le texte français comporte une phrase de plus que le texte anglais. Pour corriger l'alignement, l'utilisateur a choisi de réunir deux phrases françaises (il avait également la possibilité de diviser un segment anglais). La seconde partie de la figure montre le résultat de la correction faite par l'utilisateur.

### *Interrogations particulières du bitexte*

L'interrogation du bitexte se fait généralement au moyen des mêmes techniques que celles des textes unilingues (en tenant compte de son mode d'organisation – voir la section précédente). La présente section met l'accent sur les requêtes particulières pouvant être formulées dans les concordanciers qui exploitent l'information bitextuelle.

D'abord, il importe que les fouilles tiennent compte des distinctions linguistiques. Certains mots ont des formes identiques dans des langues distinctes (par exemple, *table* en anglais et en français). Par ailleurs, les recherches peuvent discriminer les chaînes de caractères qui figurent dans des textes distincts. Dans un premier cas, la recherche porte sur un mot en précisant une traduction donnée ; une seconde possibilité consiste à rechercher un mot et à exclure une traduction précise. Les exemples qui suivent illustrent les deux possibilités.

| | |
|---|---|
| Mai est le Mois de la déficience auditive. | May is Speech and Hearing Awareness Month. |
| La plupart des Canadiens considèrent la capacité de communiquer comme allant de soi. | Most Canadians take everyday communications for granted, yet one in ten has a speech, language or hearing disorder that can hinder their ability to communicate effectively. |
| Pourtant une personne sur dix souffre d'un trouble d'élocution, du langage ou de l'ouïe qui peut l'empêcher de communiquer de façon efficace. | One of the ways to reduce hearing loss is through less exposure to noise. |
| Un des moyens de prévenir la perte auditive consiste à réduire l'exposition au bruit. | This month focuses on increasing public awareness of the challenges and causes of these disorders, and on encouraging early detection and prevention. |
| Le Mois de la déficience auditive vise à faire prendre conscience des causes de ces troubles et des problèmes qu'ils engendrent, ainsi qu'à favoriser le dépistage précoce et la prévention. | |
| Santé Canada | Health Canada |

Réunir ces deux segments

| | |
|---|---|
| Mai est le Mois de la déficience auditive. | May is Speech and Hearing Awareness Month. |
| La plupart des Canadiens considèrent la capacité de communiquer comme allant de soi. Pourtant une personne sur dix souffre d'un trouble d'élocution, du langage ou de l'ouïe qui peut l'empêcher de communiquer de façon efficace. | Most Canadians take everyday communications for granted, yet one in ten has a speech, language or hearing disorder that can hinder their ability to communicate effectively. |
| Un des moyens de prévenir la perte auditive consiste à réduire l'exposition au bruit. | One of the ways to reduce hearing loss is through less exposure to noise. |
| Le Mois de la déficience auditive vise à faire prendre conscience des causes de ces troubles et des problèmes qu'ils engendrent, ainsi qu'à favoriser le dépistage précoce et la prévention. | This month focuses on increasing public awareness of the challenges and causes of these disorders, and on encouraging early detection and prevention. |
| Santé Canada | Health Canada |

**Figure 6.24 – Rectification d'alignements erronés**

*a*) Recherche d'un mot et d'une traduction spécifique (utilisation de l'opérateur ET) : dans l'exemple suivant (voir la figure 6.25), l'utilisateur effectue une recherche du mot anglais *dog* et souhaite voir uniquement les contextes français dans lesquels le mot *chien* apparaît.

*dog* en anglais ET *chien* en français

| | |
|---|---|
| *I used to love dogs, but now I am afraid of them.* | *Auparavant, j'aimais les chiens, mais maintenant, j'en ai peur.* |
| *Everyone should have a dog.* | *Tout le monde devrait avoir un chien.* |
| *I have always been impressed by guide dogs.* | *Les chiens guides m'ont toujours impressionné.* |
| *He has lead a dog's life.* | *Il a mené une vie de chien.* |

**Figure 6.25 – Recherche d'un mot et d'une traduction précise**

*b*) Recherche d'un mot et exclusion d'une traduction donnée (utilisation de l'opérateur SAUF) : dans l'exemple suivant (voir la figure 6.26), l'utilisateur effectue une nouvelle recherche à partir du mot anglais *dog*, mais veut voir uniquement les contextes français dans lesquels le mot *chien* n'apparaît pas.

*dog* en anglais SAUF *chien* en français

| | |
|---|---|
| *It rains cats and dogs.* | *Il pleut à boire debout.* |
| *The candidate does not stand a dog's chance.* | *Le candidat n'a pas l'ombre d'une chance.* |
| *These people like to go to dog shows.* | *Ces gens aiment assister à des expositions canines.* |
| *You cannot teach an old dog new tricks.* | *Ce n'est pas à son âge qu'on apprend de nouveaux trucs.* |

**Figure 6.26 – Recherche d'un mot et exclusion d'une traduction précise**

## Conclusion : Rôle de la recherche dans les textes électroniques en traduction

En général, le traducteur a recours aux textes pour dénicher des renseignements qui ne figurent pas dans les ouvrages de référence ou lorsque l'information proposée par ces derniers n'est pas suffisante. Concrètement, le traducteur effectue des recherches dans les textes électroniques pour les motifs qui sont énumérés ci-dessous.

*a*) Obtenir des renseignements sur des mots ou des termes qui ne sont pas répertoriés dans les ouvrages lexicographiques et terminologiques (dictionnaires généraux, banques de terminologie, bases de données personnelles, etc.) pour différentes raisons :

- Un mot, une expression, un sigle ou un terme très récents qui n'ont pas fait leur entrée dans les ouvrages de référence. Il arrive que les textes présentent, entre parenthèses ou dans une incise, une explication permettant de mieux cerner la signification de tels mots. Par exemple, à une certaine époque, le sigle *WYSIWYG* était difficile à décrypter. Certains textes d'informatique en proposaient une explication :

> *WYSIWYG (What You See Is What You Get "printed"—what appears on the computer screen is exactly what will get printed) ;*

- Un mot, une expression, un sigle ou un terme très spécialisés ou à usage restreint (propres aux spécialistes d'un domaine très pointu, à une entreprise ou à un organisme public). Par exemple, les multiples comités créés au sein d'une grande institution sont désignés au moyen de sigles rarement expliqués au long. De même, les produits conçus par une entreprise reçoivent des noms spécifiques autour desquels peut graviter tout un vocabulaire difficile à retrouver dans la documentation d'intérêt général.

*b*) Compléter les informations trouvées dans les ouvrages lexicographiques et terminologiques : Les textes comportent des illustrations concrètes des usages auxquels se prêtent les mots ou les termes en contexte. Ils présentent également des formulations particulières liées à un domaine spécialisé ou à un client particulier :

- Fonctionnement syntaxique d'un mot ou d'un terme dans la phrase – Par exemple, on trouve, dans les dictionnaires d'informatique, l'équivalent français *charger* pour rendre le verbe anglais *to load*. Un accès aux contextes contenant le verbe *charger* montre que le verbe est transitif, qu'il s'emploie à l'actif ainsi qu'au passif et qu'il sélectionne la préposition *en* lorsqu'il se combine avec *mémoire* (*l'utilisateur charge un programme en mémoire ; le logiciel est chargé en mémoire*). De même, un texte médical montrera que le verbe *manifester*, lorsqu'on parle d'une maladie, s'emploie à la forme pronominale (*la maladie se manifeste généralement par l'apparition de...*) ;

- Cooccurrents d'un mot ou d'un terme spécialisé (mots couramment employés avec lui) – Une recherche de *données*, par exemple, montre les mots avec lesquels le terme a des affinités :

> *Les <u>données</u> sont <u>stockées</u> habituellement une seule fois...*
> *... améliore la <u>sécurité</u> des <u>données</u>.*
> *... permettent au commis d'<u>enregistrer</u> toutes les <u>données</u>...*
> *... les <u>données</u> sont <u>acheminées</u> par le bus...*
> *Cette relation signifie simplement que dans n'importe quel <u>enregistrement</u> de <u>données</u>...*
> *... si on ajoute l'enregistrement des comptes fournisseurs... à la <u>structure</u> des <u>données</u>...*

*L'unité B sera utilisée pour sauvegarder vos données et programmes...*
*... un SGBD permettra d'une part un stockage plus grand de données...*
*Entrée de données dans le tableau...*

De même, une recherche du mot *confiance* montre les verbes employés avec lui :

*.. je lui fais entièrement confiance...*
*Il n'a pas su gagner sa confiance...*
*Il faut à tout prix le mettre en confiance.*

- Expressions plus longues propres à un type de texte ou à un domaine spécialisé – Les polices d'assurance, par exemple, ont recours à des formulations particulières qui sont absentes d'autres types de textes (*ce contrat est assujetti aux dispositions... ; en considération de... ; le* x *ci-après ;* et ainsi de suite). De même, les recommandations accompagnant la prise d'un médicament (la posologie) sont généralement formulées de façon stéréotypée. Une consultation de textes permet de repérer ces usages dans le but de les respecter dans une traduction.

*c*) Attester un terme ou un mot : Les textes servent de référence lorsque l'emploi d'un mot ou d'un terme dans un type de texte ou un domaine spécialisé ne fait pas l'objet d'un consensus. Le traducteur s'appuie sur la présence du mot en question dans un texte ou sur sa fréquence dans plusieurs textes pour étayer son choix.

*d*) Comprendre des concepts peu accessibles : Les textes sont utiles pour trouver des renseignements de nature encyclopédique. La documentation sert alors à acquérir ou à parfaire des connaissances relatives aux concepts peu familiers traités laconiquement dans les ouvrages lexicographiques et terminologiques. Les renseignements « encyclopédiques » sont généralement présentés sous forme de texte, mais également dans des schémas ou des illustrations.

*e*) Repérer des renseignements pour enrichir un outil de gestion des données de traduction (voir le chapitre 5) : Les textes servent de point de départ à l'élaboration de bases de problèmes de traduction. Le traducteur y puise des contextes ou des explications sur des termes spécialisés, des mots polysémiques ou d'autres difficultés qu'il souhaite documenter.

Les motifs justifiant les recherches dans les textes électroniques cités ci-dessus restent valables qu'il s'agisse de bitextes ou de textes unilingues. La différence principale réside dans le fait que l'information présentée dans les textes alignés est bilingue. Les bitextes sont donc sollicités pour résoudre des problèmes propres à la traduction. Nous ne signalons, ci-dessous, que les utilisations spécifiques du bitexte.

*a*) Accéder à un ensemble de traductions possibles pour un mot ou un terme. Par exemple, un bitexte d'extraits du Hansard contient les multiples équivalents du nom *support* que l'utilisateur peut étudier à la lumière de contextes :

| | |
|---|---|
| *... the necessary measures to enhance its policy in <u>support</u> of the Canadian magazine industry.* | *... les mesures nécessaires pour améliorer sa politique d'aide aux magazines canadiens.* |
| *In return for their backroom <u>support</u> and cash donations the government and the new Prime Minister will once again turn a blind eye to their practices.* | *Pour les remercier de leur soutien en coulisses ainsi que de leurs dons en espèces, le gouvernement et le nouveau premier ministre vont encore une fois fermer les yeux sur les pratiques des intéressés.* |
| *I look forward to working with my colleagues in <u>support</u> of our new leader.* | *J'ai hâte de travailler avec mes collègues et d'épauler notre nouveau chef.* |

Les contextes extraits du bitexte suggèrent fréquemment des équivalents ou des formulations qui ne sont pas recensés dans les dictionnaires bilingues. Par ailleurs, même si l'équivalent figure dans le dictionnaire, il n'est pas toujours accompagné d'un contexte suffisamment long pour qu'il soit possible de prendre une décision éclairée. La lecture des contextes provenant d'un bitexte permet de trancher en faveur d'un équivalent plutôt qu'un autre, en cas de doute.

De plus, le bitexte permet d'aller plus loin que le simple établissement d'équivalences entre les mots : il donne accès à des reformulations et aux contextes d'utilisation.

*b*) Puiser dans les traductions proposées par le bitexte des solutions toutes faites ou adaptables à un contexte donné. Lorsqu'il puise des réponses dans d'anciennes traductions, le traducteur effectue une sorte de « recyclage » (Macklovitch, 1993b) du travail qu'il a déjà accompli ou qui a été accompli par d'autres. Ce recyclage est plus immédiatement réalisé au moyen d'un bitexte.

*c*) Uniformiser des traductions : les textes, notamment des traductions produites antérieurement, servent de modèles lors de la production de nouvelles traductions. On y récupère de l'information (des mots, des termes, des expressions ou des passages plus longs), non pas uniquement pour gagner du temps, mais dans le but d'harmoniser les textes portant sur des sujets identiques ou destinés à un client particulier.

Nous verrons au chapitre 7 qu'il est possible d'utiliser le principe d'alignement des traductions à une autre fin. Des outils de rappel automatique consultent des répertoires de phrases alignées pour les insérer dans un texte cible.

## *Suggestions de lectures*

Austermühl (2001) consacre un chapitre (le huitième) aux corpus et aux manières de les exploiter en traduction. Le chapitre 3 de Bowker (2002) est également consacré aux corpus unilingues et multilingues, aux concordanciers et à l'utilisation de ces ressources en traduction. L'ouvrage de Bowker et Pearson (2002) porte entièrement sur les corpus spécialisés. Les chapitres 4 et 5 de L'Homme (2004) traitent de l'élaboration de corpus spécialisés pour la terminologie et de leur interrogation.

Pour une étude des bitextes, voir Harris (1988), Isabelle et Warwick-Armstrong (1993), Isabelle et collab. (1994) et Simard et collab. (1993). L'utilisation des textes électroniques par des traducteurs est présentée dans Macklovitch (1993b).

# 7. Les outils de rappel automatique

*Pour un « recyclage » des traductions*
D'après ELLIOTT MACKLOVITCH, *Des outils à base de corpus à l'intention des traducteurs*

*Vous ne traduirez plus jamais la même phrase deux fois !*
Publicité pour une mémoire de traduction

Dans le chapitre 5, nous avons montré que les traducteurs jugent utile de consigner les données de traduction pour alléger leurs recherches ultérieures. Cette consignation leur sert notamment à récupérer des solutions toutes faites. D'autres formes de solutions immédiatement disponibles se trouvent dans les textes unilingues, comme d'anciennes traductions ou des textes téléchargés à partir d'Internet, ou, encore, dans les bitextes (voir le chapitre 6). Le traducteur récupère de façon ponctuelle des passages plus ou moins longs, semblables ou identiques à ceux qu'il doit traduire.

La **réutilisation** ou le **recyclage** (pour reprendre l'image de Macklovitch citée en tête de chapitre) des solutions des problèmes de traduction décrits aux chapitres 5 et 6 se font toutefois ponctuellement. Les outils examinés dans le présent chapitre transforment cette récupération ponctuelle en **rappel automatique**. Ils repèrent eux-mêmes, dans des bases de données conçues à cette fin, des unités linguistiques semblables à celles qui doivent être traduites (des mots, des termes ou des phrases). Ils proposent ensuite des solutions toutes faites lorsque ces unités sont répertoriées. Il résulte de cette récupération un texte partiellement traduit que le traducteur complète ou modifie. Nous regroupons sous le générique ***outils de rappel automatique*** les outils conçus aux fins de recyclage.

Ces outils visent à accélérer la production du texte cible et reposent sur un principe intuitivement attrayant : en admettant qu'il arrive qu'on retraduise des passages identiques ou semblables, il est inutile de refaire ce qui a déjà été fait une première fois. L'automatisation de cette tâche réduit considérablement le temps d'accès aux solutions toutes faites, puisque le traducteur n'a pas à faire lui-même de multiples consultations manuelles. Nous verrons cependant que tous les types de traduction ne se prêtent pas nécessairement à cette forme de traitement.

## Deux outils de rappel automatique : les mémoires de traduction et les traducteurs de vocabulaire

Les outils de rappel automatique entrent dans deux catégories :

☑ Les **mémoires de traduction** (MT), qui recherchent des correspondances entre les phrases d'un texte à traduire et un répertoire de phrases bilingues.

☑ Les **traducteurs de vocabulaire**[1] (TV), qui recherchent des correspondances entre les mots, les termes et parfois d'autres expressions plus longues qui figurent dans un texte à traduire et les unités répertoriées dans un dictionnaire.

Les mémoires de traduction et les traducteurs de vocabulaire font l'objet de sections distinctes dans le présent chapitre pour faciliter la présentation de leurs modes de fonctionnement. Toutefois, les deux formes de rappel automatique sont, à quelques exceptions près, jumelées dans un seul environnement. Par ailleurs, les environnements commercialisés sous le nom de *mémoires de traduction* comportent souvent un nombre élevé d'applications différentes. En général, ils sont livrés avec un aligneur (voir le chapitre 6), un logiciel de terminologie (voir le chapitre 5) et un dépouilleur (voir le chapitre 8).

## Les mémoires de traduction

Le type de réutilisation effectuée par les **mémoires de traduction** repose sur l'établissement de correspondances entre des phrases à traduire et des phrases stockées dans un répertoire. Cette fonction se trouve dans un nombre croissant d'outils commerciaux (*Déjà vu*, *SDLX*, *Trados Translation Memory*, *Transit*). Nous présenterons d'abord les principes généraux des MT ; puis, nous examinerons les variantes qui existent entre les produits.

### *Fonctionnement d'une mémoire de traduction*

Une mémoire de traduction est pourvue d'un répertoire (généralement une base de données ou l'équivalent) dans lequel des phrases sources sont accompagnées de leur traduction. La figure 7.1 montre une base de données qui renferme cinq phrases anglaises et leur traduction française.

---

[1] On trouve également, pour désigner le traitement effectué par ces outils, les termes *rappel de vocabulaire* et *prétraduction automatique*.

| | |
|---|---|
| If you want to insert a picture, select the Picture option in the Insert menu. | Pour insérer une image, sélectionner l'option Image dans le menu Insérer. |
| A dialog box appears on screen. | Une boîte de dialogue apparaît à l'écran. |
| Select the picture you want to insert. | Sélectionner l'image à insérer. |
| To close the dialog box and put your selection in effect, click on the Close button. | Pour fermer la boîte de dialogue et valider la sélection, cliquer sur le bouton Fermer. |
| The picture will be inserted in your document. | L'image sera insérée dans le document. |

**Figure 7.1 – Base de données consultée par une mémoire de traduction**

Comme on le constate, les phrases des deux langues sont **alignées** : la base de données constitue donc une forme de bitexte (voir le chapitre 6). Toutefois, la MT constitue une extension du bitexte : elle est assortie d'un gestionnaire qui extrait automatiquement les phrases de la base de données, alors que le bitexte est consulté ponctuellement par l'utilisateur.

La base de données contenant des phrases alignées est utilisée par la MT pour traduire de nouveaux textes. À titre d'exemple, appelons la base reproduite à la figure 7.1 pour traduire le passage suivant :

> *To change the size of frame borders, select the Borders and Shading option in the Format Menu. A dialog box appears on screen. Select the style, width and colour of the border. To close the dialog box and put your selection in effect, click on the Close button. The changes should appear on screen.*

La mémoire de traduction effectue d'abord une délimitation des phrases à traduire et tente, par la suite, de trouver des phrases anglaises identiques ou semblables dans la base de données. Comme l'indique la figure 7.2, elle établit deux correspondances.

*To change the size of frame borders, select the Borders and Shading option in the Format Menu.*

*A dialog box appears on screen.*

*Select the style, width and colour of the border.*

*To close the dialog box and put your selection in effect, click on the Close button.*

*The changes should appear on screen.*

| |
|---|
| If you want to insert a picture, select the Picture option in the Insert menu. |
| A dialog box appears on screen. |
| Select the picture you want to insert. |
| To close the dialog box and put your selection in effect, click on the Close button. |
| The picture will be inserted in your document. |

**Figure 7.2 – Correspondances établies par la mémoire de traduction**

Enfin, lorsqu'il y a correspondance, la mémoire extrait les phrases associées aux phrases anglaises et les reproduit (avec ou sans l'approbation de l'utilisateur, il en sera question plus loin) dans un texte cible. La figure 7.3 montre que deux phrases sont extraites.

| | |
|---|---|
| If you want to insert a picture, select the Picture option in the Insert menu. | Pour insérer une image, sélectionner l'option Image dans le menu Insérer. |
| A dialog box appears on screen. | Une boîte de dialogue apparaît à l'écran. |
| Select the picture you want to insert. | Sélectionner l'image à insérer. |
| To close the dialog box and put your selection in effect, click on the Close button. | Pour fermer la boîte de dialogue et valider la sélection, cliquer sur le bouton Fermer. |
| The picture will be inserted in your document. | L'image sera insérée dans le document. |

*To change the size of frame borders, select the Borders and Shading option in the Format Menu. Une boîte de dialogue apparaît à l'écran. Select the style, width and colour of the border. Pour fermer la boîte de dialogue et valider la sélection, cliquer sur le bouton Fermer. The changes should appear on screen.*

**Figure 7.3 – Extraction de phrases équivalentes**

L'utilisateur se penche uniquement sur les phrases pour lesquelles aucune traduction n'a été repérée. Dans l'exemple qui précède, comme deux phrases ont été extraites, il n'en traduit que trois.

Lorsqu'elle effectue un découpage des phrases (soit pour les insérer dans la base de données ou pour les identifier dans le texte à traiter), la MT a recours à des indicateurs graphiques. Compte tenu de cette délimitation, la base de données contient des phrases réelles (des phrases complètes), mais également d'autres segments comme des titres, des articles dans des listes, etc., ce qui lui permet de faire des substitutions pour divers types d'énoncés. Par ailleurs, certaines MT autorisent l'utilisateur à préciser les indicateurs graphiques à prendre en compte pour la délimitation des phrases.

## *Fonctions offertes par les mémoires de traduction*

Les mémoires de traduction offrent diférentes fonctions qui font l'objet des sections suivantes :

- ☑ types de correspondances entre phrases ;
- ☑ alimentation de la base de données ;
- ☑ consultation ponctuelle ;

- ☑ analyse du texte à traduire ;
- ☑ modalités de rappel des phrases ;
- ☑ édition du texte cible ;
- ☑ couples de langues traitées.

### *Types de correspondances entre phrases*

Les correspondances établies entre les nouvelles phrases à traduire et les phrases contenues dans la base de données sont totales ou partielles. Dans ce dernier cas, la correspondance reste possible même si les phrases du texte et les phrases répertoriées ne sont pas parfaitement identiques.

En général, les éléments pour lesquels la mémoire de traduction accepte des divergences sont les nombres, les dates et les noms propres. Dans l'exemple suivant (voir la figure 7.4), la MT établit une correspondance entre la nouvelle phrase et celle qui se trouve dans la base de données, sans tenir compte des divergences entre les chaînes numériques.

*The 6.0 version of the software will be issued in 1999.*

↓

**Base de données**

| | |
|---|---|
| The 5.0 version of the software will be issued in 1997. | La version 5.0 du logiciel sera livrée en 1997. |

**Figure 7.4 – Correspondance partielle entre phrases**

Il importe également de souligner que les correspondances établies par la mémoire de traduction entre les phrases du texte à traduire et le contenu de la base de données reposent sur la notion de « chaînes de caractères » et non sur celle d'« unités linguistiques ». Ainsi, deux phrases renfermant le même verbe, mais à des temps différents, seront définies comme des phrases différentes.

Certaines MT admettent d'autres formes de divergences plus ou moins importantes entre les phrases comparées. Les divergences acceptées sont souvent formulées en pourcentages (le score est calculé en comparant les chaînes de caractères qui se succèdent dans les deux phrases). L'utilisateur peut parfois régler le pourcentage de divergences (jusqu'à 50 %).

Dans le cas de la correspondance partielle, il arrive que la MT retrouve plus d'une phrase admissible dans la base de données. Les phrases sont alors toutes proposées à l'utilisateur qui choisit celle qui lui convient le mieux. À la fin d'un traitement, certaines mémoires discriminent à l'affichage les correspondances parfaites (phrases retrouvées telles quelles dans la base de données), les correspondances partielles (phrases semblables dans la base de données) et les non-correspondances (phrases non reconnues). Les indicateurs graphiques (par exemple, un jeu de couleurs) permettent à l'utilisateur de localiser immédiatement les passages sur lesquels il doit se pencher. La figure 7.5 illustre une extraction de correspondances partielles et un affichage des divergences entre les phrases à traduire et les phrases trouvées dans la base de données.

**Texte à traduire**
*Choose a preferred format for the document. Click on the next button or hit enter. The document will be formatted according to the parameters selected.*

| | |
|---|---|
| Choose a preferred format for your document. | Sélectionner le format souhaité pour votre document. |
| Click on the next button or press enter. | Cliquer sur le bouton suivant ou appuyer sur Enter. |
| Your document will be formatted according to the formatting parameters you have selected. | Votre document sera formaté en respectant les paramètres que vous avez choisis. |

Nouvelle phrase : *Choose a preferred format for the document.*
Phrase de la mémoire : *Choose a preferred format for your document.*

Nouvelle phrase : *Click on the next button or hit enter.*
Phrase de la mémoire : *Click on the next button or press enter.*

Nouvelle phrase : *The document will be formatted according to the parameters selected.*
Phrase de la mémoire : *Your document will be formatted according to the formatting parameters you have selected.*

**Figure 7.5 – Extraction de correspondances partielles et affichage des divergences**

### *Alimentation de la base de données*

L'alimentation et l'enrichissement de la base consultée par la MT se font le plus souvent à partir de nouveaux dossiers de traduction ; les nouvelles phrases sources non reconnues dans la base de données et la traduction produite par l'utilisateur sont ajoutées au fur et à mesure. Elles sont lues par la suite pour traduire de nouvelles phrases.

Dans certains cas, l'utilisateur choisit le moment où il souhaite effectuer les ajouts, c'est-à-dire à mesure qu'il traduit, à la fin d'un dossier de traduction ou, encore, à la suite d'une relecture ou d'une révision. Lorsque les phrases sont insérées au fur et à mesure, l'utilisateur doit produire une traduction satisfaisante dès la première fois. Sinon, il devra parcourir la base de données pour apporter des corrections.

Un certain nombre de MT offrent la possibilité d'aligner les phrases contenues dans d'anciens textes sources et cibles et de les importer automatiquement dans la base de données. Des **aligneurs** (voir la section sur le bitexte au chapitre 6) sont fournis avec la MT ou sont acquis séparément. L'utilisateur exploite ainsi des traductions antérieures et enrichit la base de données avant d'utiliser réellement l'outil de rappel automatique. Il peut, dans certains cas, intervenir sur l'alignement (éditer les résultats) pour corriger les découpages erronés.

### *Consultation ponctuelle*

La base de données contenant les phrases bilingues est conçue en principe pour permettre au gestionnaire d'extraire des phrases automatiquement. Dans certains outils, c'est la seule utilisation offerte.

D'autres MT offrent la possibilité de consultations ponctuelles de la base de données. (Parfois, la consultation se fait lors du traitement d'une traduction.) L'utilisateur effectue une recherche à partir d'un mot ou d'un groupe de mots ; la mémoire propose alors les phrases contenant l'élément recherché ainsi que les phrases équivalentes. La base de données est alors utilisée comme un bitexte (voir le chapitre 6) et ne sert plus uniquement à des fins de rappel automatique.

La consultation ponctuelle sert à repérer des segments moins longs que la phrase. Elle devient utile également lorsque les phrases échappent à l'extraction automatique en raison d'un nombre trop élevé de divergences.

### *Analyse du texte à traduire*

Les MT offrent généralement une fonction d'analyse du texte à traduire avant de lancer le rappel automatique proprement dit. La **préanalyse** sert à mesurer : *a*) le taux d'application de la mémoire de traduction ; *b*) les phrases répétées, mais non répertoriées dans la base de données.

*a*) L'analyse du taux d'application de la mémoire de traduction identifie à l'avance le nombre de correspondances établies entre les phrases du texte à traduire et les phrases répertoriées dans la base de données. L'utilisateur juge ainsi de l'intérêt du rappel automatique pour un texte donné. La figure 7.6 montre comment sont présentés les résultats d'une analyse du taux d'application d'une MT.

| | |
|---|---|
| phrases identiques | 5 |
| phrases semblables | 15 |
| phrases inconnues | 80 |
| TOTAL | 100 |

**Figure 7.6 – Résultats de l'analyse du taux d'application d'une mémoire de traduction**

*b*) L'identification de phrases répétées sert à repérer les phrases semblables présentes dans le texte à traduire, mais qui n'ont pas nécessairement été répertoriées dans la base de données. L'utilisateur insère alors ces phrases et leur traduction dans la base avant de lancer le rappel automatique.

### *Modalités de rappel des phrases*

L'extraction des phrases répertoriées peut se faire de façon ponctuelle après approbation de l'utilisateur. La MT relève une première phrase dans le texte à traduire et tente d'établir une correspondance parfaite ou partielle. Cette étape franchie, la MT propose la phrase identique ou semblable (ou quelques phrases semblables, le cas échéant) assortie de sa traduction. L'utilisateur approuve la phrase proposée (ou sélectionne une phrase dans une liste), qui est alors insérée dans le texte cible. Il fait ensuite les aménagements nécessaires. Cette suite d'opérations est reprise pour chacune des phrases suivantes.

En outre, les mémoires de traduction sont généralement pourvues d'une fonction de **propagation**. Cette fonction permet de tenir compte des traductions faites par l'utilisateur pour des phrases identiques. Lorsqu'une nouvelle traduction est proposée par l'utilisateur, la mémoire la reproduit automatiquement pour toutes les phrases identiques contenues dans le texte sans qu'il soit nécessaire de la rappeler.

Certaines MT proposent une extraction automatique. Après un balayage du texte à traduire, les phrases cibles sont insérées directement dans la traduction. Il résulte de ce traitement un texte hybride que le traducteur aménage. La substitution est donc prise en charge entièrement par la MT ; l'utilisateur n'intervient qu'*a posteriori* pour parfaire le texte cible.

### *Édition du texte cible*

L'édition du texte cible se fait selon une des deux modalités suivantes : *a*) dans un éditeur fourni avec la MT ; *b*) dans un logiciel de traitement de texte largement diffusé.

*a*) Certaines MT sont dotées d'un éditeur au moyen duquel l'utilisateur rédige des traductions pour les passages non repérés dans la base de données ou modifie les correspondances partielles. Ce mode de fonctionnement est quelque peu contraignant : l'utilisateur doit apprendre à maîtriser les fonctions de l'éditeur, souvent plus réduites que celles des logiciels de traitement de texte. La figure 7.7 présente un exemple d'interface d'édition proposé dans une mémoire de traduction. Les phrases sur la trame grise sont celles correspondant à des phrases anglaises qui n'ont pas été retrouvées telles quelles dans la mémoire. L'utilisateur les édite dans la partie inférieure de l'écran, puis valide la traduction finale qui sera, à son tour, importée dans la mémoire.

| | | |
|---|---|---|
| 1. | Choose a preferred format for your document. | Sélectionner le format souhaité pour votre document à l'écran. |
| 2. | Click on the next button or press enter. | Cliquer sur le bouton suivant ou appuyer sur Enter. |
| 3. | Your document will be formatted according to the formatting parameters you have selected. | Votre document sera formaté en respectant les paramètres que vous avez choisis. |
| 4. | To change the settings, select Options in the tools menu. | Pour modifier les paramètres par défaut, vous devez déplacer le curseur et le pointer sur Options dans le menu outils. |

**Modifier la phrase française, puis approuver**

| | | |
|---|---|---|
| | Choose a preferred format for your document. | Sélectionner le format souhaité pour votre document ~~à l'écran~~. |

**Figure 7.7 – Interface d'édition dans une mémoire de traduction**

*b*) D'autres MT s'intègrent à un certain nombre de logiciels de traitement de texte pour faciliter le travail d'édition. Une fenêtre contenant la ou les suggestions est superposée au texte à traduire. L'utilisateur apporte ainsi les corrections au texte cible dans un environnement où il est déjà à l'aise. De plus, il a constamment accès au texte à éditer.

### *Couples de langues traitées*

Un nombre croissant de langues sont gérées par les mémoires de traduction les plus répandues. La figure 7.8 montre les couples de langues admis par une mémoire de traduction fictive. Lorsqu'elles gèrent plusieurs couples de langues, les MT consultent des bases de données distinctes lors d'une traduction.

| | | |
|---|---|---|
| allemand | → | anglais |
| allemand | → | français |
| anglais | → | allemand |
| français | → | allemand |
| français | → | anglais |
| anglais | → | français |

**Figure 7.8 – Couples de langues admis par une mémoire de traduction**

## Récapitulatif des fonctions des mémoires de traduction

Le tableau 7.1 rappelle les fonctions offertes par les mémoires de traduction examinées dans les sections précédentes, et les variantes trouvées dans les produits existants.

**TABLEAU 7.1**
**Récapitulatif des fonctions des mémoires de traduction**

| Fonctions | Variantes |
|---|---|
| Types de correspondances | Correspondances parfaites<br>Nombre limité de divergences admises<br>Réglage d'un pourcentage admis de divergences<br>Présence ou non de jeux graphiques pour discriminer les correspondances parfaites, partielles et les non-correspondances |
| Alimentation du répertoire de phrases | Enrichissement lors de la traduction<br>Alimentation automatique à partir de textes sources et cibles |
| Possibilité de consultation ponctuelle | Rappel automatique uniquement<br>Consultation permise (parfois en cours de traitement) |
| Analyse du texte à traduire | Taux d'application de la mémoire<br>Identification des phrases répétées |
| Modalités de rappel des phrases | Interactive (phrase à phrase)<br>Automatique |
| Édition de la traduction | Éditeur fourni avec la mémoire de traduction<br>Interaction avec un logiciel de traitement de texte à grande diffusion |
| Couples de langues traitées | Mémoire bilingue<br>Plus d'un couple de langues |

## Les traducteurs de vocabulaire

La récupération effectuée par les **traducteurs de vocabulaire (TV)** diffère de celle faite par les mémoires de traduction, puisqu'elle porte sur les mots, les termes et parfois d'autres types d'expressions documentées par un utilisateur (expressions figées ou expressions fréquentes dont la traduction est fixe). Cette fonction est offerte dans un certain nombre d'outils commerciaux (*Déjà vu*, *LogiTerm*, *SDLX*, *Transit*, *Trados Translation Memory*).

Nous avons déjà souligné que les fonctions de repérage de phrases et de vocabulaire sont généralement cumulées dans un outil unique. En général, l'extraction des phrases précède celle du vocabulaire : l'outil tente de repérer les équivalents de mots ou de termes lorsqu'il n'établit aucune correspondance entre phrases. Nous ne retenons dans cette section que les caractéristiques propres aux TV : nous présentons d'abord leurs principes généraux, puis nous décrivons les variantes existant entre les produits.

## *Fonctionnement d'un traducteur de vocabulaire*

Le TV repère, dans un dictionnaire (un logiciel de terminologie la plupart du temps), les équivalents de mots qui se trouvent dans un texte à traduire, puis les insère dans le texte cible. Pour illustrer son fonctionnement, nous créerons un petit dictionnaire (à la figure 7.9) qui contient les termes *computer*, *equipment*, *keyboard*, *printer* et *screen*, ainsi que leurs équivalents français. Le dictionnaire est consulté par le TV pour traduire partiellement la phrase suivante : *Along with the computer comes equipment such as a keyboard, a printer and a screen.*

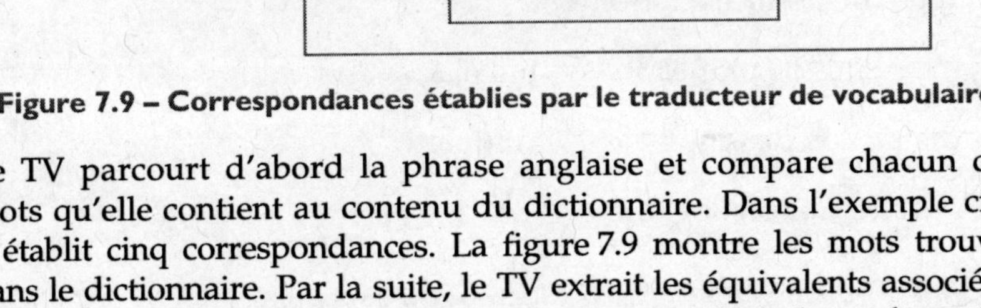


**Figure 7.9 – Correspondances établies par le traducteur de vocabulaire**

Le TV parcourt d'abord la phrase anglaise et compare chacun des mots qu'elle contient au contenu du dictionnaire. Dans l'exemple cité, il établit cinq correspondances. La figure 7.9 montre les mots trouvés dans le dictionnaire. Par la suite, le TV extrait les équivalents associés à ces termes anglais et les reproduit (généralement après la confirmation de l'utilisateur, il en sera question plus loin) dans une phrase hybride. La figure 7.10 présente la phrase cible obtenue à la suite de l'extraction des équivalents. Il reste donc à traduire les passages pour lesquels le TV n'a rien proposé et à faire les aménagements nécessaires afin de rendre la phrase intelligible dans la langue cible.

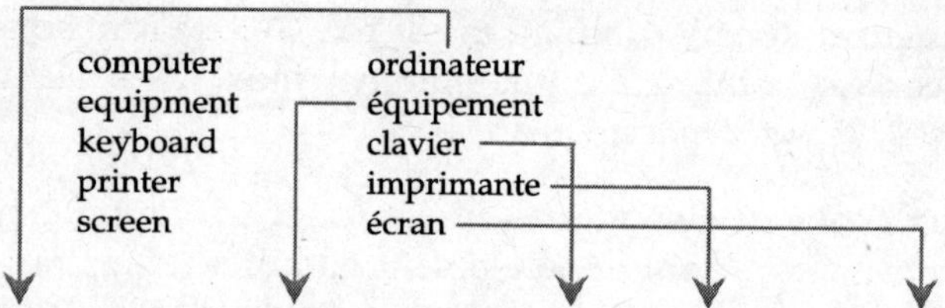


*Along with the ordinateur comes équipement such as a clavier, a imprimante and a écran.*

**Figure 7.10 – Extraction des équivalents par le traducteur de vocabulaire**

La substitution pratiquée par le TV pourrait en principe s'appliquer à tous les mots contenus dans une phrase source et non uniquement à une partie d'entre eux (comme le montre la figure 7.10 avec *computer, equipment, keyboard, printer* et *screen*). Il suffirait d'ajouter au dictionnaire tous les mots souhaités en leur associant un équivalent. Cependant, de nombreux mots présentent des problèmes d'ambiguïté (catégorielle et sémantique), sans compter les autres variantes qui entraînent la sélection d'équivalents différents (expressions figées, métaphores). Les résultats sont intéressants lorsque le TV s'en tient aux unités linguistiques dont la traduction ne varie pas ou très peu. Nous verrons, toutefois, que des mécanismes servent à distinguer certains homographes sémantiques.

## *Fonctions offertes par les traducteurs de vocabulaire*

Les TV offrent des fonctions variées et diffèrent sur un certain nombre de plans. Nous présentons quelques-unes de ces variantes dans les sections qui suivent :

- ☑ dictionnaire consulté par le traducteur de vocabulaire ;
- ☑ types de données traduites ;
- ☑ modalités de rappel du vocabulaire ;
- ☑ distinction des équivalents multiples ;
- ☑ analyse morphologique.

### *Dictionnaire consulté par le traducteur de vocabulaire*

La plupart des TV sur le marché consultent un **logiciel de terminologie**. Parfois, il s'agit de logiciels de terminologie dont on peut faire l'acquisition séparément. Par exemple, *Trados Translation Memory* fait appel à *MultiTerm* ; *Transit* interagit avec *TermStar* ; *SDL Termbase* est intégré à *SDLX*.

Le logiciel de terminologie est utilisé soit pour faire des consultations ponctuelles, soit pour le rappel automatique, selon les besoins. Une partie de l'enregistrement est sollicitée par le TV (l'entrée anglaise, l'équivalent et, parfois, de l'information grammaticale et la marque de domaine) ; les données supplémentaires servent uniquement à la consultation (définition, contexte, source, etc.). Par ailleurs, les modalités d'interrogation du logiciel de terminologie varient en fonction des types de requêtes admises par celui-ci (voir le chapitre 5).

Les logiciels de terminologie sont enrichis manuellement par l'utilisateur. Celui-ci entre le vocabulaire source qu'il souhaite faire reconnaître et les équivalents à extraire. Il doit parfois ajouter de l'information additionnelle lorsqu'elle est exigée (par exemple, catégorie grammaticale, mode de variation flexionnelle). Cette tâche est toutefois allégée partiellement si le logiciel de terminologie autorise l'**importation** automatique. Les ajouts et les ajustements ponctuels se font avant l'ouverture d'un nouveau dossier de traduction.

### Types de données traduites

Nous avons vu, au chapitre 5, que les traducteurs documentent des données de nature différente : termes spécialisés, mots polysémiques, expressions figées ou fréquentes, etc. Les TV prennent en charge toutes ces unités linguistiques ou seulement une partie d'entre elles. En général, les TV repèrent et remplacent :

☑ les termes spécialisés (simples ou complexes) : *assets / actif* ; *random access memory / mémoire vive* ;

☑ les mots de nature générale dont la traduction ne varie pas ou très peu : *select / sélectionner* ; *process / traiter* ;

☑ quelques mots polysémiques lorsqu'il existe un mécanisme de désambiguïsation des homographes sémantiques.

Certains TV traitent des combinaisons de mots plus longues : par exemple, des expressions figées ou fréquentes et, même, des parties de phrases (*in the first place / en premier lieu* ; *follow these guidelines / se conformer aux directives suivantes*).

### Modalités de rappel du vocabulaire

En général, l'extraction des équivalents se fait ponctuellement après approbation de l'utilisateur. Le TV s'arrête toutes les fois qu'il établit une correspondance entre un mot du texte à traduire et une entrée du dictionnaire. Il demande à l'utilisateur de confirmer l'équivalent suggéré. La figure 7.11 illustre ce type d'extraction : le TV repère *addressable memory*, *segment*, *KB* et *memory*, et fait confirmer chacun des équivalents par l'utilisateur.

**Phrase à traduire**
*The 8086 divides the addressable memory space into segments, each of which contains 64 KB of memory.*

**Termes trouvés dans la base – Approuver chacune des propositions**

| | |
|---|---|
| addressable memory | mémoire adressable |
| segment | segment |
| KB | ko |
| memory | mémoire |

**Après approbation par l'utilisateur**
*The 8086 divides the mémoire adressable space into segments, each of which contains 64 ko of mémoire.*

**Figure 7.11 – Rappel de vocabulaire interactif**

Certains TV permettent aussi d'effectuer des consultations ponctuelles en cours de traduction. L'utilisateur appelle alors le dictionnaire pour y effectuer des fouilles et insère l'équivalent proposé directement dans le texte cible. Ce mode de consultation sert à atteindre des équivalents qui n'ont pas été extraits automatiquement (des parties d'entrée, par exemple, accessibles uniquement au moyen de la troncature).

### *Distinction des équivalents multiples*

Les TV désambiguïsent parfois les **homographes sémantiques** ou d'autres mots qui entraînent la sélection d'équivalents différents. Ils ont recours à trois techniques distinctes : *a*) l'utilisateur fait une sélection dans une liste d'équivalents ; *b*) un ordre de priorité est établi en fonction des domaines de spécialité auxquels sont associés les termes ; *c*) des répertoires distincts sont sollicités lors de la traduction.

*a*) Certains TV affichent une liste des équivalents qui ont été stockés dans le dictionnaire. L'utilisateur sélectionne l'équivalent qui convient et ce dernier est inséré dans la phrase cible. À la figure 7.12, le TV propose *imprimante* et *imprimeur* comme équivalents possibles de *printer*. L'utilisateur sélectionne *imprimante*, qui apparaîtra dans la phrase traduite partiellement.

*Along with the computer, comes equipment such as a keyboard, a printer and a screen.*

**Dictionnaire**

| | |
|---|---|
| printer | imprimante → |
| printer | imprimeur |

*Along with the computer comes equipment such as a keyboard, a imprimante and a screen.*

**Figure 7.12 – Proposition d'équivalents multiples**

*b*) Une deuxième méthode consiste à donner la priorité aux équivalents associés à un domaine particulier. Cette fois-ci, l'équivalent *imprimante* est associé au domaine de l'informatique ; *imprimeur*, au domaine de l'imprimerie. Avant de soumettre son texte à la traduction, l'utilisateur sélectionne le domaine de l'informatique. Le TV extrait alors l'équivalent associé à ce dernier domaine, à savoir *imprimante*. La figure 7.13 illustre ce mode d'extraction.

*Along with the computer comes equipment such as a keyboard, a printer and a screen.*

**Dictionnaire**
*printer* informatique *imprimante*
*printer* imprimerie *imprimeur*

Domaine choisi : informatique

*Along with the computer comes equipment such as a keyboard, a imprimante and a screen.*

**Figure 7.13 – Sélection d'un équivalent associé à un domaine de spécialité**

*c*) La troisième méthode consiste à classer les termes et leurs équivalents dans des dictionnaires distincts. Il suffit d'appeler le dictionnaire associé à un domaine particulier avant de lancer l'opération de rappel automatique. Cette troisième méthode suppose une gestion parfois complexe des termes.

### *Analyse morphologique*

Les TV font parfois une **analyse morphologique** pour reconnaître et produire les **variantes flexionnelles**. Pour réaliser cette tâche, le TV doit accéder aux informations linguistiques qui accompagnent les mots (catégories grammaticales, modes de variation flexionnelle).

Le TV qui fait une analyse morphologique identifie la flexion des mots de la phrase source, puis fléchit les mots de la phrase cible. La figure 7.14 illustre le fonctionnement de l'analyse morphologique dans un TV.

Si le TV effectue une simple substitution de mots sans appliquer d'analyse morphologique, il peut en principe traiter plusieurs langues. En revanche, les TV intégrant une analyse morphologique doivent assortir au vocabulaire de chacune des langues des analyses linguistiques distinctes.

*Along with computers comes equipment such as keyboards, printers and screens.*

↓

Analyse morphologique

↓

| | |
|---|---|
| *computer*, n | *ordinateur*, n. m. |
| *equipment*, n. | *équipement*, n. m. |
| *keyboard*, n. | *clavier*, n. m. |
| *printer*, n. | *imprimante*, n. f. |
| *screen*, n. | *écran*, n. m. |

↓

Rétablissement des flexions dans la langue cible

↓

*Along with ordinateurs comes équipement such as claviers, imprimantes and écrans.*

**Figure 7.14 – Traduction de vocabulaire avec analyse morphologique**

## Récapitulatif des fonctions des traducteurs de vocabulaire

Le tableau 7.2 présente les diverses fonctions offertes par les TV, décrites aux sections précédentes, ainsi que les variantes trouvées dans les produits existants.

**TABLEAU 7.2**
**Récapitulatif des fonctions des traducteurs de vocabulaire**

| Fonctions | Variantes |
|---|---|
| Dictionnaire consulté | Logiciel de terminologie :<br>Utilisé pour le rappel automatique uniquement<br>Possibilité de consultation ponctuelle |
| Types de données traduites | Termes spécialisés (simples ou complexes)<br>Mots de nature générale non polysémiques<br>Certains mots polysémiques (avec désambiguïsation)<br>Expressions longues |
| Modalités de rappel du vocabulaire | Interactif<br>Consultation en cours de traduction |
| Distinction des équivalents multiples | Intervention de l'utilisateur<br>Priorité selon les domaines<br>Priorité d'un dictionnaire |
| Analyse morphologique | Présente<br>Absente |

## Conclusion : Rôle du rappel automatique en traduction

Les outils de rappel automatique, on le conçoit aisément, accélèrent la production d'un texte cible, puisqu'ils repèrent et extraient des traductions proposées antérieurement. Le traducteur n'a qu'à se pencher sur les nouveaux passages. Le rappel automatique permet, en outre, d'uniformiser les textes cibles : les mêmes traductions sont suggérées systématiquement pour des éléments de vocabulaire ou des phrases sources identiques ou semblables. Cette harmonisation s'applique à l'intérieur d'un même texte ou dans plusieurs textes différents.

Bien que le principe du rappel automatique soit attrayant dans certains contextes professionnels, il ne s'agit pas d'une panacée. Comme l'exécution d'un outil de rappel automatique est assez lourde et que l'alimentation et la gestion des bases de données requièrent du temps, les textes à traiter doivent contenir suffisamment d'éléments semblables à ceux qui sont déjà répertoriés pour que cet investissement de temps en vaille la peine. Nous signalons ci-dessous quelques-unes des conditions qui justifient le recours à un outil de rappel automatique. Nous verrons que la nature des textes détermine l'outil utilisé (mémoire de traduction ou traducteur de vocabulaire).

*a*) Mémoire de traduction

La MT se révèle utile pour des textes ou des parties de textes qui comportent des phrases répétées ou reprises partiellement, puisque les phrases ajoutées à la base de données seront réutilisées. Certains textes présentent ces caractéristiques, par exemple, les guides d'entretien ou d'utilisation.

La traduction de phrases se révèle également plus rentable pour un utilisateur qui traduit des textes de même nature. Il peut récupérer les passages déjà traduits dans d'anciens dossiers de traduction, ce qui justifie ainsi l'entreprise d'alimentation de la base de données.

Certains textes comportent des éléments répétés qui sont plus longs que la phrase. Il peut s'agir de paragraphes ou de sections entières (par exemple, paragraphes introductifs ou mises en garde accompagnant systématiquement tous les textes produits par une entreprise). Les MT ne récupèrent pas les blocs de texte comme tels ; les phrases sont extraites une à une.

Enfin, la traduction de phrases est particulièrement utile lors de mises à jour d'anciennes traductions. Elle permet de récupérer tous les passages identiques et le traducteur n'a plus qu'à se pencher sur les phrases ou parties de phrases inédites.

*b*) Traducteur de vocabulaire

Nous avons vu que le TV sert à traduire des mots dont les équivalents ne varient pas ou très peu. Il se prête bien au traitement de textes spécialisés, qui se caractérisent généralement par une utilisation importante de termes véhiculant un seul sens ou un nombre limité de significations. On restreint ainsi les possibilités d'ambiguïté sémantique et, par conséquent, on accroît la qualité des résultats. De plus, les mêmes termes risquent d'apparaître plusieurs fois dans le même texte ou d'un texte à l'autre, ce qui rentabilise encore davantage les efforts d'alimentation du dictionnaire.

Le TV, tout comme la MT, devient plus rentable pour un traducteur qui traduit des textes de nature semblable (médecine, informatique ou droit, par exemple) ou quelques domaines apparentés (informatique et électronique, par exemple). Les mots ou les termes ajoutés une première fois au dictionnaire sont sollicités lors de nouvelles traductions.

Enfin, la traduction de vocabulaire se prête au traitement d'un nombre beaucoup plus élevé de textes que la traduction de phrases. Les textes présentant des répétitions de mots ou de termes sont plus nombreux que les textes comportant des phrases semblables. Le même vocabulaire peut se retrouver dans des phrases très différentes.

## *Suggestions de lectures*

Le chapitre 9 de Austermühl (2001) décrit le fonctionnement d'une mémoire de traduction commerciale, à savoir *Trados*. Bowker (2002) consacre le chapitre 5 à la présentation des fonctions de base des mémoires de traduction. Une autre description des fonctions généralement trouvées dans les mémoires de traduction est donnée par Somers (2003b).

Pour une description du principe de traduction de vocabulaire et de son intérêt pour le traducteur, voir Bédard (1992). L'auteur établit également un parallèle intéressant entre ce type d'automatisation et la traduction automatique.

Dans Langé et collab. (1997), on trouvera une présentation fouillée des fonctions de rappel automatique et certaines suggestions pour améliorer leur performance.

# 8. Le dépouillement assisté par ordinateur

*Le dépouillement assisté par ordinateur repère des unités terminologiques.*

Le **dépouillement assisté par ordinateur** sert à dégager partiellement le sens d'un texte à traduire et, notamment, à apprécier son contenu terminologique, avant d'en entreprendre la lecture. Les outils de dépouillement analysent le texte et proposent une liste de mots ou de termes, triés selon différents critères. La liste est consultée et peut parfois être éditée puis réutilisée dans d'autres types de traitements.

Les dépouilleurs allègent le travail normalement effectué par le traducteur, puisque celui-ci n'a plus à parcourir l'ensemble d'un texte source avant d'entreprendre une recherche terminologique. Il est, en outre, informé de la fréquence des mots et des termes, et peut ainsi se pencher sur les mots fréquents en priorité. Le dépouillement sert à accélérer les premières étapes d'une recherche documentaire et terminologique ou, encore, à alimenter un outil de gestion de données de traduction ou un dictionnaire utilisé lors d'un traitement automatique – par exemple, un traducteur de vocabulaire (voir chapitre 7) ; un logiciel de traduction automatique (voir chapitre 10).

Cependant, aucun dépouilleur n'offre de résultats parfaits – pour des motifs que nous examinerons plus loin –, de sorte que l'utilisateur doit intervenir à une étape du processus, généralement à la fin, pour épurer les listes. C'est pourquoi on parle généralement de **dépouillement assisté par ordinateur** plutôt que de dépouillement automatique.

## Les outils de dépouillement assisté par ordinateur

Les outils de dépouillement assisté par ordinateur peuvent entrer dans trois catégories :

☑ Les dépouilleurs en mots simples, que nous appellerons dorénavant **dépouilleurs lexicaux (DL)** – Ces outils segmentent un texte en mots délimités graphiquement et proposent une liste des mots ainsi découpés.

☑ Les dépouilleurs en mots complexes et, plus précisément, en unités terminologiques complexes, que nous appellerons **dépouilleurs terminologiques** (**DT**) – Ces outils repèrent des séquences de mots susceptibles de correspondre à des **termes** (par exemple, *numériseur à rouleaux, tournevis à tête carrée*).

☑ Les **dépouilleurs en séquences de mots significatives** – Ces outils dépistent des suites de mots qui peuvent se révéler significatives dans le texte où elles sont utilisées, comme des **cooccurrents** (par exemple, *administrer un médicament, traiter des données*) ou des **expressions figées** ou fréquentes (par exemple, *respecter la posologie suivante*). Précisons toutefois que nous ne traiterons pas de façon approfondie cette dernière catégorie d'outils, dont les principes de base s'apparentent à ceux des dépouilleurs terminologiques. Quelques précisions sur leurs particularités sont tout de même apportées dans ce chapitre.

Il importe de noter que, même s'ils sont traités dans des sections séparées, certains outils cumulent plusieurs formes de dépouillement (deux ou trois). Les résultats obtenus apparaissent dans des listes distinctes ou dans une liste unique.

## Les dépouilleurs lexicaux

Les **dépouilleurs lexicaux** identifient dans un texte qui leur est soumis les mots qu'il contient et les reproduisent dans une liste qui est consultée par l'utilisateur. On trouve des fonctions de dépouillement lexical dans un certains nombre de produits (par exemple, *Nomino*). De plus, certains produits commercialisés sous l'étiquette *concordancier* proposent cette forme de dépouillement (*Concordance, NatQuest, TextStat, WordSmith Tools*). Les sections suivantes décrivent le fonctionnement d'un dépouilleur lexical ainsi que les fonctions généralement trouvées dans ce genre d'outils.

### *Fonctionnement d'un dépouilleur lexical*

Le **dépouilleur lexical** (**DL**) fragmente un texte en repérant les suites ininterrompues de caractères ; autrement dit, les **mots simples**. Il distingue les caractères faisant partie des mots des caractères et des autres éléments textuels qui sont définis comme délimiteurs. Les délimiteurs les plus fréquemment utilisés sont l'espace, les signes de ponctuation (point, point d'interrogation, point d'exclamation, virgule, point-virgule, deux points, points de suspension, parenthèses, crochets, guillemets, tiret, barre oblique) et autres caractères non alphabétiques, comme le trait d'union ou l'apostrophe.

Les deux phrases suivantes serviront à illustrer le fonctionnement d'un DL : *Les systèmes de dépouillement sont très utiles pour repérer des unités terminologiques. L'analyse qu'ils effectuent permet de gagner beaucoup de temps.* Le DL considère que les espaces, les points ainsi que les apostrophes sont des délimiteurs. Il découpe le texte et dresse une liste des mots qu'il contient, comme l'illustre la figure 8.1.

| | |
|---|---|
| Les | L |
| systèmes | analyse |
| de | qu |
| dépouillement | ils |
| sont | effectuent |
| très | permet |
| utiles | de |
| pour | gagner |
| repérer | beaucoup |
| des | de |
| unités | temps |
| terminologiques | |

**Figure 8.1 – Dépouillement en mots simples**

La liste présente chacun des mots découpés sur une ligne différente. Dans sa version la plus simple, le dépouilleur lexical crée une entrée distincte pour chaque suite ininterrompue de caractères de forme différente. La liste peut être consultée à différentes fins, que nous étudierons plus loin.

## *Fonctions offertes par les dépouilleurs lexicaux*

La forme que revêtent les listes dressées par les dépouilleurs lexicaux varie en fonction du traitement que ceux-ci font subir aux mots. Nous examinerons les traitements suivants :

- ☑ organisation des entrées dans les listes ;
- ☑ recherche de mots significatifs ;
- ☑ neutralisation majuscules-minuscules ;
- ☑ analyse morphologique ;
- ☑ langues traitées.

Nous étudierons également dans quelle mesure le DL tient compte des homographes catégoriels et des homographes sémantiques. Enfin, nous verrons que les chaînes de caractères relevées par ces outils ne correspondent pas toujours aux mots apparaissant réellement dans les textes, qui sont parfois composés de plus d'une entité graphique.

### *Organisation des entrées dans les listes*

Les listes de mots simples proposées par les dépouilleurs sont organisées en fonction de différents critères. Deux modes d'organisation sont utilisés couramment : *a*) le tri alphabétique ; et *b*) le tri par fréquence. Certains dépouilleurs permettent de sélectionner l'un ou l'autre mode d'organisation.

*a*) Le **tri alphabétique** ordonne les mots découpés en regroupant les mots identiques et en ne retenant, en général, qu'une seule entrée pour chaque mot différent. Le nombre d'occurrences de chacun des mots est noté (la fréquence est établie en comptant le nombre de formes identiques). La figure 8.2 illustre ce premier mode d'organisation : le texte est d'abord découpé en mots simples, puis tous les mots différents sont triés alphabétiquement avec l'indication de leur fréquence. (Le texte utilisé est tiré du roman *Le notaire du Havre* de Georges Duhamel.)

*Les phrases de cette sorte étaient suivies d'un silence fourmillant. Le regard fixe à son tour, maman partait à réfléchir. Son visage exprimait d'abord la frayeur et même le vertige. Elle avait l'air de mesurer de l'œil un gouffre. On la voyait presque haleter, car elle souffrait d'une imagination vive. Puis, petit à petit, et comme si le gouffre eût été, par magie, comblé, aplani, maman reprenait pied.*

| | | | |
|---|---|---|---|
| à | 3 | maman | 2 |
| abord | 1 | même | 1 |
| air | 1 | mesurer | 1 |
| aplani | 1 | œil | 1 |
| avait | 1 | on | 1 |
| car | 1 | par | 1 |
| cette | 1 | partait | 1 |
| comblé | 1 | petit | 2 |
| comme | 1 | pied | 1 |
| d | 3 | phrases | 1 |
| de | 3 | presque | 1 |
| elle | 2 | puis | 1 |
| et | 2 | réfléchir | 1 |
| étaient | 1 | regard | 1 |
| été | 1 | reprenait | 1 |
| eût | 1 | si | 1 |
| exprimait | 1 | silence | 1 |
| fixe | 1 | son | 2 |
| fourmillant | 1 | sorte | 1 |
| frayeur | 1 | souffrait | 1 |
| gouffre | 2 | suivies | 1 |
| haleter | 1 | tour | 1 |
| imagination | 1 | un | 2 |
| l | 2 | une | 1 |
| la | 2 | vertige | 1 |
| le | 3 | visage | 1 |
| les | 1 | vive | 1 |
| magie | 1 | voyait | 1 |

**Figure 8.2 – Liste de mots triés alphabétiquement**

Le tri alphabétique facilite le repérage d'un mot particulier, notamment dans des listes assez longues.

*b)* Le ***tri par fréquence*** ordonne les mots découpés en fonction de leur nombre d'occurrences. Généralement, la liste se présente par ordre de fréquence décroissant : la tête de liste regroupe les mots les plus fréquents et la fin de la liste propose les mots qui n'apparaissent qu'une seule fois dans le texte. Les mots à fréquence identique sont par la suite triés par ordre alphabétique. La figure 8.3 montre une partie de la liste obtenue en utilisant le texte cité plus haut (voir la figure 8.2).

| | |
|---|---|
| à | 3 |
| d | 3 |
| de | 3 |
| le | 3 |
| elle | 2 |
| et | 2 |
| gouffre | 2 |
| l | 2 |
| la | 2 |
| maman | 2 |
| petit | 2 |
| son | 2 |
| un | 2 |
| abord | 1 |
| air | 1 |
| etc. | |

**Figure 8.3 – Liste de mots triés par fréquence**

Ce mode d'organisation permet de repérer rapidement les formes les plus fréquentes dans un texte particulier. L'utilisateur se penche généralement sur les mots dont la fréquence est élevée (il ne tient pas compte des mots qui apparaissent invariablement dans tous les textes – les mots grammaticaux, comme *à*, *de* et *et*, dans un texte français). Le tri par fréquence donne un aperçu du contenu d'un texte en faisant ressortir les thèmes les plus importants.

Évidemment, la liste devient intéressante quand le texte dépouillé est plus long que celui utilisé dans l'exemple précédent. La figure 8.4 montre un fragment d'une liste obtenue à la suite du dépouillement d'une banque de textes anglais d'informatique comptant 300 000 mots (les premiers éléments ont été supprimés aux fins de présentation puisqu'il s'agit de mots à fréquence très élevée quel que soit le type de texte : *a*, *the*, *that*, *you*, *and*). Bien entendu, il reste encore des éléments peu informatifs, mais on retrouve plus facilement les termes spécialisés du domaine (*computer*, *data*, *software*), des acronymes et des sigles (*pc*, *cd*, *cpu*), des marques déposées (*pentium*, *ibm*) et des mots de nature générale, mais omniprésents dans le domaine de l'informatique (*performance, system, support, information*). Ces mots révèlent le contenu des textes dépouillés et orientent, par conséquent, la recherche terminologique du traducteur.

| | | | | | |
|---|---|---|---|---|---|
| system | 1478 | up | 805 | business | 578 |
| from | 1462 | other | 796 | inch | 567 |
| com | 1447 | they | 793 | home | 564 |
| data | 1331 | cd | 779 | our | 544 |
| have | 1294 | then | 773 | information | 542 |
| pc | 1260 | some | 771 | such | 536 |
| www | 1226 | new | 764 | line | 523 |
| software | 1176 | most | 746 | there | 522 |
| disk | 1141 | pentium | 742 | chip | 516 |
| computer | 1132 | memory | 730 | end | 515 |
| which | 1106 | two | 686 | support | 508 |
| one | 1105 | these | 678 | user | 503 |
| http | 1048 | rom | 670 | their | 490 |
| more | 1047 | time | 650 | well | 487 |
| all | 1009 | only | 638 | mmx | 483 |
| will | 983 | color | 632 | cpu | 482 |
| has | 976 | into | 623 | file | 479 |
| drive | 961 | each | 619 | may | 477 |
| also | 939 | high | 615 | os | 475 |
| use | 938 | hard | 600 | video | 471 |
| not | 934 | used | 596 | internet | 468 |
| we | 857 | performance | 593 | bit | 460 |
| windows | 811 | ibm | 583 | | |

**Figure 8.4 – Liste de mots simples anglais triés par fréquence**

### *Recherche de mots significatifs*

Les dépouilleurs lexicaux peuvent souvent être paramétrés afin de produire des listes de **mots significatifs**. Une première méthode assez simple consiste à exclure en amont certaines chaînes de caractères. Les chaînes écartées sont généralement :

*a)* Les **chaînes numériques** (*1998, 004*) ou **alphanumériques** (*BV3, AL01*) – Certains dépouilleurs excluent les deux types de chaînes ; parfois, seules les chaînes numériques sont mises de côté.

*b)* Les **mots vides** (voir le chapitre 6) – Certains dépouilleurs excluent les mots dont la fréquence est élevée, peu importe le texte analysé. On tient pour acquis que ces mots n'apportent pas d'information réellement utile. L'élimination des mots vides est réalisée par la consultation d'une **liste d'exclusion**, constituée par l'utilisateur, où ils sont recensés. Seuls les mots qui n'y figurent pas sont donc retenus dans la liste finale que l'utilisateur consulte. La figure 8.5 montre le résultat de l'application d'une liste d'exclusion à la liste illustrée à la figure 8.4.

| | | | | | |
|---|---|---|---|---|---|
| system | 1478 | pentium | 742 | line | 523 |
| com | 1447 | memory | 730 | chip | 516 |
| data | 1331 | rom | 670 | end | 515 |
| pc | 1260 | time | 650 | support | 508 |
| www | 1226 | color | 632 | user | 503 |
| software | 1176 | high | 615 | well | 487 |
| disk | 1141 | hard | 600 | mmx | 483 |
| computer | 1132 | used | 596 | cpu | 482 |
| http | 1048 | performance | 593 | file | 479 |
| drive | 961 | ibm | 583 | os | 475 |
| use | 938 | business | 578 | video | 471 |
| windows | 811 | inch | 567 | internet | 468 |
| cd | 779 | home | 564 | bit | 460 |
| new | 764 | information | 542 | | |

**Figure 8.5 – Liste de mots simples anglais triés par fréquence et exclusion des mots vides**

Une seconde méthode consiste à comparer les fréquences des formes observées dans deux banques de textes de nature différente. Cette méthode permet de mettre en évidence, d'une part, les formes apparaissant dans la banque de textes 1 mais pas dans la banque de textes 2 et, d'autre part, les formes apparaissant fréquemment dans la banque de textes 1 et moins fréquemment dans la banque de textes 2. La figure 8.6 présente la première partie d'une liste produite à la suite de la comparaison d'une banque de textes d'informatique et d'une banque de textes journalistiques. Le logiciel utilisé est *TermoStat* (Drouin, 2003).

La première colonne de résultats indique la fréquence de la forme dans le corpus d'informatique. La seconde colonne présente la forme lemmatisée, car le programme traite des formes ayant fait l'objet d'une analyse morphologique (il en sera question plus loin). La troisième colonne donne la liste des formes fléchies trouvées dans le corpus. Enfin, la dernière colonne indique le poids statistique indiquant la spécificité de la forme analysée. Les résultats sont triés par ordre de spécificité décroissant (autrement dit, la première forme proposée est la plus spécifique).

| Fréquence | Forme lemmatisée | Variantes | Poids |
|---|---|---|---|
| 2551 | system | system, systems | 139,96 |
| 1804 | datum | data | 127,63 |
| 1726 | file | file, files | 126,43 |
| 1569 | disk | disks | 122,52 |
| 1294 | software | software | 111,10 |
| 1281 | pc | pc, pcs | 110,38 |
| 1416 | window | windows | 104,39 |
| 1115 | web | web | 103,93 |
| 1232 | drive | drive, drives | 103,24 |
| 1168 | user | users | 102,74 |
| 1719 | programme | program, programs, programme, programmes | 96,91 |
| 1198 | memory | memory, memories | 96,89 |
| 3113 | use | using, use, uses, used | 87,04 |
| 721 | server | server, servers | 83,34 |
| 861 | application | application, applications | 83,14 |
| 709 | internet | internet | 82,78 |
| 769 | chip | chip, chips | 82,32 |
| 598 | processor | processor, processors | 74,89 |
| 577 | cpu | cpu | 74,73 |
| 569 | graphics | graphics | 73,90 |
| 557 | com | com | 73,03 |
| 722 | card | card, cards | 72,59 |
| 554 | rom | rom | 72,37 |
| 605 | device | device | 70,46 |
| 763 | site | site, sites | 69,91 |
| 493 | os | os | 68,98 |
| 664 | network | networks | 67,36 |
| 469 | hardware | hardware | 65,54 |
| 449 | modem | modem, modems | 65,47 |

**Figure 8.6 – Liste de mots simples anglais obtenus à la suite d'une comparaison de corpus**

On remarque aisément que cette technique produit des résultats nettement plus informatifs que les techniques qui ont été décrites plus haut. Les formes les plus spécifiques renseignent sur le contenu véritable d'un texte ou d'une banque de textes.

### *Neutralisation majuscules-minuscules*

La plupart des dépouilleurs lexicaux pratiquent une **neutralisation majuscules-minuscules**. Cette forme de neutralisation permet d'analyser des mots graphiquement différents comme une forme unique et, par conséquent, de ne conserver qu'une seule entrée dans la liste. Elle indique ainsi la fréquence réelle des mots ainsi neutralisés dans le texte. Par exemple, les formes *parlez*, *Parlez* (qui peut se trouver au début d'une phrase) et *PARLEZ* (qui est en majuscules dans un texte littéraire pour souligner un timbre de voix) sont toutes ramenées à une forme de base. La liste indiquerait que le mot *parlez* apparaît trois fois dans le texte.

La neutralisation gomme toutefois des distinctions véritables. Par exemple, on obtient dans la liste proposée à la figure 8.6 une seule entrée pour windows. Toutefois, il est permis de se demander si cette entrée correspond à deux formes distinctes, à savoir la marque déposée (*Windows*) et la fenêtre (*window* et *windows*).

### *Analyse morphologique*

Certains dépouilleurs procèdent à une **analyse morphologique** des mots découpés ; d'autres, en revanche, considèrent toutes les **variantes flexionnelles** comme autant de mots distincts. La figure 8.7 montre des listes obtenues à la suite du dépouillement d'un court texte. La première liste présente les résultats obtenus sans analyse morphologique ; la seconde, les mots retenus à la suite d'une analyse morphologique.

*Les systèmes de dépouillement sont très utiles pour repérer les unités terminologiques. L'analyse qu'ils effectuent permet de gagner beaucoup de temps. L'unité terminologique analysée est placée dans une liste que l'utilisateur consulte.*

**Découpage sans analyse morphologique**

| | | | |
|---|---|---|---|
| analyse | 1 | pour | 1 |
| analysée | 1 | qu | 1 |
| beaucoup | 1 | que | 1 |
| consulte | 1 | repérer | 1 |
| dans | 1 | sont | 1 |
| de | 3 | systèmes | 1 |
| dépouillement | 1 | temps | 1 |
| effectuent | 1 | terminologique | 1 |
| est | 1 | terminologiques | 1 |
| gagner | 1 | très | 1 |
| ils | 1 | une | 1 |
| l | 3 | unité | 1 |
| les | 2 | unités | 1 |
| liste | 1 | utiles | 1 |
| permet | 1 | utilisateur | 1 |
| placée | 1 | | |

**Découpage avec analyse morphologique**

| | | | |
|---|---|---|---|
| analyse | 1 | permettre | 1 |
| analyser | 1 | placer | 1 |
| beaucoup | 1 | pour | 1 |
| consulter | 1 | que | 2 |
| dans | 1 | repérer | 1 |
| de | 3 | système | 1 |
| dépouillement | 1 | temps | 1 |
| effectuer | 1 | terminologique | 2 |
| être | 2 | très | 1 |
| gagner | 1 | un | 1 |
| il | 1 | unité | 2 |
| le | 5 | utile | 1 |
| liste | 1 | utilisateur | 1 |

**Figure 8.7 – Listes obtenues sans analyse morphologique et avec analyse morphologique**

On note que la seconde liste présente les formes canoniques des mots découpés et ne retient qu'une seule entrée pour les variantes. En outre, elle indique la fréquence réelle des mots.

Les DL qui ne font aucune analyse morphologique retiennent une entrée différente pour chacune des variations flexionnelles. Ce traitement a comme conséquence de faire apparaître les différentes formes d'un même mot à des endroits différents dans la liste. Par exemple, les formes fléchies d'un même verbe (par exemple, *imprime, imprimez, imprimerait, imprimaient*) sont fort éloignées dans une liste ordonnée par fréquence. La liste alphabétique apporte une solution partielle au problème, puisque les formes fléchies sont regroupées lorsque la première partie du mot ne varie pas. La figure 8.8 illustre le regroupement obtenu dans une liste triée alphabétiquement.

imprimaient
imprimante
imprimantes
imprime
imprimer
imprimerait
imprimez

**Figure 8.8 – Regroupement des formes fléchies dans une liste triée alphabétiquement**

Les dépouilleurs qui intègrent une analyse morphologique proposent des listes qui prennent l'une des formes suivantes :

*a*) La liste ne retient que la forme canonique, mais indique la fréquence de l'ensemble des formes (fléchies et canoniques) trouvées dans le texte. Ce type de liste est illustré à la figure 8.7.

*b*) Un second type de liste regroupe toutes les formes trouvées dans le texte sous la forme canonique avec une indication de la fréquence de chacune des formes distinctes. La figure 8.9 montre une partie d'une telle liste.

| | | | | | |
|---|---|---|---|---|---|
| imprimante | | | traiter | | |
| | imprimante | 15 | | traite | 4 |
| | imprimantes | 20 | | traiter | 11 |
| imprimer | | | | | |
| | imprime | 6 | | | |
| | imprimer | 10 | | | |

**Figure 8.9 – Regroupement des formes fléchies**

Notons pour terminer cette section que certains dépouilleurs disposent d'un module faisant l'analyse morphologique. D'autres font appel à un programme séparé pour faire cette analyse.

### *Langues traitées*

Les DL qui ne font aucune analyse morphologique traitent les textes rédigés dans n'importe quelle langue, puisque la liste est constituée à partir d'un découpage en mots simples. Toutefois, si le dépouilleur écarte les mots vides, les exclusions sont définies en fonction de la langue prise en compte.

En revanche, les dépouilleurs qui intègrent une analyse morphologique traitent uniquement les textes rédigés dans la langue pour laquelle les règles morphologiques sont élaborées. Par ailleurs, si le dépouilleur fait appel à un dictionnaire, il ne traite qu'une seule langue à la fois.

### *Traitement des homographes*

Les DL se heurtent fréquemment au problème de la distinction des **homographes catégoriels.** Comme l'extraction des mots se fait à partir d'une reconnaissance de chaînes de caractères et d'un découpage en mots simples, les formes identiques, même si elles appartiennent à plus d'une catégorie grammaticale, font généralement l'objet d'une seule entrée dans la liste produite après le dépouillement. Par exemple, les deux occurrences de la forme *classe* qui figurent dans les phrases suivantes seront comptabilisées comme un mot unique, même si le mot est utilisé une première fois comme nom et une seconde fois comme verbe.

*Le professeur entre dans la classe.*
*Le fonctionnaire classe les différents documents.*

*classe* 2

La désambiguïsation des homographes catégoriels peut être réglée en amont par l'étiquetage du texte à dépouiller. Cette technique assure la création d'entrées distinctes pour des formes semblables, mais assorties d'étiquettes différentes. La figure 8.10 montre une extraction réalisée à la suite d'une distinction des homographes catégoriels.

*Le professeur entre dans la* <n.>*classe*</n.>.
*Le fonctionnaire* <v.>*classe*</v.> *les différents documents.*

*classe*, n. 1
*classe*, v. 1

**Figure 8.10 – Distinction des homographes catégoriels**

Quant à l'**ambiguïté sémantique**, elle n'est pour ainsi dire pas prise en compte. Par exemple, les occurrences de la forme *souris* figurant dans les phrases suivantes font l'objet d'une entrée unique, même si, dans le premier cas, il est question d'un petit rongeur et que, dans le second, le mot désigne un périphérique d'ordinateur.

*Les éléphants ont peur des souris.*
*Déplacer la souris et cliquer.*

*souris* 2

**Problèmes posés par le dépouillement lexical : mots avec délimiteurs et mots complexes**

Nous avons vu, dans le chapitre 2, que certains **mots** comportent des caractères normalement considérés comme des **délimiteurs** : une apostrophe (*aujourd'hui*), un trait d'union (*gratte-ciel, prête-nom*), etc. Le DL, tel que nous l'avons décrit jusqu'à maintenant, associe une fonction unique aux caractères. Par exemple, si le trait d'union est défini comme délimiteur (même s'il est ambigu), les mots qui apparaissent de part et d'autre de ce caractère font l'objet d'entrées distinctes. La figure 8.11 présente une liste obtenue à la suite d'un dépouillement effectué dans un texte dont certains mots contiennent des caractères définis comme délimiteurs (*aujourd'hui, gratte-ciel, prête-nom*).

aujourd
ciel
gratte
hui
nom
prête

**Figure 8.11 – Extraction de mots contenant des délimiteurs**

Un problème semblable se pose avec les **mots complexes** qui comportent un espace (par exemple, *imprimante laser, action métabolique*) ou plusieurs espaces (par exemple, *chien de prairie, système de gestion de bases de données*). Le DL crée forcément des entrées distinctes pour toutes les chaînes de caractères flanquées d'espaces. La figure 8.12 montre une liste produite à la suite d'un dépouillement lexical effectué dans un texte incluant des mots complexes (*action métabolique, chien de prairie, imprimante laser, système de gestion de bases de données*).

action
bases
chien
de
données
gestion
imprimante
laser
métabolique
prairie
système

**Figure 8.12 – Extraction de mots complexes**

L'utilisateur qui consulte une telle liste n'obtient pas un portrait réel du contenu d'un texte, puisque les mots complexes sont divisés. Par exemple, s'il traite un texte portant sur les imprimantes, le DL produira des listes imparfaites : il indiquera que le mot *imprimante* a 20 occurrences et que *laser* apparaît 5 fois, *matricielle*, 3 fois, *jet*, 4 fois, et *encre*, 4 fois ; alors que, dans les faits, le texte comporte 5 occurrences de *imprimante laser*, 3 occurrences de *imprimante matricielle*, 4 occurrences de *imprimante à jet d'encre* et 8 occurrences du terme *imprimante* utilisé seul. La figure 8.13 montre les problèmes posés par l'extraction de mots simples.

| **Extraction de mots simples** | | **Mots complexes réels** | |
|---|---|---|---|
| encre | 4 | imprimante | 8 |
| jet | 4 | imprimante à jet d'encre | 4 |
| imprimante | 20 | imprimante laser | 5 |
| laser | 5 | imprimante matricielle | 3 |
| matricielle | 3 | | |

**Figure 8.13 – Extraction de mots simples comparée aux mots apparaissant réellement dans le texte dépouillé**

Certains DL adoptent des solutions *ad hoc* pour les mots problématiques. Une liste peut contenir les mots complexes les plus fréquents afin de leur réserver un traitement particulier. Cependant, il est extrêmement difficile de recenser l'ensemble des mots complexes dans une langue. La difficulté devient insurmontable pour les textes spécialisés souvent remplis de termes formés de plusieurs mots simples.

Une autre solution consiste à marquer, directement dans le texte avant le dépouillement, les mots comportant un délimiteur ou un espace pour que le dépouilleur puisse les interpréter comme des entités uniques. Les mots simples sont regroupés au moyen d'un caractère non alphabétique qui n'est pas considéré comme un délimiteur. À la figure 8.14, les entités formant des mots complexes sont réunies au moyen du trait de soulignement.

*La section suivante porte sur les principes de fonctionnement des imprimantes. La section 1 traite de l'imprimante_matricielle ; la section 2 porte sur l'imprimante_à_jet_d'_encre ; l'imprimante_laser est décrite à la section 3.*

**Figure 8.14 – Regroupement des mots composés de plus d'une entité graphique**

Ce travail est toutefois assez fastidieux, puisque le texte doit être modifié en amont, c'est-à-dire avant le dépouillement. De plus, l'édition préalable est en soi paradoxale du point de vue du traducteur, puisqu'on doit définir les éléments à reconnaître avant de lancer un dépouillement, alors que c'est précisément pour les faire identifier que le traducteur a recours à cette forme de traitement.

Nous verrons que le problème de l'identification des mots qui transcendent les limites graphiques est résolu partiellement par certains dépouilleurs terminologiques qui font l'objet d'une section subséquente de ce chapitre.

## Récapitulatif des fonctions des dépouilleurs lexicaux

Le tableau 8.1 rappelle les différentes fonctions des DL, qui font l'objet des sections précédentes, et les variantes trouvées dans les produits existants.

**TABLEAU 8.1**
**Récapitulatif des fonctions des dépouilleurs lexicaux**

| Fonctions | Variantes |
|---|---|
| Organisation des listes | Tri alphabétique<br>Tri par fréquence |
| Recherche de mots significatifs | Exclusion de chaînes de caractères<br>Comparaison de corpus |
| Neutralisation majuscules-minuscules | Neutralisation<br>Absence de neutralisation |
| Analyse morphologique | Présence d'une analyse morphologique<br>Absence d'analyse morphologique |
| Langues traitées | Pas d'importance réelle pour les dépouilleurs qui n'intègrent pas d'analyse morphologique<br>S'il y a analyse morphologique, dépouillement aligné sur une langue en particulier |

## Enrichissement des dépouilleurs lexicaux : utilisation d'un dictionnaire

Les dépouilleurs examinés jusqu'ici effectuent une segmentation du texte à partir d'une simple reconnaissance de caractères en distinguant les caractères qui font partie de mots de ceux qui les séparent. Parfois, des neutralisations ou une analyse morphologique ramènent à une forme unique des chaînes de caractères différentes.

D'autres dépouilleurs sont assortis d'un **dictionnaire** qui contient des informations complémentaires sur les mots extraits. C'est le cas, notamment, si le dépouilleur accompagne un traducteur de vocabulaire ou un logiciel de traduction automatique. La liste produite à la suite de ce dépouillement un peu particulier comporte souvent de l'information supplémentaire, par exemple, la mention de la catégorie grammaticale. S'il s'agit d'un dictionnaire de traduction, la liste peut également présenter les équivalents. La figure 8.15 montre quelques entrées provenant d'une telle liste.

| | |
|---|---|
| *application* | *application*, nom féminin |
| *computer* | *ordinateur*, nom masculin |
| *printer* | *imprimante*, nom féminin |
| *software* | *logiciel*, nom masculin |

**Figure 8.15 – Extraction de mots simples et d'information complémentaire**

Comme le dictionnaire donne de l'information linguistique sur les mots découpés, il est souvent mis à contribution pour effectuer un dépouillement qui exploite ces renseignements, par exemple, une analyse morphologique. À la fin de ce chapitre, nous verrons que le recoupement avec un dictionnaire est également utile pour repérer les mots nouveaux.

## Les dépouilleurs terminologiques

Les **dépouilleurs terminologiques** (**DT**) diffèrent des dépouilleurs lexicaux, puisqu'ils regroupent les suites de mots simples qui sont susceptibles de former des **termes complexes**. Autrement dit, ils tentent de résoudre les problèmes soulevés par le DL qui divise, dans les listes produites, les mots constitués de plusieurs chaînes de caractères. Les DT dressent une liste semblable à celle qui apparaît à la figure 8.16 (le texte dépouillé porte sur le micro-ordinateur). Il existe un certain nombre d'outils qui s'attaquent à cette tâche (par exemple, *LogiTerm*, *MultiTrans*, *Nomino*).

| | |
|---|---|
| carte audio | imprimante laser |
| carte fax-modem | modem rapide |
| carte graphique SVGA | ordinateur neuf |
| configuration du clavier | ordinateur portable |
| écran couleur | port parallèle |
| écran de haute résolution | port série |
| écran placé | touche de déplacement du curseur |

**Figure 8.16 – Liste de termes complexes**

Les sections qui suivent expliquent les modalités de repérage des termes complexes par les dépouilleurs terminologiques. Elles mettent l'accent sur deux techniques couramment utilisées. Par ailleurs, les fonctions des DT ne seront pas décrites une à une, puisqu'elles s'apparentent à celles des DL. Bien qu'elles soient rappelées dans un tableau récapitulatif distinct, le lecteur peut se référer aux sections précédentes pour le détail de certaines fonctions : organisation des entrées dans les listes, neutralisation majuscules-minuscules, analyse morphologique.

La question des langues traitées se pose différemment et nous ferons quelques remarques à ce sujet. Par ailleurs, la prise en compte des homographes catégoriels et des homographes sémantiques a des répercussions différentes pour ce qui est du dépouillement terminologique et elle fera également l'objet d'une section distincte. La question des limites des dépouilleurs existants sera traitée en dernier lieu.

## *Modes de fonctionnement des dépouilleurs terminologiques*

L'extraction de termes complexes s'appuie soit sur une reconnaissance de caractères répétés, soit sur des techniques linguistiques ou, encore, sur des techniques numériques. En fait, le plus souvent, elle résulte d'une combinaison de deux approches.

Les sections suivantes présentent deux techniques d'extraction couramment utilisées pour l'identification de termes complexes. La première, appelée **calcul des segments répétés**, se fonde sur une reconnaissance de caractères et tient compte de la fréquence des suites de mots. La seconde, appelée **identification de patrons typiques**, fait appel à des connaissances linguistiques. Cependant, nous verrons qu'en pratique le calcul des segments répétés fait aussi appel à des connaissances linguistiques et que l'identification des patrons typiques tient souvent compte de la fréquence des suites de mots relevées.

### *Technique I : calcul des segments répétés*

Le **calcul des segments répétés** consiste à rechercher des suites de mots simples qui se succèdent un nombre déterminé de fois dans le texte dépouillé. La fréquence est réglée en fonction de la longueur du texte à dépouiller. Un exemple simplifié servira à illustrer cette approche (voir la figure 8.17). Le système trouve les combinaisons de chaînes de caractères qui apparaissent plus d'une fois dans le texte.

*Le coupleur acoustique est un appareil qu'on utilise en transmission téléinformatique. L'appareil a été remplacé par le modem et le télécopieur dans les communications modernes. À l'origine, cependant, ce coupleur acoustique constituait une technologie révolutionnaire puisqu'il permettait la transmission téléinformatique entre deux ordinateurs distants.*

coupleur acoustique
transmission téléinformatique

**Figure 8.17 – Dépouillement par calcul des segments répétés 1**

Le calcul des segments répétés tel qu'il apparaît ci-dessus produit rarement des résultats aussi satisfaisants, puisqu'il ne retient que des suites de mots simples identiques. Modifions légèrement le texte pour illustrer le sens de cette dernière observation. Le système repère toujours les suites dont la fréquence est supérieure à un et les segments retenus ne doivent pas excéder cinq mots. Les résultats sont présentés à la figure 8.18.

*Le coupleur acoustique est un appareil qu'on utilise dans la transmission de données. L'appareil a été remplacé par le modem et le télécopieur dans les communications modernes. À l'origine, cependant, le coupleur acoustique constituait une technologie révolutionnaire puisqu'il permettait la transmission de données entre deux ordinateurs distants.*

coupleur acoustique
la transmission
la transmission de
la transmission de données
le coupleur
le coupleur acoustique
transmission de
transmission de données

**Figure 8.18 – Dépouillement par calcul des segments répétés 2**

On constate que la liste, qui comporte huit entrées, ne renferme en réalité que deux unités intéressantes sur le plan terminologique (*coupleur acoustique* et *transmission de données*). Pour rectifier le tir, ce type de dépouilleur fait intervenir, à la suite du dépouillement, un filtrage de la première liste. Si la recherche porte sur des termes complexes, il écarte les suites dont le premier ou le dernier mot est un déterminant (*le, la*) ou une préposition (*de*). Il supprime également les entrées qui comportent un verbe conjugué. Le filtrage est réalisé par la consultation d'une **liste d'exclusion**. Nous allons filtrer la liste qui précède en écartant les entrées indésirables. Les résultats sont reproduits à la figure 8.19.

**Liste 1**
coupleur acoustique
la transmission
la transmission de
la transmission de données
le coupleur
le coupleur acoustique
transmission de
transmission de données

↓

Exclusion des chaînes débutant ou se terminant par un déterminant ou une préposition

↓

**Liste 2**
coupleur acoustique
transmission de données

**Figure 8.19 – Élimination des entrées indésirables à la suite d'un dépouillement par calcul des segments répétés**

L'extraction de termes par calcul des segments répétés présente l'avantage de n'être attachée à aucune langue en particulier, puisqu'elle ne tient compte que des chaînes de caractères (seuls les filtrages doivent tenir compte de la langue traitée). Toutefois, les termes complexes qui n'apparaissent qu'une seule fois dans les textes sont mis de côté. Ces dépouilleurs ne retiennent que les suites ayant un nombre d'occurrences supérieur au seuil défini avant le dépouillement. Le dépouillement par calcul des segments répétés a d'autres limites, que nous examinerons plus loin.

---

**Autres utilisations du calcul des segments répétés**

Le dépouillement par calcul des segments répétés est parfois mis à profit pour repérer d'autres types de séquences de mots significatives (cooccurrents, expressions figées).

Il suffit alors d'ajuster les filtrages pour conserver les éléments souhaités. Par exemple, on retient les séquences débutant par un verbe conjugué et se terminant par un nom (*acheminer des données, serrer les freins*) en éliminant d'autres types de suites indésirables.

Par ailleurs, le calcul peut se faire sur des segments continus (c'est-à-dire composés de suites de mots identiques) ou sur des segments discontinus (qui comportent un ou des éléments variables). Par exemple, le repérage de cooccurrents peut admettre des déterminants différents entre un verbe et un nom (*traiter des données, traiter ces données*).

---

### *Technique 2 : identification de patrons typiques*

Une seconde technique de dépouillement, appelée **identification de patrons typiques**, recherche des unités terminologiques complexes en s'appuyant sur le fait que celles-ci se composent de suites de catégories grammaticales régulières. En effet, la plupart des termes complexes français se composent d'un nom modifié par :

- ☑ un adjectif – par exemple, *intelligence artificielle, haute tension* ;
- ☑ un syntagme prépositionnel contenant un nom – par exemple, *robinet de commande, traitement de la demande* ;
- ☑ un syntagme prépositionnel contenant un verbe – par exemple, *machine à coudre* ;
- ☑ un autre nom – par exemple, *imprimante laser* ;
- ☑ n'importe quelle combinaison des séquences ci-dessus – par exemple, *système de gestion de bases de données, mémoire à accès sélectif*.

Pour résumer, on tient pour acquis que les termes complexes sont des **syntagmes nominaux (SN)**. Les dépouilleurs recherchent donc certains types de syntagmes nominaux, c'est-à-dire des suites de mots qui correspondent à l'un des cinq patrons décrits ci-dessus. Évidemment, il faut faire varier les combinaisons en fonction de la langue traitée. Pour l'anglais, par exemple, la plupart des termes complexes sont composés d'un adjectif et d'un nom (par exemple, *volatile memory*) ou de deux noms (par exemple, *expert system*). Les techniques d'identification de patrons typiques doivent donc être redéfinies pour chaque langue, contrairement au calcul des segments répétés.

Nous allons illustrer le fonctionnement de l'identification de patrons typiques au moyen de la phrase suivante : *Le coupleur acoustique est un appareil qu'on utilise pour la transmission de données.* Le DT tente de repérer toutes les suites de mots composées d'un nom et d'un adjectif, puis les suites composées d'un nom, d'une préposition et d'un autre nom. Il consulte d'abord un dictionnaire qui explicite la catégorie grammaticale des mots[1]. Par la suite, le dépouilleur fait correspondre les séquences de la phrase à celles qu'on lui demande d'extraire et propose les résultats dans une liste. La figure 8.20 présente les résultats de l'extraction. Le DT relève les suites *coupleur acoustique* et *transmission de données*, qui sont effectivement des unités terminologiques.

---

[1] Il est à noter que l'analyse est parfois menée à partir d'un texte étiqueté ; le dictionnaire n'est alors plus nécessaire, puisque les catégories grammaticales sont notées explicitement dans le texte.

*Le coupleur acoustique est un appareil qu'on utilise pour la transmission de données.*

**Dictionnaire**
*acoustique*, adjectif
*appareil*, nom
*coupleur*, nom
*de*, préposition
*données*, nom
*est*, verbe
*la*, article
*le*, article
*on*, pronom
*pour*, préposition
*qu'*, pronom
*transmission*, nom
*un*, article
*utilise*, verbe

**Séquences à relever :**
nom + adjectif
nom + préposition + nom

**Liste produite :**
*coupleur acoustique*
*transmission de données*

**Figure 8.20 – Dépouillement par identification de patrons typiques 1**

Les résultats de ce type d'analyse sont rarement aussi satisfaisants, notamment lorsque le dépouillement porte sur des textes volumineux. En effet, certaines suites sont construites exactement de la même manière que les unités terminologiques, mais n'en sont pas (autrement dit, tous les syntagmes nominaux ne sont pas forcément des termes). Modifions le texte pour illustrer cette dernière observation. Les résultats de l'extraction sont reproduits à la figure 8.21.

*Le coupleur acoustique est un appareil utile qui est exploité en transmission de données. L'appareil original a été remplacé par le modem et le télécopieur dans les communications modernes. À l'origine, cependant, le coupleur acoustique constituait une technologie révolutionnaire puisqu'il permettait la transmission de données entre deux ordinateurs distants.*

appareil original
appareil utile
communications modernes
coupleur acoustique
ordinateurs distants
technologie révolutionnaire
transmission de données

**Figure 8.21 – Dépouillement par identification de patrons typiques 2**

On remarque que les séquences *appareil original, appareil utile, communications modernes, ordinateurs distants* et *technologie révolutionnaire* sont relevées puisqu'elles se composent d'un nom et d'un adjectif, séquence que le dépouilleur est censé extraire, même s'il ne s'agit pas à proprement parler d'unités terminologiques.

Pour résoudre partiellement ce problème, des dépouilleurs par identification de patrons typiques ne retiennent, dans la liste définitive, que les suites de mots qui apparaissent un nombre déterminé de fois dans le texte analysé. Pour le texte qui précède, si on fixe le seuil de fréquence à plus de un, la liste définitive ne contiendra que *coupleur acoustique* et *transmission de données*. Cette approche présente aussi des limites : les suites non terminologiques peuvent apparaître fréquemment dans les textes (elles figureront alors dans la liste) ; les suites terminologiques peuvent n'apparaître qu'une seule fois (elles seront donc écartées de la liste). D'autres limites sont abordées plus loin.

---

**Autres utilisations de l'identification des patrons typiques**

Le dépouillement par identification de patrons typiques est utilisé pour repérer d'autres suites de mots significatives, notamment les cooccurrents. Il suffit, pour y arriver, de définir d'autres suites de catégories grammaticales. Par exemple, le dépouilleur repère les suites composées d'un verbe et d'un nom en admettant entre les deux des déterminants différents (par exemple, *ajuster une pièce, desserrer les freins*).

---

---

**Des techniques numériques pour l'identification de séquences de mots**

Il est possible de faire identifier des suites de mots en ayant recours à des **techniques numériques** (voir le chapitre 3). Un exemple de technique numérique appliquée à l'extraction de termes est donné ci-dessous.

La technique illustrée repère des **collocations**. Une collocation dans ce contexte est une suite composée de deux mots simples significative sur le plan statistique (les deux mots apparaissent assez fréquemment dans un contexte restreint pour que leur combinaison devienne significative). Le calcul des collocations se fait à partir d'un mot central (un **nœud**) et des mots qui l'entourent (appelés **collocatifs**). On définit d'abord un contexte admissible : par exemple, les collocatifs doivent apparaître dans un espace de trois mots avant ou après le nœud. Le calcul se fait à partir du contexte ainsi défini.

| *comparé* | *à* | *des* | *DOSES* | *bêtabloquantes,* | *les* | *effets* |
|---|---|---|---|---|---|---|
| 3 | 2 | 1 | noeud | 1 | 2 | 3 |

On peut, dans une première étape, calculer la fréquence des collocatifs et produire une liste triée en fonction de leur fréquence. La première partie de la liste renferme invariablement les combinaisons les plus significatives. Toutefois, la liste produite comportera des suites composées du nœud et de mots grammaticaux, comme des déterminants ou des prépositions qui ne revêtent pas de véritable intérêt (par exemple, *à doses, des doses*).

Pour éviter ce problème, on tient compte de la fréquence totale des collocatifs dans un texte par rapport à la fréquence observée lorsqu'ils se trouvent dans l'environnement du nœud. Si les occurrences du collocatif dans le texte en totalité ont les mêmes proportions que celles observées lorsqu'il apparaît dans l'environnement du nœud, ce collocatif est considéré comme non significatif. Par exemple, les mots *des*, *à*, *comparé*, dans le contexte reproduit plus haut, risquent d'apparaître dans d'autres contextes fort différents (par exemple, *à venir*, *à trouver*, *médicament à prescrire*). Si, au contraire, les proportions observées sont divergentes (le collocatif apparaît dans l'environnement du nœud dans des proportions plus importantes que celles observées dans l'ensemble du texte), le collocatif est significatif. Par exemple, *bêtabloquantes* risque d'apparaître plus fréquemment dans l'environnement de *doses*. Les résultats de cette approche sont plus intéressants si les calculs sont faits à partir de textes volumineux.

### *Traitement des homographes*

Tout comme les dépouilleurs lexicaux, les dépouilleurs terminologiques butent sur les **homographes catégoriels**. Quant aux homographes sémantiques, ils posent des problèmes différents et nous y reviendrons dans la section portant sur les limites des dépouilleurs terminologiques.

Les trois phrases suivantes serviront à illustrer les difficultés soulevées par l'ambiguïté catégorielle :

*The oil can must be placed on the shelf.*
*No oil can meet these requirements.*
*Mechanics oil the engine regularly.*

*Oil* et *can* sont des homographes catégoriels et compliquent l'identification des termes complexes. Certains dépouilleurs terminologiques passent outre à la distinction et insèrent, dans la liste des résultats, toutes les possibilités d'analyse. Par exemple, ils retiennent *oil can* puisque *can* et *oil* sont parfois utilisés comme nom, et ils notent la fréquence de l'ensemble des suites *oil can*. Ils relèveront également *mechanics oil*, puisque *oil* peut jouer le rôle de nom dans certains contextes. L'épuration de la liste incombe alors à l'utilisateur.

| | |
|---|---|
| mechanics oil | 1 |
| oil can | 2 |

D'autres DT interprètent les textes étiquetés pour pratiquer une désambiguïsation des homographes catégoriels. Enfin, certains DT plus raffinés effectuent une analyse syntaxique locale afin de réduire le nombre d'entrées erronées.

## *Limites des dépouilleurs terminologiques*

Les DT produisent rarement des listes parfaites compte tenu de la difficulté liée à l'identification des termes complexes. Les listes renferment toujours des suites de mots qui n'intéressent pas l'utilisateur. Les suites indésirables mais retenues dans la liste sont regroupées sous le terme générique ***bruit***. Par ailleurs, le dépouilleur peut omettre d'insérer dans la liste une suite de mots qui intéresse l'utilisateur. Les combinaisons de mots omises sont regroupées sous le terme générique ***silence***. Les notions de bruit et de silence sont schématisées à la figure 8.22.

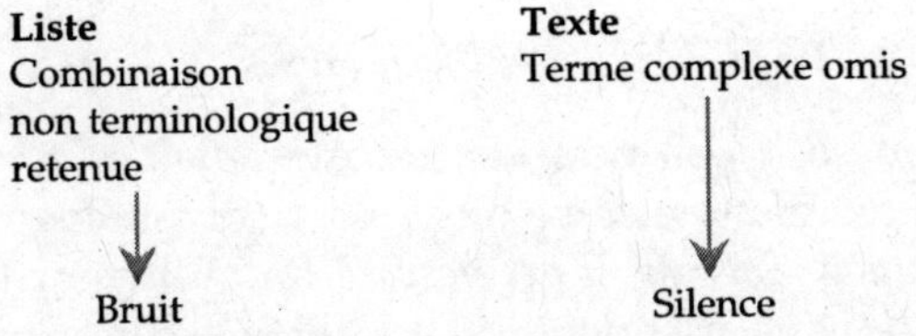


**Figure 8.22 – Bruit et silence**

Les concepteurs de systèmes de dépouillement se heurtent constamment à un paradoxe : en limitant le bruit (par exemple, en rectifiant un traitement particulier), ils augmentent la proportion de silence ; de même, en tentant de réduire le silence, ils augmentent sensiblement la proportion de bruit. Du point de vue de l'utilisateur, il est préférable de réduire le silence au maximum, quitte à augmenter le bruit de façon importante : il est plus facile d'épurer une liste contenant des entrées non souhaitées que de retrouver un terme omis dans un texte parfois volumineux. Les causes les plus fréquentes de bruit et de silence sont les suivantes :

*a*) Distinction des termes complexes et des suites de mots simples non terminologiques : Certaines séquences de mots sont construites exactement comme les termes complexes, mais ne forment pas des unités terminologiques valables. Les deux colonnes ci-dessous présentent des suites de catégories grammaticales identiques ; toutefois, la colonne de gauche regroupe des termes complexes, la colonne de droite, des suites non terminologiques.

n. + adj.

| | |
|---|---|
| *coupleur acoustique* | *table rouge* |
| *mémoire vive* | *douleur vive* |

n. + prép. (+ dét.) + n.

| | |
|---|---|
| *mémoire de masse* | *livre de Jacques* |
| *base de données* | *infraction à la loi* |

Un dépouilleur par patrons typiques retient en principe toutes ces combinaisons puisqu'elles forment toutes des syntagmes nominaux. De même, le dépouillement par calcul des segments répétés relève les combinaisons à fréquence minimale. Comme des suites non terminologiques peuvent être répétées, elles sont retenues même si une épuration est effectuée à la fin du dépouillement.

De plus, des suites de mots identiques sont parfois terminologiques, parfois non. L'exemple suivant comporte la même combinaison de mots. Pourtant, dans la première phrase, il s'agit d'un terme, dans la seconde, la suite n'est pas terminologique.

*Il cassa un vase de Chine.*
*Il rapporta un vase de Chine* (Otman, 1991).

Les DT ne sont pas pourvus de mécanismes très élaborés pour faire une distinction entre des suites terminologiques et non terminologiques. En fait, il arrive que le traducteur lui-même ait du mal à faire cette distinction. La stratégie communément adoptée consiste à insérer toutes les suites admissibles dans des listes que l'utilisateur doit ensuite épurer.

Certains dépouilleurs proposent une solution partielle en écartant les termes qui comportent un mot rarement intégré dans une unité terminologique. Par exemple, on peut écarter les termes complexes dans lesquels figure un adjectif de couleur. Cette stratégie permettrait d'exclure *table rouge* d'une liste terminologique. Elle présente toutefois des limites, puisque certains termes sont construits de cette manière (par exemple, *boîte noire, câble jaune*).

*b*) Découpage des unités terminologiques qui font partie de syntagmes nominaux plus longs : Le DT doit déterminer quelles sont les composantes qui forment réellement un terme complexe parmi les possibilités d'analyse offertes. Examinons la phrase suivante :

*Les ensembles de systèmes de gestion de bases de données sont conçus pour permettre aux utilisateurs d'organiser, de gérer et de rechercher de l'information.*

La première partie de la phrase comporte plusieurs suites admissibles comme unités terminologiques, puisque ces suites forment toutes des syntagmes nominaux.

*bases de données*
*ensemble de systèmes*
*ensemble de systèmes de gestion*
*ensemble de systèmes de gestion de bases*
*ensemble de systèmes de gestion de bases de données*
*gestion de bases*

*gestion de bases de données*
*systèmes de gestion*
*systèmes de gestion de bases*
*systèmes de gestion de bases de données*

Bien que le terme réel dans cette phrase soit *systèmes de gestion de bases de données*, un programme de dépouillement peut difficilement trancher en faveur d'un syntagme nominal en particulier. Ici encore, les stratégies varient d'un dépouilleur à l'autre : certains présentent toutes les séquences admissibles, d'autres, seulement la suite la plus longue. Dans les deux cas, l'utilisateur fait le tri des résultats.

Certains dépouilleurs par calcul des segments répétés corrigent le problème partiellement en déterminant si une suite n'apparaît que dans un syntagme nominal plus long. Si c'est le cas, la suite plus courte est éliminée de la liste. Par exemple, si dans un texte donné, *système de gestion* est toujours inséré dans le syntagme nominal *système de gestion de bases de données, système de gestion* ne fait pas l'objet d'une entrée distincte.

*c*) Fréquence peu élevée de certaines unités terminologiques : Les termes sont omis lorsque le dépouilleur ne relève que les termes complexes dont la fréquence est supérieure à un certain seuil (par exemple, une fréquence supérieure à deux occurrences). Les termes dont la fréquence est inférieure à ce seuil ne seront pas retenus.

*d*) Termes complexes construits selon un patron inhabituel : Le DT omet de relever des termes complexes qui cumulent des catégories grammaticales n'ayant pas été définies au préalable. Par exemple, il arrive qu'un terme complexe comporte un adverbe (par exemple, *langage de très haut niveau*). Si le patron ne fait pas partie des séquences à identifier, ce terme n'apparaîtra pas dans la liste.

*e*) Termes complexes coordonnés ou juxtaposés : Il arrive que certaines unités terminologiques soient coordonnées ou juxtaposées dans une phrase ; toutes leurs composantes ne sont pas forcément répétées. L'exemple suivant illustre cette dernière observation.

*Les professeurs adjoints et titulaires sont conviés à cette réunion.*

On constate que la phrase comporte deux termes (*professeur adjoint* et *professeur titulaire*), même si la phrase ne les explicite pas de cette manière. Certains dépouilleurs retiennent la chaîne telle qu'elle se présente dans le texte (*professeur adjoint et titulaire*) et laissent l'utilisateur reconstruire les unités terminologiques réelles. D'autres ne retiennent que la suite où toutes les composantes sont explicitées (*professeur adjoint*).

## Récapitulatif des fonctions des dépouilleurs terminologiques

Le tableau 8.2 présente les différentes fonctions offertes par les DT et les variantes trouvées dans les produits existants. Rappelons que la description des fonctions est faite en partie dans les sections portant sur les dépouilleurs lexicaux.

**TABLEAU 8.2**
**Récapitulatif des fonctions des dépouilleurs terminologiques**

| Fonctions | Variantes |
|---|---|
| Organisation des listes | Tri alphabétique<br>Tri par fréquence |
| Neutralisation majuscules-minuscules | Neutralisation<br>Absence de neutralisation |
| Analyse morphologique | Présence d'une analyse morphologique<br>Absence d'analyse morphologique |
| Langues traitées | En calcul des segments répétés, seules les listes de suites indésirables doivent être adaptées à la langue traitée.<br>En identification par patrons typiques, le dépouilleur ne traite qu'une seule langue à la fois. |

## Une utilisation particulière des dépouilleurs : la détection des mots nouveaux

Les dépouilleurs lexicaux et terminologiques examinés dans les sections précédentes permettent à l'utilisateur de connaître partiellement le contenu d'un texte grâce à la consultation de listes de mots simples ou de termes complexes.

Certains dépouilleurs intègrent une fonction supplémentaire isolant les unités qui n'ont pas été répertoriées dans un dictionnaire. Cette utilisation particulière du dépouillement est utile pour alimenter une base de données de traduction (voir le chapitre 5). Par ailleurs, la fonctionnalité est parfois présente dans les traducteurs de vocabulaire (voir le chapitre 7), dans les aides à la correction (voir le chapitre 9) et dans les logiciels de traduction automatique (voir le chapitre 10), et facilite l'enrichissement du dictionnaire avant le traitement automatique.

Dans le cas de la **détection des mots nouveaux**, les mots d'un texte sont comparés au contenu d'un dictionnaire qui peut reconnaître tous les mots ou seulement une partie d'entre eux. Dans le second cas de figure, le dépouilleur signale les mots non reconnus. La figure 8.23

illustre un dépouillement obtenu à la suite de la consultation d'un dictionnaire[1].

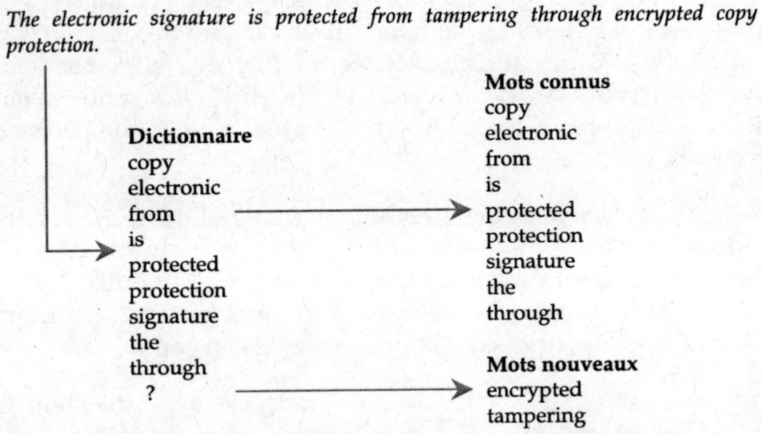


**Figure 8.23 – Identification de mots nouveaux**

Dans la figure 8.23, deux listes distinctes sont proposées à l'utilisateur : une première liste contient les mots répertoriés ; la seconde retient les **mots nouveaux**. Cette dernière aide l'utilisateur à connaître les mots sur lesquels il doit se pencher. Certains systèmes dressent une seule liste et discriminent les mots reconnus et non reconnus au moyen de repères graphiques ; d'autres dépouilleurs retiennent simplement les mots non reconnus.

Par ailleurs, les listes de mots nouveaux sont parfois modifiables pour accélérer l'alimentation du dictionnaire. Par exemple, une fonction peut permettre à l'utilisateur d'insérer directement le nouveau terme repéré dans le dictionnaire en question.

## Conclusion : Rôle du dépouillement assisté par ordinateur en traduction

Le dépouillement assisté par ordinateur ayant avant tout pour but d'extraire le contenu terminologique des textes rend des services en traduction spécialisée. Les listes de termes constituent de bons indicateurs du type de recherche que le traducteur devra entreprendre avant de traduire un texte.

---

[1] L'exemple de la figure 8.23 illustre le repérage de mots nouveaux simples ; la fonctionnalité est parfois étendue aux termes complexes lorsque le dictionnaire utilisé comporte des entrées de ce genre.

Les formes de dépouillement les plus utiles sont le dépouillement terminologique et la détection de mots nouveaux. Le dépouillement lexical est intéressant si l'on fait une comparaison de corpus. Les listes proposées par les autres DL comportent un nombre très élevé d'entrées qui n'intéressent pas directement le traducteur : elles contiennent beaucoup de mots de nature générale. De plus, elles sont également difficiles à interpréter, puisque les mots et les termes complexes sont fragmentés.

Par ailleurs, le dépouillement revêt une plus grande utilité si le texte à dépouiller est volumineux. D'une part, un nombre plus élevé d'unités extraites sera significatif, notamment si le dépouillement tient compte de la fréquence. D'autre part, le traducteur peut se concentrer en priorité sur les termes dont la fréquence est élevée.

Quelques utilisations concrètes des outils de dépouillement sont décrites ci-après.

*a*) Connaître le contenu terminologique d'un texte à traduire : Avant d'entreprendre sa traduction, le traducteur fait repérer les unités terminologiques dans un texte source. Il relève ainsi les unités pour lesquelles il devra trouver des équivalents, sans avoir à parcourir l'ensemble du texte. Par ailleurs, le traducteur qui enrichit régulièrement des outils de gestion des données de traduction peut lancer une détection des mots nouveaux pour se concentrer exclusivement sur ceux-ci.

*b*) Alimenter une base de données terminologiques ou un logiciel de terminologie (voir le chapitre 5) : Le dépouillement aide à repérer des termes à ajouter à un outil de gestion des données de traduction. Encore une fois, si le système comporte une fonction de repérage des mots nouveaux, le traducteur se concentre sur les unités non répertoriées.

*c*) Alimenter le dictionnaire d'un traducteur de vocabulaire (voir le chapitre 7), celui d'une aide à la correction (voir le chapitre 9) ou, encore, le dictionnaire consulté par un logiciel de traduction automatique (voir le chapitre 10) : Le repérage des mots nouveaux et l'ajout de ces mots aux répertoires consultés par les outils de traitement automatique permettent d'obtenir des résultats plus satisfaisants, puisque les outils en question auront les renseignements nécessaires pour les traiter.

Le dépouillement assisté par ordinateur, même s'il se révèle utile, ne se fait pas sans heurts. Le bruit observé dans les listes atteint souvent des proportions importantes (dans certains cas, plus de 50 % des suites relevées par le dépouillement terminologique ne constituent pas de véritables unités terminologiques). Aussi l'épuration des résultats requiert-elle beaucoup de temps.

Enfin, l'interprétation des mots ou des termes complexes apparaissant dans une liste nécessite fréquemment un accès au texte lui-même. Il est souvent ardu de déterminer, à la lecture d'une entrée, s'il s'agit réellement d'un mot utile ou d'une unité terminologique. Il faut souvent accéder au texte original pour trancher (au moyen de la fonction de recherche des logiciels de traitement de texte ou encore par l'utilisation d'un concordancier).

## *Suggestions de lectures*

Barnbrook (1996) décrit le mode de fonctionnement des dépouilleurs lexicaux (dans le chapitre 3). On trouvera également au chapitre 6 une présentation des techniques numériques les plus courantes utilisées dans l'extraction de séquences de mots. Lebart et Salem (1998) et Habert et collab. (1998) abordent également ces questions. Drouin et Ladouceur (1994) présentent une application de l'identification des termes complexes par calcul des segments répétés. Une présentation détaillée de différentes techniques de dépouillement est proposée dans le chapitre 6 de L'Homme (2004) et dans Bowker et Pearson (2002).

On trouvera dans Lauriston (1994), L'Homme et collab. (1996), Normand (1993) et Otman (1991) des évaluations des traitements effectués par certains dépouilleurs terminologiques. Vivaldi et Rodriguez (2006) proposent une évaluation très intéressante qui compare un relevé effectué par un extracteur à des listes de termes dressées par des spécialistes.

# 9. Les aides à la correction

*Les sports divers*
*Les sports d'hiver*
*Une chêne de TV*
DANIEL BLAMPAIN, « Quand l'informatique tutoie le dictionnaire des difficultés de la langue française »

*Dans la savane rugit les lions.*

*C'est qu'aussi – comme il arrive dans ces moments de rêverie au milieu de la nature où, l'action de l'habitude étant suspendue, nos notions abstraites des choses mises de côté, nous croyons d'une foi profonde à l'originalité, à la vie individuelle du lieu où nous nous trouvons – la passante qu'appelait mon désir me semble être non un exemplaire quelconque de ce type général : la femme, mais un produit nécessaire et naturel de ce sol.*
MARCEL PROUST, *Du côté de chez Swann.*

Les **aides à la correction**, c'est-à-dire les **vérificateurs orthographiques** et les **correcteurs grammaticaux**, sont des ensembles de programmes conçus pour repérer les erreurs de langue. Les premiers correcteurs ont été mis sur le marché vers 1985 et ont connu une popularité quasi immédiate. Depuis, leur qualité n'a cessé de s'améliorer.

Les traducteurs, bien qu'ils ne soient pas les plus grands utilisateurs de ces outils, y ont recours pour s'assurer qu'un texte, notamment le texte cible avant de le remettre, ne comporte ni coquilles ni fautes de grammaire. Les aides à la correction permettent au traducteur de repérer des fautes qu'il n'aurait pas vues lui-même pour toutes sortes de raisons. Par ailleurs, elles sont souvent utilisées pour parfaire un texte soumis à un autre traitement automatique, par exemple, un rappel automatique (voir le chapitre 7), un dépouillement (voir le chapitre 8) ou, encore, une traduction automatique (voir le chapitre 10).

Toutefois, les correcteurs sur le marché ne parviennent pas à repérer toutes les erreurs, compte tenu de la complexité de la tâche qui leur est confiée. Bien qu'ils soient utiles, l'utilisateur ne peut s'y fier entièrement et doit réviser ses textes lui-même. C'est la raison pour laquelle on parle généralement d'**aide à la correction** et non de correction automatique.

## Les types d'aides à la correction

Nous distinguons deux catégories d'outils d'aide à la correction :

- ☑ Les **vérificateurs orthographiques**, qui s'assurent que la graphie des mots d'un texte est correcte.
- ☑ Les **correcteurs grammaticaux**, qui vérifient l'application de règles de grammaire : accords, structures de phrase, présence des éléments essentiels. Certains d'entre eux portent un jugement sur le style et vérifient la typographie.

Bien que la vérification orthographique et la correction grammaticale soient traitées dans deux sections séparées, il importe de noter que les correcteurs grammaticaux procèdent tous à la vérification orthographique puisque cette opération précède généralement les autres formes d'analyse. L'inverse n'est pas vrai toutefois : les vérificateurs orthographiques proprement dits ne font pas de correction grammaticale.

Il existe des outils d'aide à la correction pour traiter différentes langues (en fait, pour un nombre croissant de langues). Nous le signalerons à quelques endroits, mais nous mettrons l'accent, dans le présent chapitre, sur les outils conçus pour le français.

## Les vérificateurs orthographiques

Le **vérificateur orthographique** balaie un texte et voit si les mots qu'il contient sont correctement orthographiés. À l'origine, les outils rassemblés sous le terme générique *correcteurs* se contentaient de faire cet examen.

Les vérificateurs de ce genre sont désormais incorporés à la plupart des logiciels de traitement de texte. Ces derniers proposent d'ailleurs des fonctions d'autocorrection et d'affichage des formes incorrectes. La vérification orthographique est également présente dans les correcteurs grammaticaux autonomes (*Antidote, Cordial, Correcteur 101*, pour le français). D'abord, nous nous penchons sur le fonctionnement d'un vérificateur orthographique typique. Puis, nous présentons les fonctions trouvées dans les outils existants. Nous verrons également que les vérificateurs orthographiques ne repèrent pas toutes les erreurs et nous examinerons les motifs de ces limites.

## *Fonctionnement d'un vérificateur orthographique*

Le **vérificateur orthographique** fait un examen des mots présents dans un texte en les comparant un à un aux entrées d'un **dictionnaire**. Nous allons en illustrer le fonctionnement au moyen de deux phrases (la première ne renferme que des formes correctes ; la seconde comporte une erreur) : *Le cours portant sur la traductique est particulièrement technique. Le cours portant sur la traductique est particulirement technique.* La figure 9.1 montre de quelle manière l'erreur est détectée. Comme *particulirement* n'est pas un mot connu, le vérificateur signale une erreur. De plus, le vérificateur suggère *particulièrement*, dont la forme se rapproche le plus de celle du mot erroné. L'utilisateur remplace alors l'ancien mot par le mot correct.

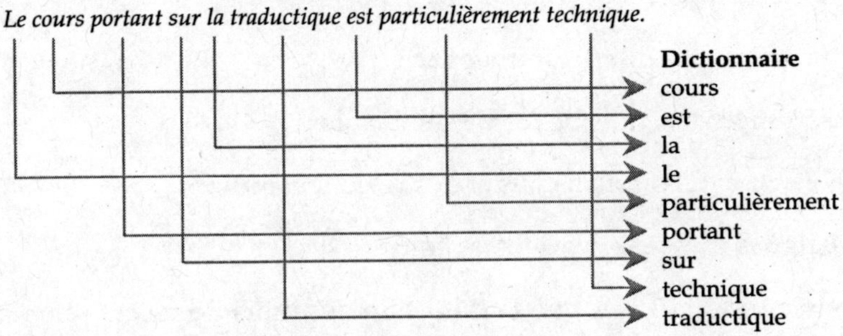


*Le cours portant sur la traductique est particulirement technique.*

Suggestion du vérificateur :

*particulièrement*

**Figure 9.1 – Vérification orthographique des mots contenus dans deux phrases**

Il arrive que le mot erroné s'apparente, sur le plan de la forme, à plus d'une entrée du dictionnaire. Le vérificateur affiche alors une liste de mots plausibles dans laquelle l'utilisateur sélectionne le mot recherché. La figure 9.2 illustre ce mode de fonctionnement. La phrase comporte une forme erronée ; le vérificateur affiche trois suggestions.

*J'ai été pris dans un enbouteillage.*

Suggestions du vérificateur :

*entortillage*
*embouteillage*
*embouteillages*

**Figure 9.2 – Suggestions du vérificateur orthographique**

Comme la vérification orthographique se fonde exclusivement sur une comparaison entre les mots d'une phrase et les entrées d'un dictionnaire, tous les mots corrects doivent donc être répertoriés. Or, il arrive que certains mots correctement orthographiés ne correspondent à aucune entrée. C'est le cas, par exemple, de plusieurs noms propres et de certains termes spécialisés. Le vérificateur ne fera aucune distinction entre ces mots et les mots incorrects. Comme ils n'ont pas été répertoriés, ils seront signalés à l'utilisateur comme des erreurs possibles. Pour contourner ce problème, l'utilisateur peut adapter le dictionnaire (nous y reviendrons plus loin).

## *Fonctions offertes par les vérificateurs orthographiques*

Les vérificateurs orthographiques sont pourvus d'un certain nombre de fonctions pour la détection de divers types d'erreur. Les fonctions suivantes font l'objet d'une section :

- ☑ traitement des mots inconnus ;
- ☑ détection des mots dupliqués ;
- ☑ détection des mots de forme semblable ;
- ☑ détection des anglicismes et des régionalismes ;
- ☑ langues traitées et variantes régionales.

Il convient de préciser que la détection des mots de forme semblable, des anglicismes et des régionalismes n'est pas offerte par tous les vérificateurs orthographiques : on ne la trouve que dans certains correcteurs grammaticaux perfectionnés. Toutefois, comme ce type de détection repose principalement sur le contenu d'un dictionnaire, il sera abordé dans cette section.

---

**Réformes de l'orthographe et correction automatique**

Les vérificateurs d'orthographe ont dû s'adapter aux réformes qu'a subies l'orthographe française à la fin du siècle dernier. Même s'ils tiennent compte de la nouvelle orthographe (p. ex., *ambigüe, paraitre, évènement*), ils acceptent en général les anciennes graphies (p. ex., *ambiguë, paraître, événement*), puisque de nombreux textes sont toujours rédigés selon les anciennes normes.

Certains vérificateurs permettent aux utilisateurs de paramétrer le dictionnaire pour qu'il s'aligne soit sur l'ancienne norme, soit sur les rectifications plus récentes.

---

### ***Traitement des mots inconnus***

Certains mots ne sont pas reconnus par le vérificateur orthographique sans pour autant être incorrects. Les dictionnaires consultés par les vérificateurs ne sont jamais exhaustifs : le recensement de tous les mots d'une langue est impossible.

Les vérificateurs butent sur la plupart des **noms propres**. Il est vrai que les **toponymes** – c'est-à-dire les noms de lieu – les plus courants apparaissent dans les dictionnaires, mais ce ne sera pas le cas pour tous (par exemple, les noms de villes peu connues). De même, tous les **anthroponymes** – c'est-à-dire les noms de personnes – ne font pas forcément l'objet d'une entrée. Les vérificateurs s'arrêtent également sur certains termes spécialisés. Les textes techniques ou scientifiques, par exemple, renferment souvent des mots à la graphie peu habituelle (*atrio-ventriculaire, bradycardie, lemmatisation*), des marques déposées (*Microsoft, Nestlé*) et des abréviations (*MHz, WYSIWYG*).

Des options d'adaptation du **dictionnaire** servent à combler cette lacune. D'abord, l'utilisateur a la possibilité d'ajouter les **mots nouveaux** pour les faire reconnaître au même titre que les mots déjà recensés et les faire afficher parmi les suggestions. Par ailleurs, certains vérificateurs fragmentent les dictionnaires pour traiter des textes de nature différente (par exemple, un dictionnaire de termes médicaux, un dictionnaire de termes informatiques), qui sont appelés uniquement lors de la vérification de textes spécialisés.

Ajouter un mot non reconnu au dictionnaire n'est pas toujours utile pour différents motifs (un mot rare, un mot d'une autre langue ou un nom propre). L'utilisateur demande alors au vérificateur de ne pas tenir compte d'une occurrence en particulier ou de toutes les occurrences de ce mot lors d'une séance de vérification. Les différentes options de traitement des mots inconnus sont reproduites à la figure 9.3.

**Mot inconnu**
Ajouter
Ignorer
Ignorer toujours

**Figure 9.3 – Options offertes lors de la détection d'un mot inconnu**

Par ailleurs, la plupart des vérificateurs orthographiques (qui ne sont pas jumelés à un correcteur grammatical) consultent un **dictionnaire de formes**[1]. Si c'est le cas, toutes les variantes flexionnelles d'un même mot doivent faire l'objet d'entrées distinctes. Ainsi, il arrive qu'un vérificateur reconnaisse un nom au singulier si l'utilisateur l'a ajouté au dictionnaire, mais qu'il ne tienne pas compte du pluriel tant que ce dernier n'aura pas, lui aussi, fait l'objet d'une entrée.

[1] Certains correcteurs consultent un dictionnaire de formes canoniques et effectuent une analyse morphologique. Ces outils exigent souvent, lors de l'ajout d'un mot au dictionnaire, qu'on inscrive de l'information additionnelle : catégorie grammaticale et mode de variation flexionnelle.

### *Détection des mots dupliqués*

Certains vérificateurs signalent la présence de répétitions. Ils repèrent, en fait, deux mots simples identiques placés côte à côte. Dans l'exemple qui suit, la deuxième occurrence de *texte* est signalée, puisqu'elle est précédée d'un mot identique :

*Le traitement de texte texte comporte de nombreuses fonctions.*

Toutefois, certains vérificateurs s'arrêtent sur des répétitions qui ne sont pas fautives. Dans l'exemple ci-dessous, la deuxième occurrence de *nous* est signalée (même si, dans ce cas, la répétition est obligatoire) :

*Nous nous sommes bien amusés chez Sophie.*

### *Détection des mots de forme semblable*

Les vérificateurs signalent parfois les mots de forme semblable que les rédacteurs ont tendance à confondre. Ces mots sont des **homonymes** – mots qui se prononcent de la même manière, mais qui n'ont pas la même graphie (par exemple, *chaîne* et *chêne*, *soit* et *soie*, *voix*, *voie* et *voient*) – et des **paronymes** – mots dont les graphies sont très proches (par exemple, *conjecture* et *conjoncture*, *invoquer* et *évoquer*, *effraction* et *infraction*).

Les homonymes et paronymes à repérer sont signalés dans un dictionnaire. Le vérificateur s'arrête sur toutes les occurrences de l'un ou l'autre mot et indique une confusion possible à l'utilisateur. La figure 9.4 illustre ce mécanisme de détection.

*Les investissements seront reportés en raison de la mauvaise conjoncture économique.*

Confusion possible avec *conjecture*

*Les investissements seront reportés en raison de la mauvaise conjecture économique.*

Confusion possible avec *conjoncture*

**Dictionnaire**
conjoncture conjecture

**Figure 9.4 – Détection de paronymes**

Certains vérificateurs ont recours à cette technique de détection pour signaler les confusions possibles entre d'autres mots dont les formes sont très proches. Par exemple, ils s'arrêtent sur toutes les occurrences de *équivalant* (participe) et *équivalent* (nom) et attirent l'attention de l'utilisateur sur la similitude des deux mots.

### *Détection des anglicismes et des régionalismes*

Les vérificateurs plus perfectionnés détectent aussi la présence d'**anglicismes** et de **régionalismes** et les signalent comme tels à l'utilisateur. La détection ne porte généralement que sur les **anglicismes** et les **régionalismes formels** composés d'un seul ou de plusieurs mots (c'est-à-dire les formes qui sont jugées incorrectes en français, comme *job*, *jusqu'à date*).

Les **anglicismes** et les **régionalismes sémantiques**, c'est-à-dire les mots qui existent en français, mais qui sont incorrects dans certains contextes uniquement, comme *supporter* dans *Je supporterai ce candidat à la prochaine élection*, ne sont pas détectés systématiquement. Cette forme de correction est plus difficile à réaliser, puisqu'elle doit s'appuyer sur l'examen des compatibilités entre les mots.

Il va de soi que la détection de régionalismes doit tenir compte des usages observés dans différentes zones géographiques. Un mot défini comme régionalisme en France ou en Belgique ne l'est pas nécessairement au Québec. La détection des anglicismes doit également s'aligner sur les usages régionaux. Des anglicismes sont corrects dans certaines parties de la francophonie, alors qu'ils sont incorrects dans d'autres ; par exemple, *shopping* en France est accepté, alors qu'au Québec, on le remplace par *magasinage*.

### *Langues traitées et variantes régionales*

Comme la vérification orthographique repose sur le contenu d'un dictionnaire, elle est associée à une langue en particulier. Pour l'étendre à d'autres langues, un nouveau dictionnaire doit être consulté.

La plupart des vérificateurs orthographiques simples (c'est-à-dire qui ne sont pas rattachés à un correcteur grammatical) proposent une vérification dans diverses langues. C'est le cas notamment des vérificateurs intégrés au logiciel de traitement de texte. L'utilisateur doit toutefois préciser le dictionnaire auquel il veut recourir avant d'entreprendre la vérification.

Les vérificateurs tiennent également compte des variantes orthographiques régionales par le recours à des dictionnaires distincts ou à des parties de dictionnaire distinctes. Par exemple, la graphie de certains mots anglais varie en fonction de l'endroit où ceux-ci sont utilisés (Grande-Bretagne : *internationalisation*, *kilometre* ; États-Unis : *internationalization*, *kilometer*). Ici encore, l'utilisateur sélectionne le dictionnaire voulu avant de lancer l'opération de vérification.

### *Limites du vérificateur orthographique*

Comme l'illustrent les sections précédentes, l'examen fait par le vérificateur orthographique se limite à la graphie des mots. Toutefois, les textes renferment d'autres types de fautes qui ne peuvent être détectées à la suite d'une simple consultation du dictionnaire.

Nous allons illustrer cette observation au moyen d'une phrase comportant une erreur : *Cette dame mordrait ses chiens immobile.* Nous admettrons que le dictionnaire consulté par le vérificateur orthographique renferme les entrées reproduites à la figure 9.5. Le vérificateur ne peut pas détecter l'erreur, puisque tous les mots de la phrase sont présents : *immobile* (au singulier) fait l'objet d'une entrée. Le mot est fautif parce qu'il modifie *chiens*, qui est au pluriel. La détection de cette erreur passe par une analyse des rapports entre les mots, et le vérificateur orthographique ne dispose pas des mécanismes nécessaires pour effectuer ce genre d'interprétation. Cette tâche est confiée au correcteur grammatical, traité plus loin.

**Dictionnaire**
ce, ces, cet, cette
chien, chiens
dame, dames
immobile, immobiles
mord, mordrait, mordre, mords...
sa, ses, son

**Figure 9.5 – Entrées contenues dans le dictionnaire d'un vérificateur orthographique**

## Récapitulatif des fonctions des vérificateurs orthographiques

Le tableau 9.1 résume les fonctions offertes par les vérificateurs orthographiques et examinées dans les sections qui précèdent ainsi que les variantes trouvées dans les produits existants.

**TABLEAU 9.1**
**Récapitulatif des fonctions des vérificateurs orthographiques**

| Fonctions | Variantes |
|---|---|
| Traitement des mots inconnus | Ajout au dictionnaire<br>Subdivision du dictionnaire<br>Négligence d'une occurrence d'un mot<br>Négligence de toutes les occurrences d'un mot lors d'une séance de vérification |
| Détection des mots dupliqués | Affichage des mots dupliqués<br>Négligence des mots dupliqués |

**Tableau 9.1**
**Récapitulatif des fonctions des vérificateurs orthographiques (suite)**

| Fonctions | Variantes |
|---|---|
| Détection des mots de forme semblable | Homonymes<br>Paronymes<br>Homographes catégoriels<br>Pas de détection des mots de forme semblable |
| Détection des anglicismes et des régionalismes | Détection des anglicismes et des régionalismes (surtout formels)<br>Aucune détection des anglicismes et des régionalismes |
| Langues traitées et variantes régionales | Présence de dictionnaires distincts pour traiter plusieurs langues<br>Prise en compte des variantes régionales |

## Les correcteurs grammaticaux

Contrairement aux vérificateurs orthographiques, les correcteurs grammaticaux analysent des phrases pour y repérer des fautes d'accord, mais également des problèmes de structure, et ils s'attardent parfois sur le style et les fautes de typographie. Nous verrons d'abord comment fonctionne un correcteur grammatical ; puis, nous décrirons les fonctions trouvées dans les correcteurs ainsi que les variantes de ces fonctions selon les différents correcteurs.

La plupart des logiciels de traitement de texte comportent maintenant des fonctions de correction grammaticale (notamment *Word*). Ils étaient autrefois nettement moins performants que les correcteurs autonomes (*Antidote, Cordial, Correcteur 101*). Toutefois, certains ont été perfectionnés considérablement au cours des dernières années. Malgré ces progrès, on s'entend généralement pour dire que les correcteurs autonomes offrent de meilleurs résultats.

### *Fonctionnement d'un correcteur grammatical*

Pour détecter les erreurs, le correcteur grammatical fait une analyse phrase à phrase selon l'ordre de traitement illustré à la figure 9.6. Comme on le constate, le correcteur fait appel principalement à des techniques linguistiques (voir le chapitre 3). D'autres analyses se superposent souvent à celles-ci (par exemple, une vérification de la typographie) : nous y reviendrons plus loin.

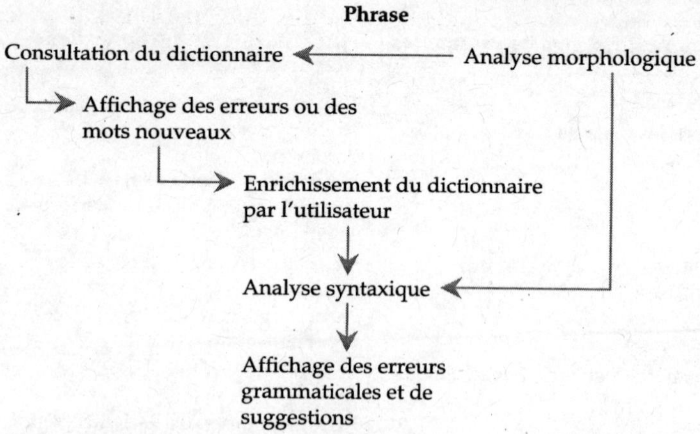


**Figure 9.6 – Fonctionnement du correcteur grammatical**

### *Consultation du dictionnaire*

La **consultation du dictionnaire** précède les autres formes de correction (grammaticale et typographique). En correction grammaticale, cette consultation a trois finalités : *a*) vérifier la graphie des mots (vérification orthographique) ; *b*) s'assurer que les mots sont tous connus du correcteur ; *c*) extraire des renseignements sur les mots connus.

*a*) Chacune des phrases fait l'objet d'une vérification orthographique, qui s'effectue selon les modalités décrites plus haut dans ce chapitre. Si une erreur est détectée, le correcteur la signale et demande de la corriger. Reprenons la phrase citée plus haut : *Cette dame mordrait ses chiens immobile.* Comme les mots sont connus du correcteur, il ne signale rien à cette étape. En revanche, si *dame* avait été orthographié *damme*, le correcteur aurait buté sur ce dernier mot et l'utilisateur aurait dû le corriger avant de procéder aux étapes suivantes.

*b*) Le correcteur s'assure que les mots contenus dans la phrase sont répertoriés dans le dictionnaire. Dans le cas contraire, l'utilisateur entre les mots inconnus et doit parfois fournir des informations complémentaires : catégories grammaticales, modes de variation flexionnelle. Ces renseignements seront lus lors des analyses morphologique et syntaxique. Par exemple, supposons que la phrase à analyser soit : *Cette dame mordrait son bouledogue immobile* et que le correcteur ne connaisse pas le mot *bouledogue.* L'utilisateur ajoute ce mot et précise qu'il s'agit d'un nom masculin et qu'il varie régulièrement.

*c*) Le correcteur grammatical extrait des informations sur chacun des mots répertoriés dans son dictionnaire : la catégorie grammaticale et d'autres informations sur des mots auxquels il réserve un traitement particulier (par exemple, les anthroponymes qui sont invariables et qui ne sont pas précédés d'un déterminant). Ces renseignements sont retenus par le correcteur pour procéder aux analyses suivantes.

Il est à noter que l'identification de certains mots, par exemple *mordrait*, nécessite une analyse morphologique si le répertoire consulté est un dictionnaire de formes canoniques (il sera question de l'analyse morphologique plus loin).

Le cas échéant, les ambiguïtés catégorielles sont signalées à cette étape, mais elles ne peuvent être levées. Elles sont résolues lors de l'analyse syntaxique.

**Détection des mots nouveaux en correction**

Certains correcteurs sont pourvus d'un programme de détection des mots nouveaux (voir le chapitre 8).

L'utilisateur lance ce programme avant de faire corriger le texte pour connaître les mots qui n'ont pas fait l'objet d'une entrée. Il gagne ainsi du temps lors de la correction proprement dite.

### *Analyse morphologique*

L'**analyse morphologique**, qui est présente lorsque le correcteur fait appel à un dictionnaire de formes canoniques[1], intervient au moment de la consultation du dictionnaire. Le correcteur grammatical s'en sert pour : *a*) associer une forme fléchie à une forme canonique ; *b*) retenir l'information sur les formes variables.

*a*) Lorsque les mots sont fléchis, le correcteur n'est pas en mesure de les retrouver tels quels dans le dictionnaire. Le correcteur identifie les flexions possibles, retranche le morphème flexionnel de la forme fléchie et établit, de cette manière, une correspondance avec une entrée du dictionnaire.

*b*) Le correcteur retient également les informations véhiculées par la forme fléchie. Par exemple, pour la phrase suivante : *Cette dame mordrait ses chiens immobile*, le correcteur retient l'information présentée à la figure 9.7.

[1] Certains correcteurs consultent un dictionnaire de formes. L'information sur les variantes flexionnelles est alors extraite du dictionnaire.

*cette, ce,* dét. f. sing.
*dame, came,* n. f. sing.
*mordrait, mordre,* v. 3e pers. sing., cond. prés.
*ses, son,* dét. plur.
*chiens, chien,* n. m. plur.
*immobile, immobile,* adj. sing.

**Figure 9.7 – Information flexionnelle retenue par un correcteur**

Ces renseignements sont utilisés par le correcteur lors de l'analyse syntaxique pour vérifier la compatibilité des accords entre les mots.

***Analyse syntaxique***

L'**analyse syntaxique**, telle qu'elle est effectuée par un correcteur, a trois finalités (les deux premières sont essentielles à la réalisation de la dernière) : *a*) elle sert à désambiguïser les homographes catégoriels ; *b*) elle identifie les rapports syntaxiques entre les mots ; *c*) elle vérifie la compatibilité des accords entre les mots. L'analyse syntaxique peut prendre différentes formes ; nous en examinerons quelques-unes dans ce chapitre.

*a*) Le correcteur doit en premier lieu procéder à la désambiguïsation des **homographes catégoriels** qui figurent dans les phrases. La désambiguïsation s'appuie généralement sur une analyse syntaxique locale. Elle peut également se faire, mais cette technique est plus rare, à partir d'une représentation de la structure complète de la phrase.

*b*) Le correcteur établit par la suite les rapports syntaxiques entre les mots. Il doit trouver, dans une phrase, les mots qui régissent la flexion des mots variables susceptibles de comporter une erreur. Encore une fois, les correcteurs ont recours soit à une analyse syntaxique locale, soit à une analyse complète de la phrase.

*c*) Enfin, le correcteur repère les erreurs possibles à partir de l'identification des rapports syntaxiques entre les mots d'une phrase. Un répertoire de règles syntaxiques indique les rapports admissibles d'une catégorie grammaticale. Par exemple, pour analyser la phrase *Cette dame mordrait ses chiens immobile,* le correcteur doit accéder à des règles comme celles de la figure 9.8.

Le déterminant s'accorde en genre et en nombre avec le nom qu'il détermine.
(Cette règle est valable pour *cette* et *ses.*)

L'adjectif s'accorde en genre et en nombre avec le nom qu'il modifie.
(Cette règle est valable pour *immobile.*)

Le verbe s'accorde en nombre et en personne avec son sujet.
(Cette règle est valable pour *mord.*)

**Figure 9.8 – Règles pour la vérification des accords**

De plus, le correcteur doit repérer l'endroit où se trouvent les différents mots. Le déterminant, par exemple, se place devant le nom ; le sujet se trouve généralement devant le verbe, et ainsi de suite.

Le correcteur peut ainsi détecter l'erreur contenue dans la phrase *Cette dame mord ses chiens immobile*, puisqu'il constate une incompatibilité d'accord entre *immobile* et *chiens* (les nombres des deux mots ne sont pas compatibles). Les informations extraites à la suite de la consultation du dictionnaire, de l'analyse morphologique et de la vérification des rapports syntaxiques l'amènent à ce diagnostic.

| | | | | | | |
|---|---|---|---|---|---|---|
| *Cette* | *dame* | *mordrait* | *ses* | *chiens* | | *immobile.* |
| | | | | n. | | adj. |
| | | | | m. | | m., f. |
| | | | | plur. | ⟷ | sing. |
| | | | | | ↑ | |

Règle : L'adjectif s'accorde en genre et en nombre avec le nom qu'il modifie.
Vérifier l'accord de *chiens* et *immobile*.

**Figure 9.9 – Détection d'une incompatibilité d'accord**

## *Fonctions offertes par les correcteurs grammaticaux*

Les correcteurs grammaticaux diffèrent sur un certain nombre de plans. Ces variations ont des répercussions sur la qualité de la correction et sur le mode d'intervention de l'utilisateur. Les fonctions suivantes font l'objet d'une section :

- ☑ type d'analyse syntaxique ;
- ☑ nombre de règles de grammaire ;
- ☑ modalités de correction ;
- ☑ langues traitées ;
- ☑ ajouts aux correcteurs grammaticaux.

En outre, les correcteurs grammaticaux, même les plus perfectionnés, ne détectent pas toutes les erreurs et nous examinerons quelques causes de ces limites.

### *Type d'analyse syntaxique*

Les modalités de l'**analyse syntaxique** varient d'un correcteur à l'autre. Les correcteurs font appel *a*) à une analyse syntaxique locale ou *b*) à une analyse complète de la phrase.

*a*) L'**analyse syntaxique locale** détecte les erreurs possibles en tenant compte des quelques mots qui entourent le mot à vérifier. Cette exploration partielle requiert moins de temps que l'analyse complète de la phrase, mais elle est nettement moins satisfaisante. On trouve encore l'analyse syntaxique locale dans des produits moins perfectionnés.

L'exemple suivant illustre de façon sommaire le repérage d'une erreur au moyen d'une analyse syntaxique locale. Nous soumettons les phrases suivantes au correcteur : *Cette dame mordrait ses chien, Cette dame mordrait ses très énormes chien.* Une règle locale indique que l'accord du déterminant se fait avec le premier nom placé après lui. La règle est consultée pour vérifier la compatibilité des accords entre *cette* et *dame*, puis entre *ses* et *chien*. Le correcteur examine les noms placés à la suite des déterminants : dans le premier cas (*cette* + *dame*), il y a compatibilité ; dans le second (*ses* + *chien*), le vérificateur détecte une incompatibilité de nombre. La figure 9.10 illustre une partie de l'analyse qui est faite des deux phrases citées.

Le correcteur détecte l'erreur contenue dans la phrase *Cette dame mordrait ses très énormes chien*, car, même si des mots viennent s'insérer entre *ses* et *chien*, *chien* est le premier et le seul nom placé après *ses*.

*Cette dame mordrait ses chien. Cette dame mordrait ses très énormes chien.*

Règle : Le déterminant s'accorde en genre et en nombre avec le premier nom placé après lui.

*Cette dame mordrait ses* *chien.*
dét. n.
m. plur. m. sing.
Incompatibilité des nombres

*Cette dame mordrait ses très énormes chien.*
dét. n.
m. plur. m. sing.
Incompatibilité des nombres

**Figure 9.10 – Vérification des accords entre les déterminants et les noms au moyen d'une analyse syntaxique locale**

La correction par analyse syntaxique locale a cependant des limites. Examinons une nouvelle phrase qui comporte une erreur plus difficile à repérer, puisque vient s'insérer entre les mots dont il faut analyser les rapports un mot de catégorie grammaticale identique à celle du premier : *Cette grande dame aux traits tirés mordraient ses chiens immobiles.*

Dans cette phrase, il y a une incompatibilité entre les nombres de *dame* (qui est au singulier) et *mordraient* (qui est au pluriel). Donc, si on admet que le correcteur faisant une analyse syntaxique locale accède à la règle suivante : *Le verbe s'accorde avec le premier nom ou le premier pronom placé avant lui*, le correcteur peut passer outre à cette erreur, puisque le premier nom rencontré avant le verbe (*traits*) est effectivement au pluriel. L'analyse syntaxique locale telle que nous l'avons illustrée ne peut détecter ce genre d'erreur, puisqu'elle n'a pas accès à une représentation qui tient compte des rapports entre tous les mots de la phrase. On peut contourner le problème ponctuellement en précisant que le sujet est le premier nom de la phrase, ce qui permettra de détecter l'erreur contenue dans la phrase citée. Toutefois, dans ce type d'analyse syntaxique, les règles et les ajustements seront toujours fonction d'un contexte immédiat et non de l'ensemble de la phrase.

*b*) L'**analyse syntaxique complète** de la phrase permet d'observer les rapports entre tous les mots qu'elle renferme. Les résultats de cet examen sont nettement plus satisfaisants que ceux de l'analyse locale ; toutefois, il faut plus de temps pour les obtenir.

L'analyse syntaxique complète effectuée par les correcteurs peut reposer sur différents modèles de représentation, mais tous retiennent les rapports entre tous les mots d'une phrase, à partir desquels ils appliquent leurs vérifications. Nous avons reproduit, à la figure 9.11, une représentation possible de la phrase suivante : *Cette grande dame aux traits tirés mordraient ses chiens immobiles*. Il s'agit d'une représentation produite par une grammaire de dépendance (voir la section consacrée à l'analyse syntaxique dans le chapitre 3).

La représentation rend explicite le lien entre le sujet et le verbe, d'une part, et le complément et le verbe, d'autre part ; les déterminants sont rattachés aux mots qu'ils déterminent ; les adjectifs sont subordonnés aux mots qu'ils modifient, et ainsi de suite. Dans notre exemple, l'incompatibilité des nombres entre *dame* et *mordraient* est détectée.

L'analyse syntaxique complète de la phrase permet également au correcteur d'analyser la structure d'une phrase complexe (proposition principale et subordonnées) et de vérifier les règles d'ordonnancement des mots qui s'appliquent dans ces cas.

*Cette grande dame aux traits tirés mordraient ses chiens immobiles.*

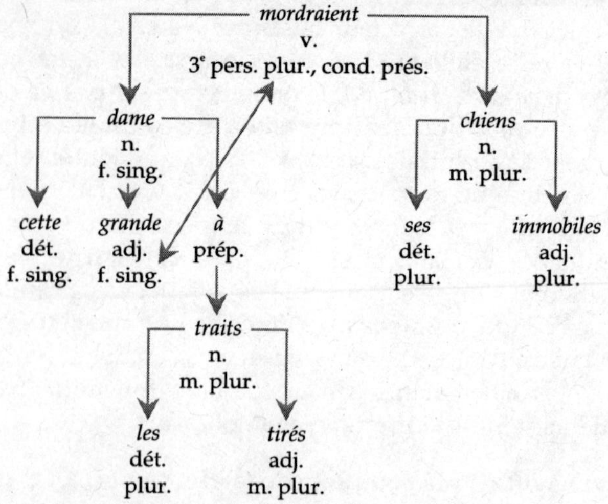


**Figure 9.11 – Vérification de la compatibilité des accords entre le sujet et le verbe au moyen d'une analyse syntaxique complète de la phrase**

### *Nombre de règles de grammaire*

Le nombre de règles grammaticales est extrêmement variable d'un correcteur à l'autre. Les règles de base sont généralement présentes et permettent de vérifier (pour le français) :

- ☑ l'accord entre les adjectifs et les noms ;
- ☑ l'accord entre les déterminants et les noms ;
- ☑ l'accord entre les verbes et les sujets ;
- ☑ l'accord des participes passés ;
- ☑ la présence des éléments essentiels, notamment du verbe ;
- ☑ la concordance des temps (par exemple, le subjonctif après *bien que* ou *avant que* ; l'utilisation de l'imparfait après *si*).

Toutefois, des correcteurs passent outre à certaines erreurs, soit parce qu'ils ne comportent pas les règles appropriées, soit parce qu'ils ont recours à une analyse syntaxique locale. Voici quelques vérifications qui sont faites uniquement par les correcteurs perfectionnés :

- ☑ accord sujet-verbe lorsque le verbe est précédé d'un syntagme nominal comportant un collectif (par exemple, *la plupart des enfants aiment les glaces ; Une foule de problèmes surviennent lorsqu'on tente de faire traiter la langue automatiquement ; Une foule de badauds a envahi le site de l'accident*) ;

☑ accord sujet-verbe dans une phrase comportant des propositions subordonnées (par exemple, *Les enfants dont tu m'as parlé et qui sont très enjoués se réjouissent de ta venue ; Pierre, qui étudie à l'Université de Montréal depuis plus de trois ans et qui a hâte de terminer ses études, se joindra à nous*) ;

☑ accord sujet-verbe dans des phrases interrogatives et exclamatives (par exemple, *Nous les avez-vous déjà données, les fleurs ? Les as-tu reçus, les colis ?*) ;

☑ références pronominales dans une même phrase et accords qui en découlent (par exemple, *Ces fleurs, les avez-vous reçues ? Je l'ai bien vue, la démonstration*) ;

☑ prise en compte de comportements particuliers (par exemple, adjectifs invariables : *Ces emballages orange ; Les politiciens évitent de porter des complets marron ; une blouse bleu clair*) ;

☑ accord des participes passés de verbes pronominaux (par exemple, *Je me suis penchée sur la question ; Ils se sont tournés vers d'autres amis ; Elles se sont mis dans la tête de tout prendre en charge*).

### Modalités de correction

Les correcteurs proposent deux modes de correction : *a*) automatique sur l'ensemble d'un texte ; ou *b*) ponctuelle après approbation de l'utilisateur. Dans certains correcteurs, c'est l'utilisateur qui sélectionne le mode de correction.

*a*) En correction automatique, le texte est analysé d'un bout à l'autre et le correcteur insère les corrections lui-même aux endroits jugés appropriés. Généralement, un affichage spécial indique les passages sur lesquels le correcteur est intervenu. Ce mode de correction n'est pas conseillé compte tenu des limites des correcteurs.

*b*) En correction interactive, le correcteur s'arrête dès qu'il détecte une erreur possible et fait une ou plusieurs suggestions à l'utilisateur. Ce dernier : 1) approuve la suggestion faite par le correcteur ou en choisit une dans la liste ; 2) apporte les modifications dans le texte ; 3) passe outre au problème signalé par le correcteur. La correction interactive requiert plus de temps que la correction automatique, mais elle permet d'intervenir là où le correcteur fait une analyse erronée.

### *Langues traitées*

Comme le traitement effectué par un correcteur grammatical repose largement sur des techniques linguistiques, la correction ne porte que sur une langue à la fois.

On trouve, dans les logiciels de traitement de texte, des correcteurs capables de vérifier des textes rédigés dans plusieurs langues. L'utilisateur doit simplement sélectionner une langue donnée avant de lancer la correction. En revanche, la plupart des correcteurs autonomes sont conçus pour traiter une seule langue. Il faut généralement faire l'acquisition d'une version séparée, lorsqu'elle existe, pour faire corriger des textes rédigés dans une autre langue.

Par ailleurs, certains correcteurs s'adressent à une catégorie d'utilisateurs bien ciblée (par exemple, des utilisateurs québécois ou français, ou des rédacteurs dont la langue maternelle est différente). Les erreurs détectées ainsi que les suggestions sont établies en fonction de cette clientèle. Certains correcteurs peuvent être paramétrés pour s'adapter à des utilisateurs particuliers.

### *Ajouts aux correcteurs grammaticaux*

Outre la correction purement grammaticale (vérification des accords, des structures de phrase et de la présence des éléments essentiels), certains correcteurs tiennent compte d'autres difficultés de rédaction, dont : *a*) le style (lisibilité des phrases, détection de certaines structures courantes) ; *b*) la typographie.

*a*) Des correcteurs portent un jugement sur le **style** du rédacteur. Par exemple, un outil peut signaler toutes les phrases passives et suggérer de les reformuler. Certains correcteurs proposent également une évaluation sommaire de la **lisibilité** d'un texte (en calculant, par exemple, le nombre de phrases très longues, d'emplois du passif, de phrases nominales). La figure 9.12 donne quelques éléments évalués dans le module Prisme du correcteur *Antidote*. Le correcteur fait une évaluation pragmatique et stylistique du texte ; il attire également l'attention de l'utilisateur sur la logique du texte et certaines tournures.

**Style**
Répétitions
Verbes incolores (comme *être*, *faire*, etc.)
Phrases trop longues
Phrases non verbales

**Logique**
Charnières
Citations
Incises

**Pragmatique**
Qui (noms de personnes ou d'organismes)
Combien (éléments numériques)
Quand (expressions de temps)
Où (expressions de lieu)

**Tournures**
Impersonnelles
Négatives
Participiales
Passives

**Figure 9.12 – Éléments stylistiques évalués par le module Prisme d'*Antidote***

*b*) La plupart des correcteurs effectuent une vérification de la **typographie**, qui intervient généralement pendant la correction grammaticale proprement dite. Par exemple, ils relèvent la présence d'un espace devant les deux points, d'une majuscule au début d'une phrase, vérifient la présence de parenthèses et de guillemets ouvrants et fermants. Certains outils s'assurent de l'insertion du trait d'union dans les structures qui l'imposent (par exemple, entre le verbe et le pronom dans certaines phrases interrogatives).

De plus, des correcteurs offrent des outils d'aide à la rédaction, dont : *a*) des dictionnaires généraux ou spécialisés ; *b*) un conjugueur.

*a*) Les correcteurs intègrent généralement un ou des dictionnaires classiques (c'est-à-dire contenant de l'information – comme des définitions ou des renvois analogiques – qui n'est pas directement exploitée par le correcteur). Certains produits incorporent les versions électroniques de dictionnaires généraux ou spécialisés par ailleurs vendus séparément. D'autres proposent un dictionnaire spécifique.

*b*) Certains correcteurs intègrent également des **conjugueurs**, qui sont en fait des aide-mémoire regroupant toutes les formes fléchies des verbes. Les conjugueurs sont consultés ponctuellement par l'utilisateur et, souvent, une forme fléchie peut être reportée directement dans le texte si on la sélectionne.

## *Limites des correcteurs grammaticaux*

La correction grammaticale automatisée comporte des limites, car elle fait appel à un ensemble de tâches extrêmement difficiles à automatiser. Elle se bute aux difficultés éprouvées par n'importe quel traitement automatique qui s'appuie sur des techniques linguistiques. De plus, elle considère que tous les mots d'une phrase sont susceptibles de comporter une erreur. Les imperfections des correcteurs grammaticaux se divisent en deux catégories : la **sous-correction** et la **surcorrection**. Dans le premier cas, le correcteur passe outre à une faute réelle ; dans le second, il s'arrête sur un mot qui est correct. Les causes de sous-correction et de surcorrection sont multiples. Nous en examinons quelques-unes ci-dessous.

---

**Comment déterminer la nature véritable de l'erreur ?**

Les correcteurs, lorsqu'ils s'arrêtent sur une erreur possible, affichent, en plus de la difficulté relevée et d'une suggestion, une règle de grammaire pour assister l'utilisateur. Toutefois, il arrive que le correcteur ne puisse déterminer la nature véritable de l'erreur. Par exemple, s'il détecte une incompatibilité d'accord entre un nom et un déterminant, le correcteur signale qu'il y a un accord fautif. Il peut déceler l'incompatibilité de nombre, mais il ne peut déterminer avec certitude lequel des deux mots est fautif : est-ce *les* ou *dame* dans l'exemple suivant ?

> *Le chien mord les dame.*
> Vérifier l'accord de *les* et de *dame*.
> Le déterminant s'accorde avec le nom qui suit.

Certains correcteurs ont recours à des stratégies d'identification des erreurs fondées sur une évaluation du problème le plus probable. Par exemple, un correcteur pourra indiquer, pour l'exemple ci-dessus, que le nom est fautif, car il faut appuyer sur plus de touches pour modifier l'erreur contenue dans le déterminant.

---

*a*) **Ambiguïté catégorielle** : Les phrases qui renferment des homographes catégoriels entraînent parfois des problèmes d'analyse. Le correcteur doit résoudre les ambiguïtés afin d'appliquer les règles grammaticales qui conviennent. Par exemple, pour détecter correctement les erreurs contenues dans les phrases suivantes et faire des suggestions appropriées, le correcteur doit sélectionner la bonne catégorie grammaticale.

| | |
|---|---|
| *J'ai la <u>fermes</u> intention d'utiliser ce correcteur.* | adjectif |
| *La <u>fermes</u> de mon oncle se trouve à des kilomètres d'ici.* | nom |
| *Pierre <u>fermes</u> la porte derrière lui.* | verbe |

Bien qu'il procède à une désambiguïsation des homographes catégoriels, le correcteur peut arrêter son choix sur une catégorie grammaticale incorrecte. Paradoxalement, même s'il sélectionne une catégorie erronée, le correcteur peut tout de même signaler une erreur à l'utilisateur. Par exemple, si le *fermes* de la première phrase est identifié comme un nom, un correcteur peut indiquer une incompatibilité entre les accords de *la* et *fermes*. Toutefois, la suggestion de correction ne sera pas juste.

> *J'ai la fermes intention d'utiliser ce correcteur.*
> Vérifier l'accord de *la* et de *fermes*.
> Le déterminant s'accorde avec le nom qui lui succède.

*b*) **Ambiguïté de structure** : Les phrases qui sont ambiguës sur le plan de la structure compliquent la tâche du correcteur, car celui-ci ne peut établir sans équivoque les rapports entre les mots de la phrase. Examinons l'exemple suivant :

> *La joie des enfants très palpables.*

Cette partie de phrase comporte une erreur, puisque *palpable* modifie *joie* et non *enfants*. Le correcteur ne peut détecter cette erreur avec certitude puisque l'adjectif pourrait, si l'on tient compte des règles grammaticales uniquement, modifier l'un ou l'autre nom. On peut établir une comparaison avec la partie de phrase suivante : *La joie des enfants très agités*. La résolution de cette ambiguïté passe par des connaissances autres que grammaticales (l'humain peut déduire qu'il y a erreur, puisqu'on dit qu'une joie est palpable, mais pas que des enfants le sont). Les correcteurs détectent l'erreur s'ils vérifient les compatibilités sémantiques des mots. Toutefois, le recours à ces techniques n'est pas généralisé.

Certains correcteurs, bien qu'ils ne puissent prendre une décision eux-mêmes, signalent ces types de phrases à l'utilisateur pour attirer son attention sur un problème potentiel.

*c*) Structures de phrases peu fréquentes : Les phrases qui ne sont pas conformes aux structures les plus courantes dans une langue donnée nuisent à l'analyse syntaxique. Par exemple, en français, le sujet précède généralement le verbe et les compléments sont placés après le verbe. Lorsque l'ordre est inversé, comme dans la phrase suivante, certains correcteurs n'arrivent pas à repérer le sujet correctement.

> *Dans la savane rugit les lions.*

Pour détecter l'erreur, des correcteurs peuvent avoir recours, encore une fois, aux descriptions des restrictions de sélection de certains mots. Toutefois, comme nous l'avons déjà souligné, les correcteurs n'ont pas tous accès à ce type de renseignements.

*d*) Phrases très longues ou complexes : Les phrases comportant plusieurs propositions subordonnées ou des propositions incises rendent l'analyse syntaxique difficile et mènent parfois à des ambiguïtés de structure. La phrase suivante tirée du roman *Du Côté de chez Swann* de Marcel Proust est une illustration de phrase complexe qui donnerait du fil à retordre à un correcteur :

> *C'est qu'aussi – comme il arrive dans ces moments de rêverie au milieu de la nature où, l'action de l'habitude étant suspendue, nos notions abstraites des choses mises de côté, nous croyons d'une foi profonde à l'originalité, à la vie individuelle du lieu où nous nous trouvons – la passante qu'appelait mon désir me semble être non un exemplaire quelconque de ce type général : la femme, mais un produit nécessaire et naturel de ce sol.*

Les phrases longues et complexes n'apparaissent pas que dans les textes littéraires. La phrase ci-dessous, qui est extraite d'un texte spécialisé, en témoigne :

> *L'analyse syntaxique effectuée par les correcteurs, bien qu'elle requière du temps – le temps d'analyse est parfois paramétrable – et même si elle s'appuie sur un répertoire comportant un nombre élevé de règles, ne permet pas la levée de toutes les ambiguïtés, ni la correction de l'ensemble des erreurs, puisque la tâche confiée à un correcteur est extrêmement complexe.*

Les correcteurs qui font une analyse syntaxique complète de la phrase signalent à l'utilisateur que la phrase est très longue pour qu'il intervienne sur celle-ci, si c'est possible.

*e*) **Analyses interphrastiques** : L'analyse syntaxique effectuée par les correcteurs se limite généralement à la phrase et ne tient pas compte des liens qui unissent une première phrase à des phrases voisines. Or, certains problèmes d'accord ne sont détectés que lorsqu'une analyse interphrastique est effectuée. C'est le cas, par exemple, de l'accord des pronoms, comme l'illustre l'exemple suivant :

> *Les étudiants de mon cours aiment les mangues. Ils sont en outre bénéfiques pour la santé.*

Le pronom de la seconde phrase (*ils*) est fautif puisque ce sont les mangues qui sont bonnes pour la santé. La détection de l'erreur requiert l'interprétation d'un lien extraphrastique et des connaissances extralinguistiques, car on ne dit pas, en général, que les étudiants sont bénéfiques pour la santé.

## Récapitulatif des fonctions des correcteurs grammaticaux

Le tableau 9.2 énumère les fonctions offertes par les correcteurs grammaticaux présentées aux sections qui précèdent ainsi que les variantes trouvées dans les produits existants. Rappelons que les correcteurs grammaticaux intègrent des fonctions de vérification orthographique qui sont résumées au tableau 9.1.

**TABLEAU 9.2**
**Récapitulatif des fonctions des correcteurs grammaticaux**

| Fonctions | Variantes |
|---|---|
| Type d'analyse syntaxique | Analyse syntaxique locale<br>Analyse syntaxique complète de la phrase |
| Nombre de règles de grammaire | Règles de base<br>Grammaire interactive |
| Modalités de correction | Automatique<br>Interactive |
| Langues traitées | Généralement une seule langue |
| Ajouts aux correcteurs | Évaluation du style ou de la lisibilité<br>Typographie<br>Dictionnaires<br>Conjugueur |

## Conclusion : Rôle des aides à la correction en traduction

La vérification orthographique et la correction grammaticale sont généralement utilisées par le traducteur après la saisie d'un texte cible pour faire repérer des erreurs qu'il n'a pas relevées lui-même. Il reste toujours dans un texte des coquilles ou des accords fautifs qu'un relecteur, même s'il maîtrise parfaitement l'orthographe et les règles de grammaire, ne voit pas. Les aides à la correction relèvent une partie de ces erreurs.

Le traducteur peut également mettre à contribution les aides à la correction lors de la préparation d'un texte en vue de le soumettre à un autre traitement. Il les utilise, par exemple, pour détecter les erreurs contenues dans un texte numérisé avant de l'intégrer à une banque de textes (voir le chapitre 6) ou avant de le soumettre à un outil de rappel automatique (voir le chapitre 7), à un dépouillement (voir le chapitre 8) ou, encore, à une traduction automatique (voir le chapitre 10).

Toutefois, le traitement effectué par ces outils exige un certain temps. La correction interactive (plus souhaitable que la correction automatique) s'arrête sur toutes les possibilités d'erreur, ce qui oblige l'utilisateur à intervenir constamment. Par ailleurs, les correcteurs s'arrêtent parfois sur des mots qui ne sont pas fautifs (surcorrection) ; l'utilisateur doit tout de même examiner l'élément signalé par le correcteur et lui demander de passer outre à la suggestion. De plus, l'analyse de textes spécialisés peut exiger un certain temps si le dictionnaire du correcteur n'est pas enrichi. Il arrive que l'utilisateur doive ajouter un nombre important de termes pour rendre le correcteur apte à les reconnaître.

Par ailleurs, aucun correcteur sur le marché ne relève l'ensemble des erreurs (sous-correction), même si certains produits sont nettement plus performants que d'autres. L'utilisateur ne peut s'y fier entièrement et doit relire le texte lui-même pour s'assurer qu'il est impeccable. Paradoxalement, et les concepteurs de correcteurs grammaticaux s'entendent là-dessus, l'utilisateur doit avoir une bonne maîtrise des règles grammaticales d'une langue pour bien interpréter les suggestions du correcteur et faire des choix appropriés.

## *Suggestions de lectures*

Plusieurs périodiques grand public (revues d'informatique et même certains quotidiens) présentent des évaluations comparatives des correcteurs (notamment lorsqu'un nouveau produit est mis sur le marché). On trouvera également des évaluations d'aides à la correction dans *Circuit*.

Il est plutôt difficile de trouver de la documentation sur le fonctionnement des aides à la correction. Toutefois, Blampain (1996) et Blain (1994) proposent des descriptions partielles du fonctionnement des correcteurs.

# 10. Les logiciels de traduction automatique

Phrase soumise à un logiciel de traduction automatique :
*Boule qui roule n'amasse pas mousse.*

Traduction anglaise proposée par le logiciel :
*Ball that rolls doesn't accumulate moss.*

Traduction française proposée par le même logiciel,
à qui on a soumis la traduction anglaise :
*Balle qui petits pains n'accumule pas la mousse.*

Les **logiciels de traduction automatique (TA)** sont des ensembles de programmes, souvent extrêmement complexes, qui convertissent un premier texte rédigé dans une langue donnée (un **texte source**) en un texte dans une autre langue (un **texte cible**). Parmi tous les outils examinés jusqu'ici, les logiciels de TA sont les seuls qui prétendent prendre en charge l'ensemble du processus de traduction.

La TA, on l'a vu au chapitre 1, a soulevé depuis ses débuts de nombreux débats et a fait l'objet de critiques parfois virulentes. Pourtant, elle rend des services dans certaines circonstances. D'abord, certains systèmes offrent des performances très satisfaisantes pour la traduction de textes liés à des microdomaines de spécialité (par exemple, *TAUM-MÉTÉO*, voir le chapitre 1). Rappelons qu'on parle alors de **traduction entièrement automatique de haute qualité (TEAHQ)**. Ensuite, la TA sert à connaître la teneur générale de textes rédigés dans une langue étrangère. Un nombre croissant de services de TA sont offerts dans Internet pour cette utilisation grand public.

Enfin, et c'est l'application qui nous intéressera désormais, certains services de traduction ont recours à la TA pour accélérer la production de textes cibles. Les traducteurs jouent alors le rôle de **postéditeurs**, c'est-à-dire qu'ils apportent des corrections plus ou moins importantes au texte proposé par la machine (la **traduction brute**). Toutefois, l'utilisation d'un logiciel de TA impose au traducteur une modulation sensible de ses méthodes de travail. Parmi tous les outils d'aide à la traduction, le logiciel de TA est celui qui impose le plus grand nombre de contraintes.

Les logiciels de TA, même s'ils sont parfois utiles, ne produisent pas de résultats parfaits, c'est-à-dire des textes cibles qui ne nécessitent aucune postédition. En outre, la TA n'est rentable que dans des circonstances très précises signalées au chapitre 1 et que nous examinerons en détail à la fin du présent chapitre.

## Fonctionnement d'un logiciel de traduction automatique

Il est particulièrement difficile, voire impossible, de décrire le fonctionnement des différents logiciels de TA de façon uniforme, car on observe des variantes souvent importantes d'un système à l'autre. De plus, si on considère les systèmes développés partiellement ou complètement, mais qui n'ont pas été commercialisés, ceux qui intègrent des modes de traitement et des analyses linguistiques perfectionnés et les systèmes qui sont conçus pour un usage spécifique (par exemple, *TAUM-MÉTÉO*), les différences se multiplient encore davantage.

Le présent chapitre met l'accent sur les logiciels commerciaux : les petits systèmes (par exemple, *Language Assistant*, *Power Translator*) et quelques systèmes de plus grande envergure (par exemple, *Logos*, *Systran*). Une partie des systèmes que l'on retrouve dans le Web (*AlphaWorks*, *Promt's Translator*, *Reverso*, etc.) fonctionnent également de la même manière.

Ces logiciels abordent un texte source en suivant *grosso modo* les mêmes étapes de traitement. Nous décrivons, un peu plus loin, une séquence d'analyses qui reflète assez fidèlement le traitement effectué par ces logiciels. Mais, auparavant, nous passons en revue quelques concepts de base largement utilisés dans le domaine de la TA et dont nous aurons besoin dans les sections suivantes.

### *Concepts de base : analyse, transfert et génération*

Les différentes opérations effectuées par un logiciel de TA sont regroupées dans trois phases distinctes : l'**analyse**, le **transfert** et la **génération**. Les trois phases s'articulent selon la séquence présentée à la figure 10.1.

**Texte source**

Analyse

↓

Transfert

↓

Génération

**Texte cible**

**Figure 10.1 – Phases de traitement en traduction automatique**

*a*) Lors de l'**analyse**, le logiciel extrait du texte à traduire les renseignements nécessaires pour interpréter les mots et représenter les phrases que ce texte contient. Il identifie les mots au moyen d'un dictionnaire, retient l'information flexionnelle sur les mots variables et fait une analyse syntaxique.

*b*) Lors du **transfert**, le logiciel établit les correspondances entre les éléments relevés dans le texte source et ceux dont il a besoin dans le texte cible. Les correspondances sont plus ou moins abstraites selon la stratégie adoptée.

*c*) Lors de la **génération**, le logiciel produit le texte cible à partir des renseignements obtenus au cours des deux autres phases. Il fléchit les mots cibles et les ordonne selon les règles propres à la langue cible.

### *Fonctionnement d'un logiciel de traduction automatique commercial*

Pour obtenir les renseignements dont il a besoin pour traiter deux langues, le logiciel de traduction automatique aborde un texte phrase à phrase et franchit les étapes illustrées à la figure 10.2. Ici, on décrit les logiciels de TA commerciaux faisant appel à des **techniques linguistiques**.

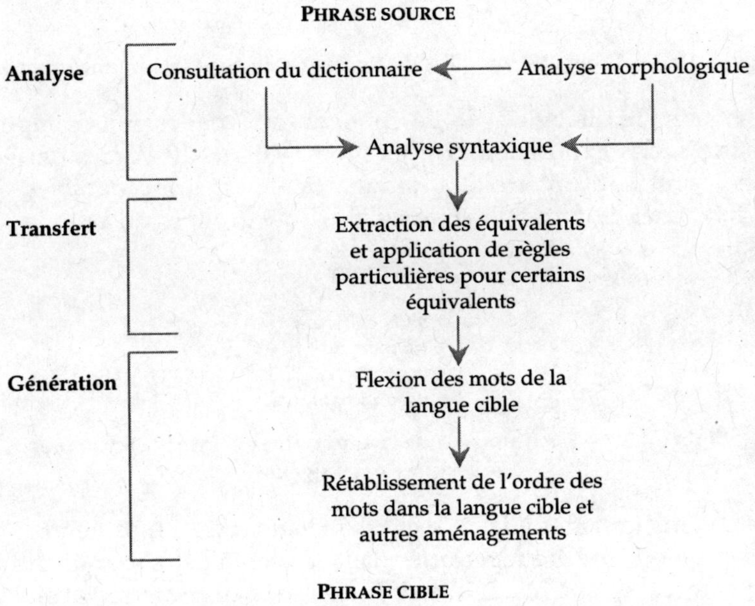


**Figure 10.2 – Traitement effectué par un logiciel de TA**

***Consultation du dictionnaire***

**Analyse**

Le logiciel de TA compare chacun des mots contenus dans la phrase source aux entrées d'un **dictionnaire**. Il retient également l'information qui y a été consignée (la catégorie grammaticale, par exemple) et y fait appel lors des analyses suivantes. La figure 10.3 montre ce qu'on peut obtenir à la suite d'une consultation du dictionnaire pour la phrase : *The user connects the mechanical mouse.*

Pour identifier certains mots, par exemple *connect*, une analyse morphologique est nécessaire si le logiciel de TA consulte un dictionnaire de formes canoniques.

*The user connects the mechanical mouse.*

↓

**Dictionnaire**
*connect*, v.
*mechanical*, adj. ⟶
*mouse*, n.
*the*, dét.
*user*, n.

*The*, dét.
*user*, n.
*connect*, v.
*the*, dét.
*mechanical*, adj.
*mouse*, n.

**Figure 10.3 – Consultation d'un dictionnaire en traduction automatique**

Le dictionnaire du logiciel de TA contient souvent des **mots complexes** et, parfois, des **expressions figées** (voir la figure 10.4). Ces dernières entrées sont souvent traitées comme des entités inséparables et le logiciel extrait l'information particulière à ces groupes de mots.

**Dictionnaire**
*back up*, n.
*even though*, conj.
*in addition*, adv.
*laser printer*, n.
*portable computer*, n.

**Figure 10.4 – Dictionnaire de traduction avec mots complexes et expressions figées**

Tout comme les aides à la correction, le logiciel de TA se heurte à des mots qui n'ont pas été répertoriés dans le dictionnaire, ce qui entraîne différents inconvénients. D'abord, il n'est pas en mesure d'attribuer à ces mots une catégorie grammaticale ; ensuite, il ne connaît pas leur équivalent. Après la traduction, les mots inconnus sont généralement laissés tels quels dans le texte cible ; ils sont parfois identifiés au moyen de symboles particuliers.

**Détection des mots nouveaux avant la traduction**

Certains logiciels de TA sont également pourvus d'un programme d'identification des **mots nouveaux** (voir le chapitre 8). L'utilisateur lance ce programme avant de faire traduire le texte afin que soient identifiés les mots qui n'ont pas fait l'objet d'une entrée et il aménage le dictionnaire du logiciel de TA en conséquence.

Enfin, le logiciel de TA doit tenir compte des **homographes catégoriels**, c'est-à-dire recenser les mots qui peuvent assumer les rôles de plus d'une catégorie grammaticale. Lors de la consultation du dictionnaire, le logiciel retient toutes les possibilités, et les ambiguïtés sont levées lors de l'analyse syntaxique.

### *Analyse morphologique*

**Analyse**

L'**analyse morphologique**, présente lorsque le logiciel de TA fait appel à un **dictionnaire de formes canoniques**[1], intervient lors de la consultation du dictionnaire et sert : *a*) à associer une forme fléchie à une forme canonique ; *b*) à interpréter et à retenir l'information flexionnelle sur les mots.

*a*) Lorsque les mots qui apparaissent dans la phrase source sont fléchis, le logiciel de TA doit les associer à une forme canonique. C'est le cas de *connects* dans la phrase *The user connects the mechanical mouse*. La méthode la plus simple consiste à identifier des flexions possibles (par exemple, *-s*), à les détacher du mot et à établir une correspondance avec l'entrée du dictionnaire. L'application de cette règle morphologique permet de trouver *connect*.

*b*) Le logiciel de TA interprète et retient les informations flexionnelles sur chacun des mots. Ces informations seront consultées, notamment, pour fléchir les mots de la phrase cible.

### *Analyse syntaxique*

**Analyse**

L'**analyse syntaxique**, telle qu'elle est effectuée par un logiciel de TA, sert : *a*) à lever les ambiguïtés catégorielles ; *b*) à obtenir une représentation des rapports entre les mots de la phrase source.

[1] Certains logiciels de TA consultent un dictionnaire de formes. Dans ces cas, l'information se rapportant aux variantes flexionnelles est extraite du dictionnaire.

*a*) Le système de TA désambiguïse les **homographes catégoriels** de deux manières. Il peut résoudre les ambiguïtés avant de procéder à l'analyse complète de la phrase. Dans ce premier cas, il a recours à des règles syntaxiques locales. Il peut également, quoique cette technique ne soit pas couramment implantée dans les outils commerciaux, effectuer une désambiguïsation à partir des règles syntaxiques utilisées pour générer une représentation de la structure complète de la phrase.

*b*) Le logiciel de TA interprète par la suite les différents rapports entre les mots. La représentation obtenue sert de point de référence pour générer la phrase cible.

Certains systèmes de TA moins perfectionnés font une **analyse syntaxique locale**. Cet examen partiel produit rarement des traductions satisfaisantes, même pour des phrases peu complexes. D'autres systèmes de TA font une **analyse complète de la phrase**. La représentation peut s'appuyer sur différents modèles (voir les sections consacrées à l'analyse syntaxique dans le chapitre 3). La figure 10.5 montre une représentation qui tient compte des rapports entre les éléments fonctionnels de la phrase *The user connects the mechanical mouse*.

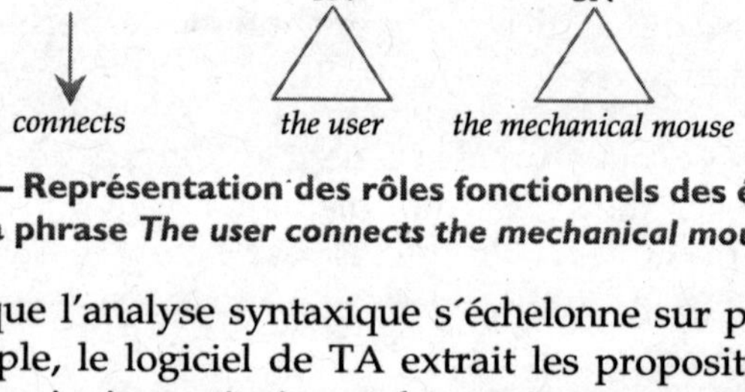


**Figure 10.5 – Représentation des rôles fonctionnels des éléments dans la phrase *The user connects the mechanical mouse*.**

Il arrive que l'analyse syntaxique s'échelonne sur plusieurs étapes. Par exemple, le logiciel de TA extrait les propositions subordonnées et les incises, ainsi que les groupes nominaux, les traite séparément et les insère dans la représentation globale à la fin de l'analyse. De plus, le logiciel peut superposer différentes règles syntaxiques pour obtenir des représentations distinctes. Par exemple, une première représentation syntagmatique mène par la suite à une représentation des rôles fonctionnels.

### *Extraction des équivalents et application de règles particulières pour certains équivalents*

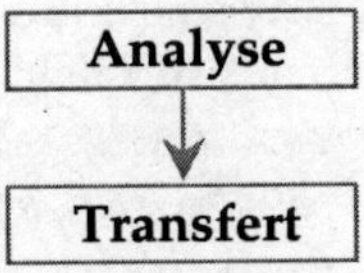


Une fois l'analyse de la phrase terminée, le logiciel de TA extrait du **dictionnaire** les équivalents qui figureront dans la phrase cible. La figure 10.6 illustre comment les mots cibles sont extraits pour la phrase *The user connects the mechanical mouse.*

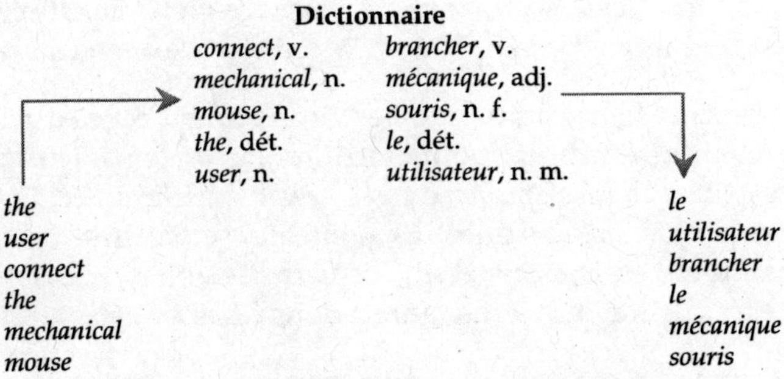


**Figure 10.6 – Extraction des équivalents**

Le logiciel retient également l'information qui accompagne ces mots (par exemple, la catégorie grammaticale) pour la consulter lors des opérations de génération.

Nous avons vu que l'analyse syntaxique servait, entre autres, à résoudre les ambiguïtés catégorielles. Lors de la sélection des équivalents, le logiciel de TA ne retient que l'équivalent associé à la catégorie grammaticale choisie. La figure 10.7 montre que l'équivalent *méchant* est extrait, puisque *mean* a été interprété comme un adjectif.

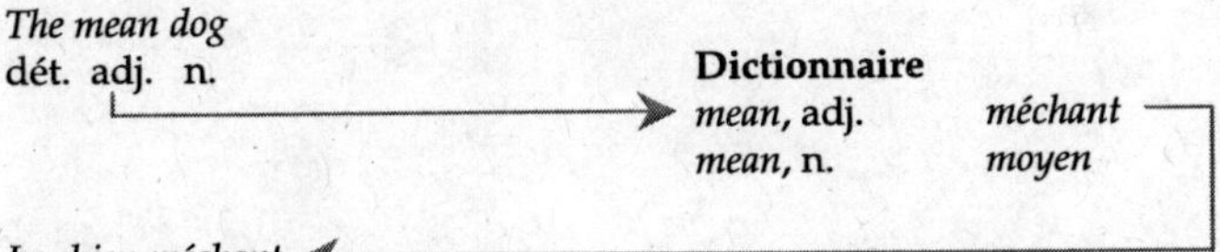


**Figure 10.7 – Extraction d'un équivalent pour un homographe catégoriel**

Les **homographes sémantiques**, quant à eux, sont traités de manières différentes par les logiciels de traduction ; nous y reviendrons plus loin.

Certaines **correspondances interlinguistiques** nécessitent le recours à des opérations de transfert particulières qui sont effectuées soit sur des mots isolés, soit sur des parties de phrases. Ces règles de transfert servent à éviter les traductions littérales, c'est-à-dire les traductions produites par l'extraction des mots tels qu'ils figurent dans le dictionnaire et l'application des règles syntaxiques générales. Voici une série d'exemples de traductions particulières que proposent certains logiciels de TA.

☑ Le transfert tient compte des fonctionnements syntaxiques différents des mots dans les langues concernées : par exemple, la traduction de *assume* dans *We assume that the problem is solved* par *tenir pour acquis* dans *Nous tenons pour acquis que le problème est réglé* exige le passage d'un verbe simple à un verbe complexe en français.

☑ Le transfert tient compte de l'environnement contextuel d'un mot source : par exemple, pour traduire *appear* dans *The icon appears on the screen* par *s'afficher* dans *L'icône s'affiche à l'écran*, une règle indique que *appear* dans ce contexte se traduit par un verbe pronominal en français et que ce verbe sélectionne la préposition *à* (une traduction mot à mot aurait donné *L'icône apparaît sur l'écran*).

☑ Le transfert tient compte de la structure syntaxique imposée par un mot : par exemple, la traduction de *like* dans *Bill likes Monica* par *plaire* dans *Monica plaît à Bill* nécessite l'application d'une règle qui permute les noms et convertit un verbe transitif en anglais en un verbe intransitif en français. La règle de transfert prend la forme de celle qui est présentée à la figure 10.8.

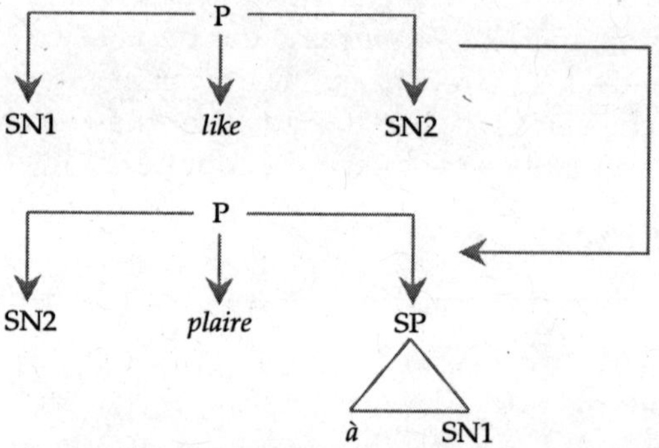


**Figure 10.8 – Règle de transfert pour *like***

☑ Le transfert tient compte d'une **structure syntaxique divergente** imposée par une phrase cible particulière : par exemple, pour traduire *Blériot flew across the Channel* par *Blériot a traversé la Manche en avion* et non par *Blériot a volé à travers la Manche* (Vinay et Darbelnet, 1977), il faut transformer le verbe anglais (*fly*) en un syntagme prépositionnel (*en avion*) et la préposition anglaise (*across*) en un verbe (*traverser*).

☑ Le transfert tient compte d'autres structures syntaxiques divergentes : par exemple, des phrases passives anglaises sont transformées en phrases actives en français avec le pronom indéfini *on*, notamment pour des verbes intransitifs anglais qui peuvent être employés au passif, ce qui n'est pas permis en français (par exemple, *The problem will be dealt with shortly / On s'attaquera au problème sous peu*).

### *Flexion des mots de la langue cible*

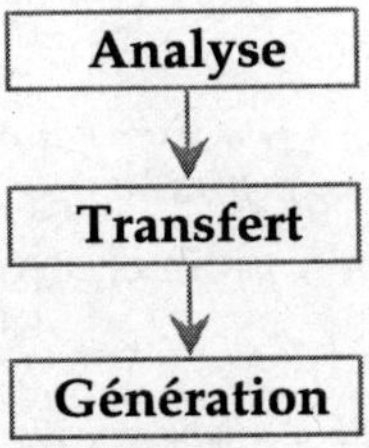


La première opération de génération consiste à fléchir les mots de la langue cible en ayant recours aux renseignements obtenus au cours des analyses précédentes, à savoir :

☑ l'information flexionnelle fournie par l'analyse morphologique des mots de la phrase source ;

☑ l'information relative aux rapports syntaxiques entre les mots dégagée par l'analyse syntaxique ;

☑ l'information qui accompagne les mots de la langue cible extraite du dictionnaire.

Le logiciel consulte par la suite les règles morphologiques propres à la langue cible. Par exemple, pour les équivalents des mots de la phrase *The user connects the mechanical mouse*, nous obtenons les formes reproduites à la figure 10.9.

| | |
|---|---|
| *The*, dét. | *le*, dét. m. sing. |
| *user*, n. sing. | *utilisateur*, n. m. |
| *connects*, v. 3e pers. sing., présent | *branche*, v. 3e pers. sing., présent |
| *the*, dét. | *la*, dét. f. sing. |
| *mechanical*, adj. sing. | *mécanique*, adj. sing. |
| *mouse*, n. sing. | *souris*, n. f. |

*Le utilisateur branche la mécanique souris.*

**Figure 10.9 – Flexion des mots cibles**

***Rétablissement de l'ordre des mots dans la langue cible et autres aménagements***

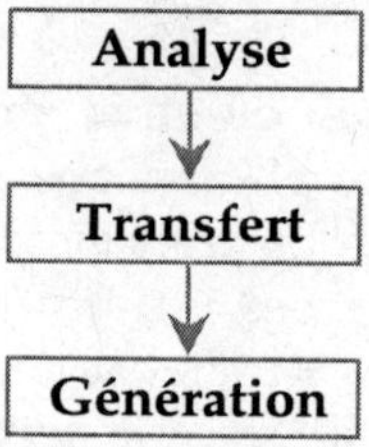


À cette étape, le logiciel de TA ordonne les mots de la langue cible. Il y parvient en consultant l'information extraite lors de l'analyse syntaxique de la phrase source et en activant les règles propres à la langue cible.

Dans la phrase citée jusqu'ici (*The user connects the mechanical mouse*), le logiciel de TA permute *mechanical* et *mouse*, puisqu'en français l'adjectif se place généralement après le nom. La permutation est illustrée à la figure 10.10.

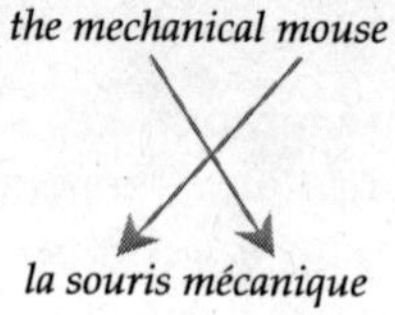


**Figure 10.10 – Modification de l'ordre adjectif + nom**

Par ailleurs, le logiciel effectue un nombre plus ou moins élevé d'opérations en fonction des particularités de la langue cible. Par exemple, pour traduire *The user connects the mechanical mouse* par *L'utilisateur branche la souris mécanique*, il doit élider le premier déterminant, puisque *utilisateur* débute par une voyelle.

Les logiciels de TA procèdent à d'autres aménagements, dont voici quelques exemples :

☑ En anglais, certains noms pluriels ne sont pas précédés d'un déterminant ; le logiciel de TA doit en produire un en français. Par exemple, pour traduire *Orchids are my favourite flowers* par *Les orchidées sont mes fleurs préférées*, le logiciel ajoute un déterminant en français (ici, un article défini).

> *Orchids are my favourite flowers.*
> Traduction : <u>*Les*</u> *orchidées sont mes fleurs préférées.*

☑ Les syntagmes nominaux anglais et français ne s'ordonnent pas tous de la même façon ; l'ordre des mots est inversé et des prépositions sont ajoutées entre les noms français. Voici de quelle manière est traduit le syntagme nominal *system control unit :*

*system control unit*
Traduction : *unité de commande de système*

## Approches adoptées par les systèmes de traduction automatique

La section précédente a décrit le fonctionnement d'un système de traduction commercial représentatif. En fait, les systèmes commerciaux empruntent à différentes stratégies traitées de façon distincte dans la littérature spécialisée. Nous en décrivons quelques-unes dans cette section.

Les stratégies utilisées en TA sont généralement classées de la manière suivante : *a*) approche directe ; *b*) approche par transfert ; *c*) approche par interlangue. Nous verrons qu'en fonction de la stratégie adoptée, les notions d'analyse, de transfert et de génération prennent des formes différentes.

*a*) L'**approche directe** est la technique de TA la plus ancienne. D'ailleurs, les logiciels qui y ont recours sont appelés **systèmes de TA de première génération**. L'approche directe est encore mobilisée dans certains logiciels peu coûteux et peu perfectionnés. On en retrouve également des traces dans des systèmes commerciaux de grande envergure.

Dans l'approche directe typique, un programme consulte un dictionnaire contenant les mots de la langue source et leur équivalent dans la langue cible, et peut effectuer au préalable une analyse morphologique. Par la suite, il extrait les équivalents et les ordonne au moyen de règles syntaxiques locales. La figure 10.11 (adaptée de Hutchins et Somers, 1992) illustre le fonctionnement de l'approche directe.

La TA par approche directe est sans conteste la technique dont les résultats sont les plus prévisibles. Toutefois, ses limites sont vite atteintes : elle ne fait pas une analyse syntaxique complète de la phrase source et n'en obtient donc qu'un portrait partiel. De plus, comme elle n'intègre que des connaissances fragmentaires sur la langue cible, les transferts sont presque tous effectués à partir de ce que le programme connaît de la langue source.

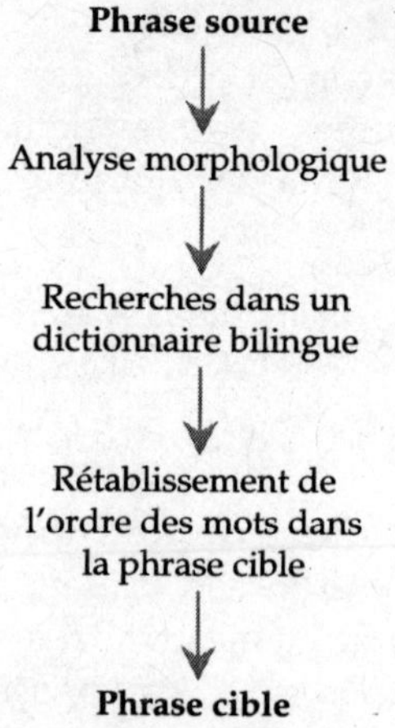


**Figure 10.11 – Fonctionnement de l'approche directe**

*b*) L'**approche par transfert** est la plus couramment utilisée par les systèmes de TA d'envergure. En fait, ces logiciels commerciaux constituent souvent des hybrides qui retiennent des éléments de l'approche directe et d'autres de l'approche par transfert.

L'approche par transfert a recours à une première série de règles qui rendent compte de la langue source pour la phase d'analyse et à une seconde série de règles qui décrivent le fonctionnement de la langue cible pour la phase de génération. En outre, elle intègre un module de transfert qui établit des correspondances plus ou moins complexes entre les mots et les structures syntaxiques des langues traitées. La figure 10.12 illustre la séquence de traitement d'un logiciel de TA par transfert.

L'approche par transfert permet des analyses plus raffinées que l'approche directe, puisqu'elle utilise des représentations abstraites qui s'éloignent des langues en présence. Elle est toutefois moins robuste.

L'approche par transfert présente d'autres inconvénients. Les règles de représentation des phrases sources et cibles, ainsi que les règles de correspondances définies dans le module de transfert, sont élaborées pour un couple de langues en particulier, par exemple, de l'anglais au français. La prise en compte d'un nouveau couple de langues, par exemple, de l'anglais à l'allemand et, même, du français à l'anglais, entraîne une redéfinition des règles.

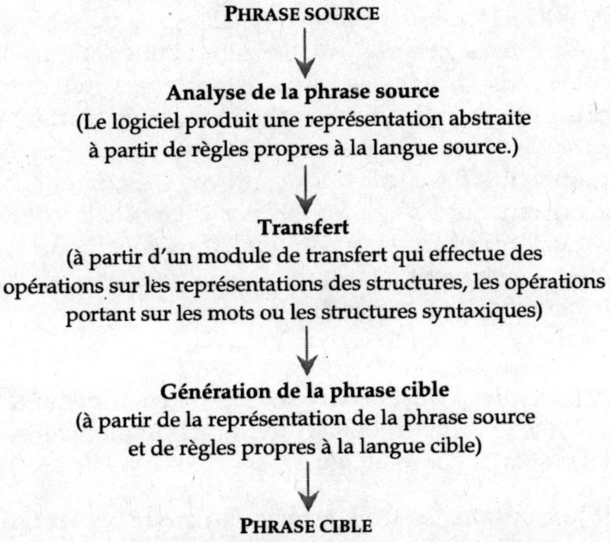


**Figure 10.12 – Fonctionnement de l'approche par transfert**

*c*) L'**approche par interlangue** consiste à produire, à partir d'une phrase source, une représentation intermédiaire – appelée **interlangue** – qui est indépendante des langues en présence. Lors de l'analyse, la phrase source est convertie dans cette interlangue qui servira à générer la phrase cible, sans retour à la phrase source proprement dite.

Le principe de l'interlangue est attrayant : comme la représentation est définie indépendamment des langues traduites, elle reste valable peu importe le couple de langues traitées. En théorie, la notion de couple de langues n'existe plus. Ainsi, une interlangue implantée dans un système de TA, qui traduit de l'anglais au français, s'utilise aussi bien pour traduire de l'anglais à l'allemand : seules les règles propres à chaque langue, c'est-à-dire les règles morphologiques et syntaxiques, doivent être définies. La figure 10.13 (adaptée de Hutchins et Somers, 1992) illustre cette dernière observation.

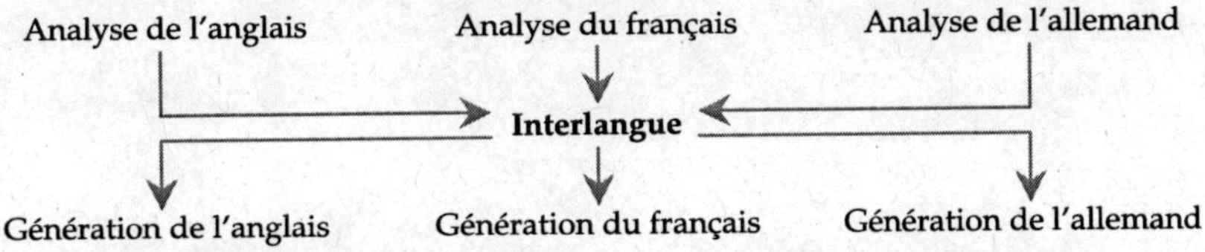


**Figure 10.13 – Fonctionnement de l'approche par interlangue**

Les attraits de l'interlangue sont surtout théoriques et son implantation réelle soulève un certain nombre de problèmes pratiques. Se pose d'abord la question de sa définition : quelle représentation sera complètement indépendante des langues traitées tout en retenant toutes leurs propriétés ? De plus, l'interlangue doit retenir l'ensemble des différences qui existent entre toutes les langues à prendre en charge. Or, des distinctions importantes pour la traduction de textes anglais vers le français ne sont pas nécessairement pertinentes dans une traduction vers l'espagnol. En revanche, d'autres distinctions s'ajouteront. Par exemple, le concept dénoté par les mots *red* et *rouge* est unique. Toutefois l'espagnol fait une distinction que ne font pas l'anglais et le français : *rojo* et *tinto* (voir l'explication de la non-isomorphie dans la section consacrée au sens des mots du chapitre 2).

Pour ces raisons, l'approche par interlangue, même si elle a été testée de façon expérimentale, n'est pas implantée comme telle dans les systèmes commerciaux.

Comme on le constate, les trois principales stratégies de TA – directe, par transfert et par interlangue – diffèrent sur plusieurs plans. Elles se distinguent notamment par le niveau d'abstraction des représentations mobilisées : la traduction par approche directe reste très proche de la langue source ; la traduction par interlangue produit une représentation intermédiaire qui se veut tout à fait indépendante des langues traduites ; la traduction par transfert se situe entre les deux. On a souvent illustré les rapports entre les trois approches au moyen d'une pyramide qui est reproduite à la figure 10.14.

La flèche placée à gauche de la figure 10.14 montre le chemin à parcourir pour analyser un texte source. Plus on analyse le texte source, plus la représentation intermédiaire est épurée et peut être réutilisée directement pour la génération du texte cible sans passer par un module de transfert proprement dit. En revanche, lorsque l'analyse du texte source est sommaire (comme, par exemple, en traduction directe), un grand nombre de correspondances interlinguistiques doivent être formulées.

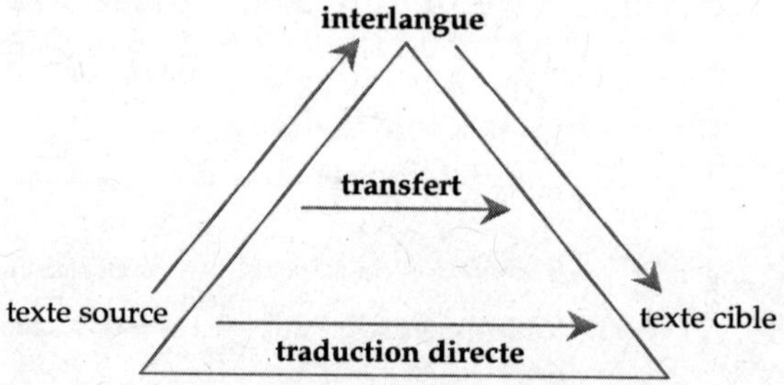


**Figure 10.14 – Rapports entre la traduction directe, par transfert et par interlangue**

**Autres stratégies de traduction automatique**

Les stratégies décrites jusqu'à maintenant font appel à des techniques linguistiques plus ou moins élaborées selon le cas. D'autres stratégies différentes de celles que nous avons décrites dans cette section ont été mises au point par les chercheurs. Nous en décrivons deux ici.

*a*) Intégration des connaissances du monde

À la suite des premiers échecs de la TA au milieu des années 1960, des chercheurs ont proposé d'intégrer des **connaissances du monde** dans les systèmes de TA pour solutionner les problèmes que les modèles linguistiques seuls ne parviennent pas à résoudre. L'intégration s'est faite à partir de techniques associées à l'intelligence artificielle.

Cette stratégie est intuitivement attrayante, mais elle est extrêmement difficile à appliquer. Il est, en effet, impossible de prévoir l'ensemble des connaissances dont aura besoin un traitement automatique pour résoudre un problème linguistique particulier. La stratégie semble possible à implanter pour traiter des textes liés à des domaines bien circonscrits, mais elle présente des difficultés quasi insurmontables pour des textes de nature générale.

Bien que les stratégies initiales développées pour intégrer les connaissances du monde à la TA ne soient pas tellement employées comme telles, elles ont tout de même contribué à l'intégration de modèles sémantiques plus élaborés dans les systèmes de TA.

*b*) Techniques numériques

D'autres formes d'automatisation de la traduction s'appuient sur des **techniques numériques** (voir le chapitre 3). Des travaux largement diffusés ont été réalisés par Brown et collab. (1990). À partir d'un corpus volumineux (le Hansard, qui contient les comptes rendus des débats à la Chambre des communes du Canada), les chercheurs ont mesuré les probabilités selon lesquelles un mot source se traduisait par un mot cible donné. Ils ont ensuite traduit d'autres passages dans le corpus à partir des résultats obtenus. D'après l'étude, le taux de succès de cette approche est d'environ 47 %.

## *Les caractéristiques des logiciels de traduction automatique*

Les logiciels de traduction commerciaux diffèrent sur un certain nombre de plans. Par ailleurs, l'utilisateur intervient soit en éditant les textes lui-même, soit en adaptant le logiciel pour améliorer la qualité de la traduction brute. Nous examinerons, dans les sections qui suivent, quelques aspects liés aux logiciels de TA et aux interventions de l'utilisateur :

☑ petits systèmes, systèmes de grande envergure et services de traduction dans le Web ;

☑ couples de langues traitées et directionnalité ;

☑ interventions de l'utilisateur ;

☑ enrichissement et édition du dictionnaire ;

☑ traitement des homographes sémantiques ;

☑ postédition de la traduction brute.

Nous verrons également que les logiciels de TA commettent des erreurs et nous examinerons quelques motifs pour lesquels les textes produits sont rarement entièrement satisfaisants.

***Petits systèmes, systèmes de grande envergure et services de traduction dans le Web***

Les logiciels de traduction commerciaux entrent dans trois catégories, à savoir : *a*) les petits systèmes ; *b*) les systèmes de grande envergure, et *c*) les services de traduction dans le Web, qui diffèrent sur un certain nombre de plans.

*a*) Petits systèmes : Ils sont en général peu coûteux et ne nécessitent pas un ordinateur puissant. Les informations linguistiques sur lesquelles ils s'appuient sont souvent réduites à leur plus simple expression : par exemple, la plupart se contentent de faire une analyse syntaxique locale, ils intègrent rarement de l'information sémantique et ils prennent en charge un nombre réduit d'équivalences particulières. Les petits systèmes sont souvent faciles à installer et génèrent des traductions rapidement. Toutefois, leurs performances sont nettement moins intéressantes que celles des systèmes de grande envergure.

*b*) Systèmes de grande envergure : Ces systèmes sont coûteux et nécessitent une capacité de traitement assez élevée. Ils reposent sur des modèles linguistiques souvent élaborés : par exemple, ils font une analyse complète de la phrase, ils s'appuient sur des dictionnaires volumineux, ils font appel à de l'information sémantique et ils prennent en compte un nombre élevé d'équivalences particulières. Par conséquent, la traduction d'un texte exige un certain temps.

L'utilisation des logiciels d'envergure demande parfois une formation spécialisée. Dans certains cas, les informations linguistiques entrées par l'utilisateur sont très complexes. Par ailleurs, comme ils sont coûteux et exigent une infrastructure importante, les systèmes de grande envergure sont utilisés par des équipes de traducteurs et non par des travailleurs autonomes.

*c)* Un nombre croissant de services de traduction automatique sont offerts, parfois gratuitement, dans le Web. Les textes sont soumis dans une interface qui se charge de les transmettre à un système de traduction automatique. La longueur des textes peut varier, allant de quelques lignes à des documents entiers. Ces services présentent quelques attraits par rapport à ceux que nous venons de décrire, en ce sens qu'ils ne nécessitent pas d'installation sur un poste informatique. Toutefois, les utilisateurs sont rarement autorisés à faire des modifications, par exemple, des ajouts au dictionnaire, afin de mieux préparer la traduction.

### *Couples de langues traitées et directionnalité*

Les langues traitées varient d'un système à l'autre : certains systèmes ne traitent qu'un seul couple de langues (par exemple, de l'anglais au français) ; d'autres, plusieurs (par exemple, de l'anglais au français, de l'anglais à l'espagnol et de l'anglais à l'allemand). La figure 10.15 illustre une partie des couples de langues offerts par le logiciel de traduction *Reverso.*

*English-French translation*
*English-German translation*
*English-Portuguese translation*
*English-Russian translation*
*English-Spanish translation*
*French-English translation*
*French-Russian translation*
*French-Spanish translation*
*German-English translation*
...

**Figure 10.15 – Couples de langues traitées par le logiciel de TA *Reverso***

La prise en compte de divers couples de langues entraîne l'élaboration de dictionnaires différents ainsi que le recours à des règles distinctes et à des modules bilingues établissant des correspondances entre les langues en présence. En général, une version séparée doit être acquise pour le traitement d'un nouveau couple de langues.

Certains logiciels offrent la traduction d'un couple de langues donné dans les deux sens (par exemple, de l'anglais au français, et du français à l'anglais également). On parle alors de **systèmes bidirectionnels**. La figure 10.16 illustre le principe de la bidirectionnalité. Les systèmes bidirectionnels ne sont pas réversibles, c'est-à-dire qu'ils ne font pas appel aux mêmes mécanismes pour traduire dans les deux sens. Ils sont pourvus de dictionnaires bilingues distincts et de quatre appareils de règles : un premier ensemble de règles permet l'analyse d'une première langue source (par exemple, l'anglais) ; un deuxième va générer des phrases cibles (par exemple, en français) ; un troisième analyse une nouvelle langue source (par exemple, le français) ; enfin, le quatrième ensemble permet de générer des phrases dans une nouvelle langue cible (par exemple, l'anglais).

anglais ⟷ français

| | |
|---|---|
| anglais-français : | dictionnaire anglais-français<br>règles d'analyse de l'anglais<br>règles de génération du français |
| français-anglais : | dictionnaire français-anglais<br>règles d'analyse du français<br>règles de génération de l'anglais |

**Figure 10.16 – Couple de langues traitées dans un système bidirectionnel**

Comme les descriptions accompagnant les langues sont distinctes dans un système bidirectionnel, la retraduction d'une phrase préalablement traduite par le même logiciel reproduit rarement la phrase initiale, comme le montre l'exemple ci-dessous.

| | |
|---|---|
| Phrase initiale | *Boule qui roule n'amasse pas mousse.* |
| Traduction vers l'anglais | *Ball that rolls doesn't accumulate moss.* |
| Retraduction vers le français | *Balle qui petits pains n'accumule pas la mousse.* |

### *Interventions de l'utilisateur*

Comme nous l'avons souligné à quelques reprises, la plupart des logiciels de TA produisent des textes qui ne peuvent être diffusés tels quels. L'humain doit intervenir à un moment donné du processus : *a*) il aménage le texte source avant de le soumettre au logiciel – cette opération est appelée **préédition** ; *b*) il corrige le texte cible – cette opération de **postédition** est toujours nécessaire ; *c*) il intervient pendant le traitement d'une traduction (le logiciel est alors dit **interactif** et les interventions permises sont généralement limitées).

Nous verrons plus loin que l'utilisateur peut intervenir d'une autre manière avant de soumettre le texte au logiciel, notamment en éditant le dictionnaire.

*a*) **Préédition** : La préédition consiste à aménager le texte source pour faciliter, en quelque sorte, la tâche du logiciel de TA. Cette opération est plus ou moins importante – en fonction de l'objectif poursuivi et du temps dont on dispose pour la réaliser – et vise à réduire le travail de postédition. Notons que même une préédition lourde n'élimine jamais tout à fait la postédition.

La préédition simple peut consister à relever les erreurs contenues dans le texte source (fautes d'orthographe ou de grammaire) ou à baliser les segments qu'on ne souhaite pas faire traduire automatiquement (par exemple, des listes descriptives ou des titres que le logiciel tente de traiter comme des phrases).

Une préédition plus complexe comporte des opérations comme celles qui suivent :

- l'uniformisation terminologique – s'assurer que les mêmes termes sont utilisés d'un bout à l'autre d'un texte ;
- la réduction des ambiguïtés sémantiques[1] – remplacer les mots ambigus par des mots qui ne le sont pas ;
- la réduction du nombre de phrases longues et complexes – préférer les phrases succinctes aux phrases qui gênent l'analyse syntaxique ;
- l'indication explicite des propositions subordonnées ou incises – détacher ces propositions des propositions principales au moyen d'une ponctuation adéquate ;
- le remplacement des pronoms – substituer aux pronoms des noms ou des syntagmes nominaux.

La préédition n'est pas faite systématiquement par tous les utilisateurs de logiciels de TA, en raison du temps qu'elle exige. Toutefois, sa rentabilité devient notable si un même texte source est traduit dans plusieurs langues cibles (par exemple, un manuel de l'utilisateur préalablement rédigé en anglais qui est traduit en espagnol, en français et en portugais).

Dans certains cas, les textes qu'on compte soumettre à la TA sont rédigés, dès le départ, en tenant compte des difficultés inhérentes à leur traitement. La rédaction fait appel parfois à un langage contrôlé.

**Langage contrôlé**

Les **langages contrôlés** ont été mis au point par des linguistes qui se sont penchés sur le vocabulaire fondamental des locuteurs. Ils ont par la suite été utilisés à différentes fins. En traduction automatique, on y a recours pour éliminer les ambiguïtés au maximum et anticiper les problèmes d'analyse. Certaines entreprises, qui utilisent la TA de façon systématique, imposent des protocoles rigides à leur service de rédaction.

[1] On peut également tenter de réduire le nombre d'homographes catégoriels, mais cette tâche est beaucoup plus difficile.

*b)* **Postédition** : La postédition consiste à corriger la traduction brute afin de la rendre acceptable pour diffusion. Cette opération peut être plus ou moins importante en fonction des facteurs suivants : les performances du logiciel de TA ; la nature du texte traduit (et le degré de préparation du logiciel au contenu du texte) ; la présence d'une préédition et l'importance de celle-ci.

La postédition ne constitue pas une forme de révision, c'est-à-dire la correction d'un texte produit par un traducteur, car les erreurs faites par un logiciel de TA diffèrent radicalement de celles imputables au traducteur. La figure 10.17 présente un texte original et la traduction brute avant sa postédition et montre le travail que doit abattre le postéditeur.

> *The purpose of the Advanced Technology Program (ATP) is to assist United States businesses to carry out research and development on pre-competitive generic technologies. These technologies are: (1) enabling, because they offer wide spectrum of potential application and form an important technical basis for future commercial applications; and (2) of high value, because when applied, they offer significant benefits to the U.S. economy. Pre-competitive technology is defined in 295.2(n) and generic technology is defined in 295.2(e).*
>
> *Le but du programme de technologie de pointe (triphosphate d'adénosine) est aider des entreprises des États-Unis d'effectuer la recherche et le développement sur les technologies génériques précompétitives. Ces technologies sont: (1) permettant, parce qu'elles offrent la gamme étendue d'application potentielle et forment une base technique importante pour de futures applications commerciales ; et (2) de valeur élevée, parce qu'une fois appliqués, ils offrent les avantages significatifs à l'économie américaine. La technologie précompétitive est définie dans 295.2(n) et la technologie générique est définie dans 295.2(e).*
>
> Traduction produite par *Systran* (Melby, 1995).

**Figure 10.17 – Exemple de traduction brute**

---

**D'autres interventions de l'utilisateur**

Certains logiciels de TA proposent à l'utilisateur des possibilités d'analyse syntaxique pour lui demander de sélectionner celle qui convient.

Ce mode d'intervention est rarement apprécié des utilisateurs. Il requiert du temps et les structures ainsi proposées sont peu « naturelles » et ne reflètent pas la manière dont un traducteur aborde une phrase.

---

*c)* **Interactivité** : Certains logiciels de TA permettent à l'utilisateur d'intervenir en cours de traitement. En général, cette intervention se limite au choix d'un équivalent correct dans un dictionnaire à choix multiple (une illustration de cette sélection d'équivalent est donnée à la figure 10.18). Dans certains systèmes, l'intervention de l'utilisateur touche d'autres niveaux d'analyse.

***Enrichissement et édition du dictionnaire***

Les logiciels de TA sont tous offerts avec un dictionnaire bilingue qui contient les mots usuels et des termes spécialisés. Toutefois, ces entrées de départ ne sont pas toujours satisfaisantes du point de vue d'un utilisateur particulier. Pour cette raison, il est généralement possible d'éditer le **dictionnaire**. Ce travail d'adaptation assure la reconnaissance des mots trouvés dans les textes habituels du traducteur ainsi que l'extraction des équivalents appropriés. Les options généralement offertes sont décrites ci-dessous.

*a*) Ajout d'entrées : L'utilisateur entre un nouveau mot, son équivalent et l'information linguistique qui se rapporte aux deux (catégorie grammaticale, mode de flexion et, dans certains cas, classe sémantique).

En général, il est permis d'ajouter des mots complexes et des expressions figées, ainsi que leur traduction, en précisant les informations flexionnelles particulières qui accompagnent ce type d'entrée.

*b*) Suppression d'un mot : Certains mots répertoriés peuvent entrer en conflit avec d'autres mots et l'utilisateur a le choix de les éliminer ou non.

*c*) Édition d'entrées existantes, qui comprend les opérations suivantes :

- suppression d'une catégorie grammaticale, notamment pour éviter les problèmes soulevés par un homographe catégoriel – cette suppression réduit les risques de mauvaises interprétations. Par exemple, si un utilisateur a recours à la TA pour traduire des textes d'informatique et que le mot *bit* alourdit la phase de résolution – la forme peut, rappelons-le, jouer le rôle d'un nom ou d'un verbe (forme passée de *bite*) –, il supprime l'entrée verbale en tenant pour acquis que seule la forme nominale apparaît dans les textes qu'il traduit ;

- ajout d'une catégorie grammaticale pour un homographe catégoriel – l'ajout permet au logiciel de tenir compte d'une nouvelle catégorie associée à un mot donné, mais absente du dictionnaire ;

- suppression d'un équivalent pour un homographe sémantique dans les dictionnaires autorisant les choix multiples – cette suppression force le logiciel à sélectionner un équivalent unique ou à faire un choix dans une liste réduite. Par exemple, *bit*, lorsqu'il est utilisé comme nom, peut se traduire par *morceau* ou par *bit* en français. Si l'utilisateur ne traduit que des textes d'informatique, il peut supprimer la première possibilité (*morceau*) et ne conserver que la seconde (*bit*) ;

- ajout d'un équivalent supplémentaire pour un homographe sémantique dans les dictionnaires autorisant les choix multiples – cet ajout permet de tenir compte des traductions multiples possibles pour un mot source.

#### *Traitement des homographes sémantiques*

La plupart des logiciels de traduction procèdent à une forme de désambiguïsation des **homographes sémantiques**. Ils permettent d'associer plus d'un équivalent à un mot source unique et disposent de mécanismes pour sélectionner un équivalent particulier. La désambiguïsation se fait automatiquement par le logiciel ou ponctuellement par l'utilisateur selon l'une des trois modalités suivantes : *a*) le choix est fait par l'utilisateur lors d'une traduction interactive ; *b*) les équivalents sont associés à des domaines de spécialité distincts ; *c*) les équivalents sont extraits en fonction des restrictions de sélection de certains mots[1].

*a*) Choix de l'équivalent par l'utilisateur : Dans ce premier cas, le dictionnaire contient plusieurs équivalents pour un mot source donné et l'utilisateur sélectionne celui qui convient parmi les possibilités offertes par le logiciel. La figure 10.18 illustre ce principe : le dictionnaire propose plusieurs équivalents pour le mot *set* et l'utilisateur sélectionne *placer*, qui convient dans ce contexte.

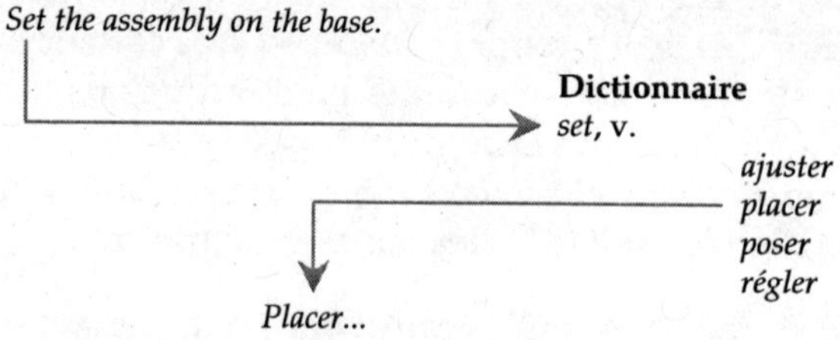


**Figure 10.18 – Sélection d'un équivalent par l'utilisateur**

Cette méthode de désambiguïsation n'est offerte que par les logiciels interactifs et ceux-ci afficheront des suggestions pour tous les mots auxquels l'utilisateur a attribué plusieurs équivalents. Dans

[1] On se souviendra que les deux premières techniques sont offertes par certains traducteurs de vocabulaire.

l'exemple de la figure 10.18, il s'arrêteront sur *assembly* (qui se traduit par *assemblée*, *ensemble*, *montage*, etc.) et sur *base* (qui se rend par *base*, *fondement*, *racine*, *support*, etc.).

*b*) Certains logiciels de TA distinguent les équivalents multiples en les associant à des **domaines de spécialité**. Avant de lancer une traduction, l'utilisateur sélectionne le domaine de spécialité auquel il veut accorder la priorité : les équivalents liés à ce domaine sont extraits en premier lieu.

La figure 10.19 illustre ce mode de sélection. Le mot *duct* a deux équivalents, à savoir *conduit*, associé au domaine de la tuyauterie, et *canal*, associé au domaine de la médecine. Avant de lancer la traduction, l'utilisateur sélectionne le domaine de la tuyauterie : le logiciel de TA opte donc pour *conduit*.

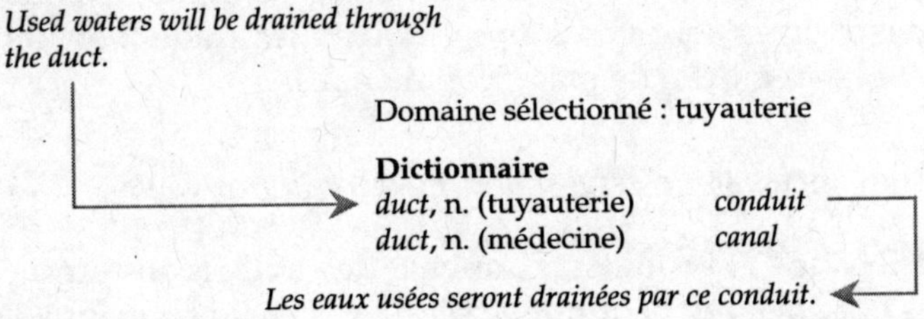


**Figure 10.19 – Sélection d'équivalents associés à des domaines de spécialité**

*c*) Description des **restrictions de sélection** de certains mots : Des logiciels de TA intègrent des règles de restrictions de sélection, qui leur servent à effectuer une désambiguïsation automatique des homographes sémantiques. La figure 10.20 illustre la technique. On distingue d'abord les deux sens du mot *run* (lorsqu'il est intransitif) en précisant que, dans un premier cas, le verbe admet un sujet dénotant des êtres animés (la traduction sera *courir*) et que, dans le second cas, il admet un sujet dénotant des objets inanimés (la traduction sera *tourner*). Par la suite, le logiciel vérifie la classe sémantique du sujet de *run* et sélectionne l'équivalent approprié.

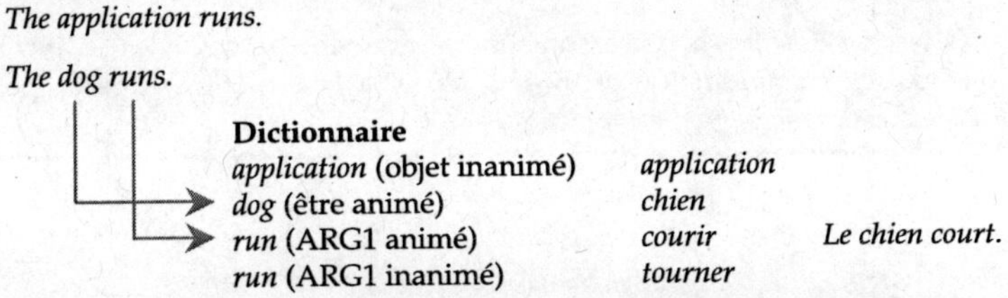


**Figure 10.20 – Sélection d'un équivalent en fonction des restrictions de sélection**

### *Postédition de la traduction brute*

La **postédition** se fait, le plus souvent, au moyen d'un logiciel de traitement de texte. En général, les logiciels de TA reçoivent un texte source, saisi au moyen d'un logiciel de traitement de texte, et produisent un texte cible dans un format compatible[1]. Il faut s'assurer que le logiciel de TA reproduit tous les éléments structurels qui étaient présents dans le texte source. Par ailleurs, certains logiciels n'interprètent qu'un nombre limité de formats. Dans ce cas, le texte doit être converti avant de lancer l'opération de traduction.

Le travail de postédition nécessite un va-et-vient constant entre le texte source et le texte cible. L'utilisateur doit, en effet, s'assurer de l'exactitude des traductions et la lecture du texte cible suffit rarement. La correction des problèmes récurrents se fait, lorsque c'est possible, au moyen des fonctions de recherche et de remplacement. Si les problèmes relevés sont communs à toutes les traductions brutes, ils sont corrigés au moyen de macrocommandes.

## *Limites des logiciels de traduction automatique*

Les logiciels de TA produisent souvent des traductions erronées, dont certaines ont été largement publicisées. Les causes tiennent à l'extrême complexité des tâches reliées à l'automatisation de la traduction, qui se heurte aux obstacles du traitement automatique de la langue, mais qui, en plus, prend en charge deux langues dont les lexiques et les règles syntaxiques diffèrent.

Les erreurs commises par les logiciels de TA sont causées par plusieurs facteurs et nous en examinons quelques-uns ci-dessous.

---

**Les erreurs du logiciel de TA**

La plupart des difficultés éprouvées par les logiciels de traduction automatique sont communes à un grand nombre de traitements automatiques (problèmes de résolution des ambiguïtés catégorielles et sémantiques, problèmes de représentation des phrases, etc.).

Toutefois, en TA, les erreurs sont immédiatement perceptibles et identifiables puisque la traduction proposée par le logiciel montre explicitement où il s'est trompé.

---

[1] Certains logiciels de TA sont offerts avec un éditeur, ce qui ne constitue pas une solution très intéressante puisque le nombre de fonctions offertes par ces éditeurs est nettement inférieur à ce que propose le logiciel de traitement de texte.

*a*) **Ambiguïtés catégorielles** – Les mots ambigus sur le plan catégoriel posent parfois des problèmes de traduction, notamment s'ils sont juxtaposés. L'interprétation de la catégorie grammaticale d'un mot a des répercussions sur l'analyse syntaxique (un mot mal analysé entraîne souvent des erreurs d'analyse pour d'autres mots dans la phrase) et sur le choix de l'équivalent. Voici deux exemples de traduction comportant des équivalents fautifs en raison d'une désambiguïsation catégorielle erronée :

> *Close and secure panel door.*
> Traduction incorrecte : *Porte de panneau proche et solide.* (Les verbes anglais ont été interprétés comme des adjectifs. Traduction correcte : *Fermer et fixer la porte du panneau.*)
>
> *Hit valve shaft.*
> Traduction incorrecte : *L'arbre de soupape de succès.* (Le verbe anglais a été interprété comme un nom. Traduction correcte : *Appuyer sur l'arbre de soupape.*)

*b*) **Ambiguïtés sémantiques** – Les mots ambigus sur le plan sémantique entraînent souvent la sélection d'équivalents erronés. Les mécanismes de sélection étudiés plus haut et les multiples ajustements qu'un utilisateur peut faire au contenu d'un dictionnaire ne sauraient prévoir tous les homographes sémantiques. Voici quelques exemples de traductions erronées :

> *The part is illustrated in part 3 of this manual.*
> Traductions incorrectes : *La pièce est illustrée à la pièce 3 de ce manuel.* (Le premier équivalent de *part* convient, mais pas le second.)
> *La partie est illustrée à la partie 3 de ce manuel.* (Cette fois, le second équivalent convient, mais pas le premier.)
>
> *The panel carries a clock.*
> Traduction incorrecte : *Le panneau transporte une horloge.* (Traduction correcte : *Le panneau comporte une horloge.*)

*c*) **Ambiguïtés de structure** – Les phrases qui comportent des ambiguïtés de structure donnent parfois lieu à des traductions erronées. Le logiciel de TA génère la phrase cible à partir de l'interprétation faite de la phrase source : par conséquent, si l'interprétation est fautive, la phrase cible ne sera pas correcte.

Une traduction fautive est parfois obtenue à la suite d'une mauvaise interprétation catégorielle. Dans l'exemple suivant, les mots *cause* et *switch* (qui peuvent jouer tous deux les rôles de nom et de verbe) ont été mal interprétés :

*The operation causes switch to activate.*
Traduction incorrecte : *Les causes de l'opération commutent pour activer.* (Traduction correcte : *Cette opération a pour effet d'activer les commutateurs.*)

D'autres difficultés surviennent lorsque les rapports syntaxiques entre les mots sont mal analysés. Dans la phrase ci-dessous, *with the failed circuit* a été analysé comme un complément de *replace*, alors qu'il modifie *board*.

*Replace the board with the failed circuit.*
Traduction incorrecte : *Remplacer la carte par le circuit défectueux.* (Traduction correcte : *Remplacer la carte qui a un circuit défectueux.*)

Dans l'exemple suivant, les rapports entre les composantes du syntagme nominal ont été mal interprétés :

*Database and text management systems.*
Traduction incorrecte : *La base de données et les systèmes de gestion de texte.* (Traduction correcte : *Les systèmes de gestion de bases de données et de texte.*)

Enfin, comme en correction grammaticale, les phrases longues et complexes compliquent l'analyse syntaxique et mènent à des ambiguïtés de structure.

*d*) **Expressions figées** non connues du logiciel – Les expressions figées sont traduites littéralement si elles n'ont pas été consignées. Voici quelques exemples d'expressions qui ne seraient pas nécessairement prises en charge par un logiciel de TA :

*It is raining cats and dogs.*
Traduction incorrecte : *Il pleut des chats et des chiens.* (Traduction correcte : *Il pleut à boire debout.*)

*A bird in the hand is worth two in the bush.*
Traduction incorrecte : *Un oiseau dans la main vaut deux dans le buisson.* (Traduction correcte : *Un tiens vaut mieux que deux tu l'auras.*)

*e*) **Divergences interlinguistiques** – Il existe un nombre important de divergences de nature syntaxique et sémantique entre les langues. De plus, certaines tournures sont considérées comme étant plus idiomatiques que d'autres pourtant grammaticalement correctes. Les divergences varient en fonction des couples de langues envisagés et elles sont parfois considérables. En fait, on a souvent tendance à les sous-estimer en traduction automatique.

Les logiciels de TA ne prennent en charge qu'un nombre limité de divergences interlinguistiques. Nous avons déjà décrit quelques différences de nature syntaxique : ordre des noms dans un syntagme nominal, ordre nom + adjectif, possibilité de mettre un verbe anglais intransitif au passif, alors qu'en français, cette structure n'est pas admise. Les divergences stylistiques, quant à elles, sont nettement plus difficiles à décrire et à recenser : elles ne sont guère traitées par les logiciels commerciaux. Nous signalons, ci-après, quelques divergences stylistiques entre l'anglais et le français.

**Traductions d'expressions comportant la préposition *on***

Lehrberger et Bourbeau (1988, p. 114-116) ont effectué un recensement des traductions françaises possibles d'expressions anglaises contenant la préposition *on*. Nous en reproduisons quelques-unes ci-dessous :

| | |
|---|---|
| *She lived on vegetables.* | *Elle vivait de légumes.* |
| *She served on the jury.* | *Elle faisait partie du jury.* |
| *She sat on his left.* | *Elle était assise à sa gauche.* |
| *She talked on the phone.* | *Elle parlait au téléphone.* |
| *She saw it on television.* | *Elle l'a vu à la télévision.* |
| *She said it on leaving.* | *Elle l'a dit en partant.* |
| *She left on Monday.* | *Elle est partie lundi.* |
| *We got on the subject of politics.* | *Nous en sommes venus à parler de politique.* |
| *We can leave on a moment's notice.* | *Nous pouvons partir à l'instant.* |
| *On seeing the police, he left.* | *Lorsqu'il vit la police, il partit.* |
| *On further reflexion, he decided to stay.* | *Après y avoir réfléchi, il décida de rester.* |
| *They were on time.* | *Ils étaient à l'heure.* |
| *They were on call.* | *Ils étaient en service commandé.* |
| *The teachers are on strike.* | *Les enseignants font la grève.* |
| *The car runs on propane.* | *La voiture fonctionne au propane.* |
| *The building is on fire.* | *La maison est en feu.* |
| *The book on the shelf.* | *La livre sur le rayon.* |
| *The book on mathematics.* | *Le livre de mathématiques.* |
| *The book on sale.* | *Le livre en solde.* |
| *The duty on alcoholic beverages.* | *Les droits sur les boissons alcooliques.* |
| *Payment on delivery.* | *Paiement à la livraison.* |
| *On penalty of death.* | *Sous peine de mort.* |
| *On the run.* | *En fuite.* |
| *He is on his feet.* | *Il est sur pied.* |

➤ Formes verbales – Les temps et les modes verbaux ne se correspondent pas parfaitement dans les deux langues. Parfois, les motifs sont purement stylistiques. Par exemple, un texte technique anglais utilise l'impératif, alors que le français préfère l'infinitif :

> *Remove the board from the computer.*
> Traduction : *Enlever la carte de l'ordinateur.* (Et non *Enlevez la carte de l'ordinateur*.)

De même, le texte technique anglais n'hésite pas à utiliser des verbes modaux au conditionnel, alors que le français préfère l'indicatif présent :

*The user should make sure the connections are soldered.*
Traduction : *L'utilisateur doit s'assurer que les connexions sont brasées.* (Et non *L'utilisateur devrait s'assurer que les connexions sont brasées.*)

- Nécessité d'étoffer dans la langue cible – Il arrive fréquemment que les prépositions ou les conjonctions doivent être étoffées en français au moyen d'autres mots :

  *The inspector on the case* (Vinay et Darbelnet, 1977)
  Traduction : *L'inspecteur chargé de l'enquête*

  *It depends on when you have to go.* (Vinay et Darbelnet, 1977)
  Traduction : *Cela dépend du moment où vous devez partir.*

## Récapitulatif des caractéristiques des logiciels de traduction automatique

Le tableau 10.1 rappelle les caractéristiques générales des logiciels de TA commerciaux présentées aux sections précédentes, ainsi que leurs variantes.

**TABLEAU 10.1**
**Récapitulatif des caractéristiques des logiciels de TA**

| Caractéristiques | Variantes |
|---|---|
| Taille du système | Petit système<br>Système de grande envergure<br>Services de traduction dans le Web |
| Couple de langues et directionnalité | Un seul couple de langues<br>Plus d'un couple de langues<br>Unidirectionnel<br>Bidirectionnel |
| Interventions de l'utilisateur | Préédition<br>Postédition<br>Interactivité |
| Enrichissement et édition du dictionnaire | Permis dans les logiciels tournant sur un poste d'ordinateur<br>Non permis dans les systèmes accessibles dans le Web<br>Ajout d'entrées<br>Suppression d'entrées<br>Édition d'entrées existantes |
| Traitement des homographes sémantiques | Sélection faite par l'utilisateur<br>Distinction des homographes par domaines<br>Restrictions de sélection |
| Édition de la traduction | Éditeur présent dans le logiciel de TA<br>Édition au moyen du traitement de texte |

## Conclusion : Rôle de la traduction automatique en traduction

La TA permet d'accélérer la production de certains textes, puisqu'elle génère un texte cible que le traducteur corrige et aménage afin de le rendre acceptable. Le traducteur fait le tri entre les traductions correctes et les passages fautifs et n'intervient que sur ces derniers. Par ailleurs, l'utilisateur peut améliorer la traduction brute dans une certaine mesure soit en prééditant le texte source, soit en adaptant le dictionnaire consulté par le logiciel de TA à des textes particuliers. La TA garantit l'uniformisation des textes cibles, qui devient d'autant plus importante dans les cas où les textes sont traduits par une équipe.

Toutefois, la TA ne convient pas à toutes les situations de traduction. Les textes soumis au logiciel doivent présenter des caractéristiques assez précises pour, d'une part, limiter le nombre de traductions erronées (et, par conséquent, réduire le travail de postédition) et, d'autre part, justifier les efforts d'alimentation du dictionnaire. Nous examinons, ci-dessous, quelques circonstances favorables à la TA.

*a*) Textes spécialisés : Ces textes se caractérisent généralement par une utilisation importante de mots et d'unités terminologiques dont la traduction varie peu. Les possibilités d'ambiguïtés sémantiques sont réduites, ce qui accroît la qualité des résultats.

*b*) Textes de même nature : Il est plus rentable de faire traiter des textes liés au même domaine de spécialité ou à des domaines apparentés, puisqu'on peut prévoir leurs caractéristiques et adapter le logiciel en fonction de celles-ci. Par ailleurs, comme l'utilisateur adapte et enrichit le dictionnaire sollicité par le logiciel de TA, les efforts déployés pour faire traiter un premier texte seront utiles pour faire traduire d'autres textes de nature semblable. Le volume de documents portant sur le même sujet détermine la rentabilité de la TA.

*c*) Textes comportant peu de phrases complexes : La présence de phrases complexes accroît le nombre d'erreurs liées à l'analyse syntaxique.

*d*) Préédition des textes à traduire : La préédition anticipe les éléments qui posent invariablement des problèmes de traduction. Cette intervention réduit le travail de postédition, sans l'éliminer complètement cependant.

*e*) Définition des protocoles de rédaction des textes sources : Les protocoles de rédaction servent à ajuster les textes à soumettre au logiciel de TA. Si les protocoles sont suffisamment rigides (ils peuvent aller jusqu'à l'application d'un langage contrôlé), la préédition ne devient plus nécessaire et le temps consacré à la postédition est réduit considérablement.

## *Suggestions de lectures*

Parmi tous les ouvrages portant sur la TA, ceux qui brossent le tableau le plus complet des techniques linguistiques et informatiques utilisées et des problèmes liés à l'entreprise sont sans conteste Hutchins (1986) et Hutchins et Somers (1992). La dernière partie du second manuel fait un descriptif de nombreux logiciels de TA. On trouvera également dans Arnold et collab. (1994) et dans Bouillon et Clas (1993) plusieurs renseignements sur les techniques utilisées en TA, sur son utilisation concrète et sur l'évaluation des logiciels de TA.

King (1987) est un collectif consacré à la présentation des logiciels de TA qui existaient à l'époque de sa parution. Par ailleurs, la revue *Machine translation* consacre quelques numéros à des logiciels de TA. Pour un état de la question très récent, voir Hutchins (2003). Brown et collab. (1990) présentent le détail de techniques numériques utilisées à des fins de traduction. Lehrberger et Bourbeau (1988) et White (2003) abordent la question de l'évaluation de la TA.

Melby (1995) présente un historique de la TA, ainsi que certains renseignements généraux sur son fonctionnement. Il fait également une critique assez sévère des possibilités de la TA. Sager (1994) traite des possibilités d'utilisation de la TA par les traducteurs. Le travail de postédition est décrit dans Allen (2003).

# 11. Conclusion : Comprendre l'intérêt des outils informatiques en traduction

*The computer's contribution is not "good"*
*or "bad" in a vacuum;*
*it is appropriate or inappropriate in the context*
*of a particular translation task.*
JILL E. BOORGARD, dans *Technology as Translation Strategy*

Dans ce manuel, nous nous sommes penchée sur les techniques auxquelles le traducteur a recours pour accélérer ou systématiser des tâches reliées à son travail. Nous avons souligné à quelques endroits les possibilités ainsi que les limites des traitements actuels et le fait que, bien qu'ils soient utiles, aucun d'entre eux ne constitue une panacée.

Mais le traducteur ne doit pas s'arrêter uniquement aux possibilités intrinsèques des outils informatiques. Il doit tenir compte d'autres facteurs liés aux conditions dans lesquelles il exerce sa profession. Il existe différentes façons de mener à bien une traduction et on ne peut décrire cette pratique au moyen d'un modèle méthodologique uniforme ou de recettes applicables en toutes circonstances.

L'informatisation de la traduction est donc envisagée en fonction de cette pratique. Comme il existe différentes façons de concevoir la traduction, on peut, au même titre, envisager son automatisation de diverses manières. Pour paraphraser Boorgard, cité en tête de ce chapitre : aucun outil informatique n'est bon ou mauvais en soi ; son intérêt ou sa valeur deviennent appréciables dans la mesure où il répond à un besoin précis.

Nous allons maintenant examiner un facteur déterminant dans l'intégration d'outils informatiques, à savoir la nature des textes à traduire[1]. Les propriétés des textes déterminent le type d'automatisation auquel ils peuvent se prêter.

---

[1] Bien qu'il s'agisse du facteur le plus important, la nature des textes à traduire n'est pas le seul critère à observer lors de la sélection d'outils informatiques. D'autres éléments influent sur leur rentabilité : quels sont les délais imposés par le client ? la traduction est-elle faite par un travailleur autonome ou par une équipe ? les tâches sont-elles partagées ?

## La nature des textes à traduire

La nature des textes retient l'attention des traducteurs, puisqu'elle a des répercussions directes sur la pratique et les méthodes de travail. Les théoriciens de la traduction qui s'intéressent à la dimension pratique de la discipline consacrent généralement une partie de leur réflexion aux types de textes.

Toutefois, il est extrêmement ardu de classer des textes différents de façon satisfaisante et au moyen d'un modèle qui fasse l'unanimité. Les typologies de textes, de l'aveu même de leurs créateurs, saisissent imparfaitement une réalité complexe. Les critères servant à classer les textes sont variés : par exemple, le public visé (spécialistes, grand public, étudiants), l'intention du texte (descriptif, argumentatif), son contenu (connaissances véhiculées, situations décrites) ou sa structure (organisation des éléments, articulation des énoncés). La typologie idéale aurait forcément plusieurs dimensions.

Les caractéristiques des textes déterminent pourtant la traduction qu'on fait de ces textes, ainsi que le type d'automatisation qu'on peut leur faire subir. Certains textes se prêtent bien à une informatisation relativement importante alors que, pour d'autres, le recours aux outils informatiques reste accessoire.

Nous présenterons certaines caractéristiques à rechercher dans les textes à traduire en vue d'une automatisation particulière. Nous verrons que certains outils se révèlent particulièrement utiles pour assister le traducteur dans le traitement d'un texte donné. Mais, auparavant, examinons deux textes prototypiques afin d'illustrer l'écart existant entre eux et les conséquences de cet écart du point de vue de l'automatisation.

### *Textes « prévisibles » et textes « imprévisibles »*

Bien qu'il soit difficile de classer tous les textes, on peut saisir intuitivement les caractéristiques présentées par des **textes prototypiques** – c'est-à-dire des textes présentant les caractéristiques « idéales » généralement associées à un groupe de textes (Snell-Hornby, 1995) – et voir si ces textes se prêtent aisément ou non à l'automatisation. Nous comparerons des textes appartenant à deux catégories souvent envisagées comme opposées, du moins du point de vue de leur traduction. Il s'agit du **texte littéraire** et du **texte spécialisé**.

L'auteur d'un **texte littéraire** typique tente de se démarquer des autres par un style individuel. Son texte est généralement marqué par la créativité, la nouveauté, la richesse et la variété des formulations ; le tout est conçu pour surprendre le lecteur et le ravir.

Le traducteur littéraire rend cette créativité palpable dans une autre langue et tente de produire les mêmes effets pour les locuteurs de cette seconde langue. Il trouve des images évocatrices qui ne sont pas des copies linguistiques des expressions utilisées dans la langue source. En cours de traduction, le traducteur littéraire fait constamment face à des situations nouvelles pour lesquelles il tente de trouver des solutions originales. Comme le remarque Newmark : « [...] *where the original innovates, the translator is compelled to innovate* [...] (1991, p. 6). » La dimension innovatrice de la traduction littéraire explique en partie pourquoi le même texte peut donner lieu à plusieurs traductions qui sont parfois réalisées à des moments fort éloignés dans le temps.

Le **texte spécialisé**, quant à lui, met en relation un nombre limité de concepts qui sont, idéalement, désignés au moyen de termes uniques repris tels quels (et non par des synonymes éventuels) dans une perspective d'uniformité. L'auteur d'un texte spécialisé – à moins qu'il ne décrive une réalité nouvelle – respecte des usages consensuels, c'est-à-dire des usages communs à un groupe de locuteurs. Dans le texte spécialisé, la variété comme telle n'est pas recherchée. En fait, on la sacrifie à la nécessité de rendre le message clair et accessible au public cible. Par conséquent, en plus des termes, certaines phrases ou parties de phrases sont dupliquées. Les réalités (objets, activités, propriétés, etc.) sont désignées au moyen des mêmes unités linguistiques afin de rendre explicites les objets décrits ou les opérations à réaliser.

Il ressort des observations qui précèdent que le rédacteur d'un texte spécialisé respecte souvent des normes de rédaction assez strictes. Ces normes entraînent une régularité des mots, des termes et des formulations. Sauf exception, le traducteur spécialisé respecte ces normes lorsqu'il produit un texte cible, puisque celui-ci doit, tout comme sa source, être transparent pour les lecteurs auxquels il est destiné. La répétition et la prévisibilité des unités linguistiques font en sorte que le traducteur peut, une fois qu'il a résolu un problème, l'appliquer à tous les passages semblables. Le travail du traducteur spécialisé peut comporter une part de mimétisme ; celui-ci peut même développer, avec le temps, des automatismes. Delisle présente le problème de cette façon : le texte spécialisé nécessite une plus grande part de reformulation « par voie directe, c'est-à-dire par réminiscence d'équivalences lexicales ou syntagmatiques plus ou moins obligatoires » (1993, p. 152), alors que le texte littéraire entraîne des reformulations par « voie indirecte, c'est-à-dire par analogie avec des expressions existantes » (1993, p. 152).

Le tableau 11.1 résume les différentes caractéristiques des textes prototypiques littéraire et spécialisé[1] décrites dans les paragraphes précédents.

**TABLEAU 11.1**
**Caractéristiques des textes prototypiques littéraire et spécialisé**

| Caractéristiques généralement associées au texte littéraire | Caractéristiques généralement associées au texte spécialisé |
|---|---|
| Richesse lexicale<br>Métaphores<br>Style « individuel » se démarquant des autres<br>Créativité, nouveauté, richesse et variété des formulations pour surprendre le lecteur | Recours à un nombre limité de concepts<br>Concepts désignés au moyen des mêmes mots ou termes<br>Phrases ou parties de phrases répétées<br>Style consensuel<br>Uniformité |

La distinction fondamentale entre les deux types de textes – si on les considère maintenant du point de vue des outils informatiques mobilisables pour les traduire – réside dans la **prévisibilité** du texte spécialisé par rapport à l'**imprévisibilité** du texte littéraire. Les unités linguistiques figurant dans le texte spécialisé sont susceptibles de réapparaître fréquemment ailleurs dans un même texte ou dans plusieurs autres textes de nature semblable. Non seulement elles sont récurrentes, mais elles sont susceptibles de véhiculer la même signification et d'apparaître dans des environnements similaires. En revanche, il est extrêmement difficile de prévoir ce qui figurera dans un texte littéraire, et les textes littéraires ne se ressemblent pas.

Cela dit, on ne doit pas conclure qu'il est théoriquement impossible de documenter l'ensemble des opérations de traduction d'un texte littéraire d'une façon suffisamment fine et détaillée. Cependant, il est peu réaliste de penser que la description sera utile pour d'autres traductions littéraires. En revanche, les solutions apportées à des problèmes que pose un texte spécialisé risquent fort d'être réutilisées pour des textes de même nature. Leur consignation devient donc rentable, puisqu'elle servira lors de la traduction de nouveaux textes.

[1] Il ne faut pas conclure des explications qui précèdent que la traduction spécialisée est totalement dépourvue de créativité ou que la traduction littéraire n'est que créativité. Nous décrivons des textes prototypiques et nous insistons sur leurs aspects divergents. Les textes littéraires et spécialisés comportent de nombreux autres aspects, notamment des difficultés faisant appel à toute la compétence du traducteur, qui n'ont pas été mentionnées. En outre, les textes littéraires et spécialisés ne se conforment pas tous à ces caractéristiques « idéales ». L'examen de leurs caractéristiques générales permet, comme nous le verrons, de mieux comprendre l'aire d'application des outils informatiques.

**L'automatisation de la traduction littéraire est-elle impossible ?**

Les outils informatiques sont-ils inutiles en traduction littéraire ? Non, ils ne sont pas tout à fait inutiles. Le traducteur littéraire utilise, lors de la rédaction du texte cible, des dictionnaires particuliers (de synonymes, de thèmes, de citations). Il pourrait également puiser des idées dans des banques de textes littéraires. Cependant, ces outils ne sont pas largement diffusés.

En résumé, les textes nécessitant un nombre élevé d'opérations de transcodage se prêtent davantage à l'informatisation que les textes exigeant du traducteur une part importante de créativité. Autrement dit, le texte prévisible se prête à une informatisation plus lourde ; à l'inverse, le texte moins prévisible ne fait appel que partiellement à l'informatique. La figure 11.1 illustre cette dernière observation.

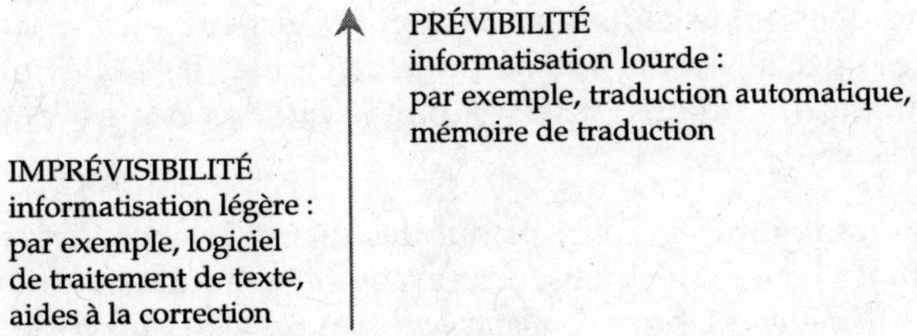


**Figure 11.1 – Prévisibilité des textes et informatisation**

Ce raisonnement, poussé un peu plus loin, explique pourquoi les bulletins météorologiques, dont le contenu est hautement prévisible, se prêtent bien à la traduction automatique, la forme la plus importante d'informatisation (voir le chapitre 1). Il explique également pourquoi l'automatisation complète de la traduction de romans ou de textes journalistiques n'est pas envisageable à court terme.

**Des outils pour tous les types de textes**

Certains outils informatiques sont utiles quel que soit le type de texte à traduire. Il s'agit : du logiciel de traitement de texte et de certaines de ses fonctions ; des aides à la correction, qui peuvent être utilisées pour revoir le texte cible.

## *Caractéristiques particulières des textes à traduire*

Dans la section précédente, nous avons dégagé quelques contrastes généraux entre les textes à traduire, qui déterminent le degré d'informatisation auquel ceux-ci peuvent se prêter. Dans les sections suivantes, nous décrivons des caractéristiques plus précises à observer lorsqu'on envisage d'utiliser des outils informatiques pour traduire un texte, à savoir :

- ☑ forte densité de mots non ambigus ;
- ☑ passages répétés ;
- ☑ nature semblable des textes ;
- ☑ intervention sur les textes sources et cibles.

### *Forte densité de mots non ambigus*

Les textes à traduire peuvent se caractériser par une utilisation importante de mots ambigus, c'est-à-dire de mots qui véhiculent plusieurs significations (des homographes sémantiques) ou, au contraire, par une forte densité de mots non ambigus. On peut classer la plupart des textes spécialisés dans la seconde catégorie (les textes médicaux ou techniques, certains textes administratifs, certains documents juridiques, etc.).

Les **mots non ambigus** sont surtout des **termes**, c'est-à-dire des mots désignant un concept spécialisé. Par exemple, les termes *souris*, *pointeur*, *barre de séparation* et *barre de défilement* utilisés dans un texte d'informatique font référence à des objets uniques propres au domaine. De même, *action*, *médicament* et *dose*, dans un texte médical, désignent de façon univoque des réalités propres au domaine. Par ailleurs, d'autres mots de nature plus générale peuvent véhiculer un seul sens dans un texte spécialisé. Par exemple, le verbe *relâcher* dans le guide d'utilisation d'un logiciel est toujours employé pour faire référence à l'activité qui consiste à cesser d'appuyer sur une touche. *Administrer*, dans un texte médical, s'emploie pour parler d'un médicament ; *se manifester* se dit d'une maladie ou d'un symptôme.

L'utilisation de termes et de mots non ambigus favorise l'intégration d'outils informatiques. Ces mots sont plus faciles à faire traiter automatiquement, puisqu'ils donnent lieu à une seule interprétation et entraînent la sélection d'un équivalent unique. Pour reprendre quelques exemples cités dans les paragraphes précédents, *souris* sera constamment traduit en anglais par *mouse*, *cliquer* par *click*, *pointeur* par *pointer*, *relâcher* par *release*.

De plus, le texte spécialisé a tendance à répéter les mots non ambigus plutôt que de chercher à varier au moyen de synonymes. Le même terme est repris pour faire référence à un concept donné et sa traduction reste fixe.

Plus un texte comporte de mots non ambigus et plus ces mots sont répétés, plus l'informatisation devient rentable, puisqu'il est possible de prévoir les équivalents appropriés dans de nombreux cas.

**Outils informatiques mobilisables pour les textes caractérisés par une forte densité de mots non ambigus**

Pour traduire les textes caractérisés par une forte densité de mots non ambigus, le traducteur peut avoir recours aux outils présentés ci-dessous :

- ☑ un dépouilleur terminologique sert à identifier les unités terminologiques devant faire l'objet d'une recherche ;
- ☑ les mots sources et cibles sont consignés dans un outil de gestion des données de traduction pour permettre la récupération des équivalents en cours de traduction ;
- ☑ le traducteur de vocabulaire extrait automatiquement les équivalents des mots non ambigus ;
- ☑ la traduction automatique est mobilisée si d'autres conditions sont réunies : textes de nature semblable, intervention sur les textes sources et cibles.

***Passages répétés***

Les textes à traduire sont marqués par une grande variété stylistique ou, au contraire, par une répétition de parties de phrases ou de phrases entières. Encore une fois, cette dernière caractéristique est propre à certains textes spécialisés (guides d'utilisation ou d'entretien, consignes administratives, règlements, textes pharmacologiques, etc.).

Par exemple, un guide d'utilisation de logiciel contient des formulations comme *procéder de la façon suivante, cliquer sur, déplacer le pointeur, relâcher le bouton de la souris, suivre ces étapes*, qui apparaissent fréquemment dans le même texte et dans d'autres manuels d'utilisation. Certains textes comportent de nombreuses phrases qui sont presque identiques (parfois, seuls quelques mots diffèrent) : *Press the F1 key to activate the function. Press the F3 to activate the option. The function is activated by pressing the F1 key.*

D'autres textes comportent des éléments dupliqués qui sont plus longs qu'une phrase. Par exemple, les documents produits par certaines entreprises sont systématiquement assortis des mêmes paragraphes introductifs ou des mêmes pages liminaires. Tout comme les mots non ambigus, les passages dupliqués sont généralement rendus par des traductions uniformes dans le texte cible.

Si un texte comporte des **passages répétés** ou si la répétition est observée dans des textes différents, il devient rentable de tenter de récupérer leur traduction automatiquement ou semi-automatiquement.

La récupération ainsi faite permet d'accélérer la traduction et de l'uniformiser.

---

**Outils mobilisables pour des textes comportant des passages répétés**

Pour traduire les textes qui comportent des passages répétés, le traducteur peut avoir recours aux outils présentés ci-dessous :

- ☑ des banques de textes contenant notamment d'anciennes traductions sont fouillées pour retrouver des passages semblables ou récupérer des solutions toutes faites ;
- ☑ un bitexte est construit, puis consulté pour localiser des solutions toutes faites ;
- ☑ une mémoire de traduction sert à reproduire, dans le texte cible, la traduction de phrases identiques ou semblables à celles apparaissant dans le texte source ;
- ☑ un logiciel de TA est utile si on peut rendre compte de la répétition des passages. Il est à noter que le logiciel de TA est moins intéressant que la mémoire de traduction pour un texte comportant de nombreuses répétitions. S'il commet des erreurs, celles-ci se répètent dans l'ensemble du texte. Par ailleurs, le logiciel de TA fonctionne mieux si les phrases sont courtes et non ambiguës.

---

***Nature semblable des textes***

Le traducteur peut travailler sur des textes extrêmement variés ou, au contraire, traduire des textes apparentés sur le plan de la forme ou du contenu. On détermine que des **textes** sont **de nature semblable** en fonction de l'un des critères suivants (ou d'une combinaison de ces critères) : *a*) textes liés à un domaine de spécialité unique ou à des domaines connexes ; *b*) textes fournis par un client unique ou un petit nombre de clients ; *c*) textes de même forme ou de formes apparentées.

*a*) Textes liés à un domaine de spécialité ou à des domaines connexes : Le traducteur professionnel peut travailler à des textes liés à un seul domaine (par exemple, l'informatique, le droit ou la médecine) ou à quelques domaines connexes (par exemple, l'informatique, l'électronique et les télécommunications). S'il se spécialise, le traducteur travaille forcément à des textes de nature semblable, ce qui favorise l'intégration d'outils informatiques.

*b*) Textes fournis par un client unique ou un petit nombre de clients : Le traducteur qui a de l'expérience peut tenter de se constituer une clientèle régulière. Du point de vue de l'informatisation, cette situation est idéale, puisque les textes acheminés par un client particulier risquent fort d'être semblables.

Les clients ont des exigences plus ou moins nombreuses quant au texte à traduire. Celles-ci peuvent toucher le format du document final (la disposition matérielle du texte) ou encore le vocabulaire (des préférences terminologiques auxquelles le traducteur se conforme). Le traducteur conserve ces exigences, par exemple les préférences terminologiques, pour s'y reporter lors d'une traduction ultérieure. En outre, s'il a quelques clients et que ceux-ci ont des préférences divergentes, comme des choix d'équivalents différents, il doit noter ces préférences et les distinguer.

*c*) Textes de même forme ou de formes apparentées : Il arrive qu'un traducteur travaille à des textes qui ont la même forme (par exemple, des rapports, des guides d'utilisation, d'entretien d'équipement ou de procédures, ou encore les descriptifs des caractéristiques d'un produit). Les textes de même forme sont marqués par une uniformité de vocabulaire (s'ils sont liés au même domaine), mais comportent également des formulations semblables et des passages répétés. Encore une fois, cette situation facilite l'intégration d'outils informatiques.

On peut raisonnablement penser que si les textes ont une forme identique ou comparable, la majorité des caractéristiques (vocabulaire, passages répétés, problèmes de traduction) propres à un premier texte seront reproduites dans les autres. Dans ce cas, le traducteur gagne à recourir à des outils informatiques qui tiendront compte des similitudes entre les textes.

---

**Outils mobilisables pour des textes de nature semblable**

Pour traduire des textes de nature semblable, le traducteur peut avoir recours aux outils présentés ci-dessous :

- ☑ un outil de gestion des données de traduction sert à consigner les problèmes de traduction et leur solution ;
- ☑ une banque de textes contenant des textes de nature semblable aux textes à traduire est utile pour localiser de l'information propre à ce type de texte ;
- ☑ les textes cibles (et les textes sources s'ils sont remis en format électronique) sont conservés pour permettre le repérage des solutions de problèmes de traduction ;
- ☑ un traducteur de vocabulaire est utilisé pour extraire automatiquement des mots et des termes documentés ;
- ☑ une mémoire de traduction sert à reproduire automatiquement les phrases identiques et semblables ;
- ☑ un logiciel de traduction automatique est utilisé si on peut anticiper les caractéristiques des textes à traduire.

---

Les traducteurs au sein d'un service hébergé par une grande entreprise, comme une entreprise de produits ou de services, travaillent souvent à des textes de nature semblable. Il arrive même que la production de documents fasse partie d'une chaîne : *a*) la rédaction des textes sources est faite sur place par des rédacteurs ou des spécialistes ; *b*) les textes sources sont expédiés au service de traduction pour produire des documents dans une ou plusieurs langues en fonction du marché de l'entreprise ; *c*) les textes sources et cibles sont transmis au service d'édition électronique en même temps ou à des moments différents. La figure 11.2 montre comment les documents sont produits dans certaines entreprises.

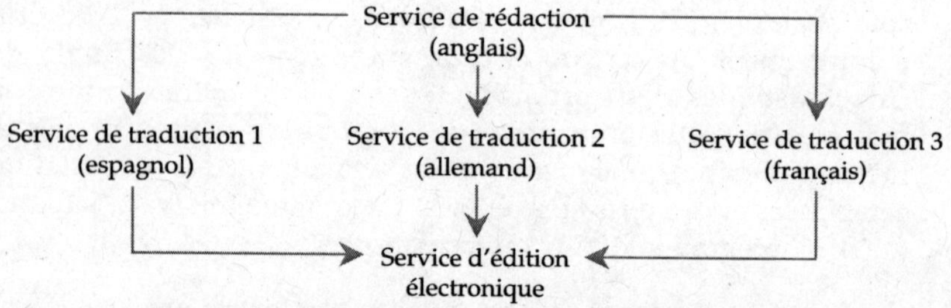


**Figure 11.2 – Chaîne de production de documents**

Dans ce contexte, il est avantageux d'uniformiser la forme et le contenu des textes. Le cas échéant, il sera possible de rendre compte de cette uniformisation au moyen d'outils informatiques.

Dans un autre ordre d'idées, il arrive qu'un client demande au traducteur de mettre à jour un document préalablement traduit (par exemple, un guide d'utilisation ou d'entretien, les caractéristiques d'un produit). Cette situation se présente dans certains services de traduction. Par exemple, le traducteur œuvrant au sein d'une entreprise de fabrication d'automobiles n'est pas toujours tenu de produire une traduction inédite (c'est-à-dire une première traduction). La documentation accompagnant un nouveau modèle de voiture est calquée sur les documents accompagnant le modèle plus ancien. Les directives fournies pour le modèle antérieur ressemblent dans une grande mesure à celles relatives au nouveau modèle.

Pour produire une mise à jour, il devient intéressant de consulter l'ancienne traduction ou, idéalement, de récupérer automatiquement les passages repris tels quels et de se concentrer sur les nouveautés. Non seulement ces méthodes accélèrent la production du texte cible, mais elles assurent son uniformité.

**Outils informatiques mobilisables pour une mise à jour**

Pour effectuer la mise à jour d'une ancienne traduction, le traducteur peut avoir recours aux outils présentés ci-dessous :

- ☑ les versions électroniques des deux textes sources peuvent servir à faire une comparaison de versions pour repérer les éléments dissemblables ;
- ☑ une mémoire de traduction est utilisée pour extraire automatiquement les traductions des phrases de la version antérieure.

***Intervention sur les textes sources et cibles***

Le texte cible peut refléter les caractéristiques du texte source au maximum ou, au contraire, s'en éloigner pour différentes raisons (le public cible est différent et le texte nécessite une adaptation, la qualité du texte source est médiocre, etc.). Plus la forme du texte cible se rapproche de celle du texte source, plus l'intégration des outils informatiques est envisageable. À l'inverse, si le texte cible est une reformulation éloignée du texte source, l'informatisation ne portera que sur des aspects limités de la traduction.

Dans certains cas, les principes de rédaction du texte source sont normalisés, c'est-à-dire que les rédacteurs respectent des directives touchant la nature du texte qu'ils doivent produire : par exemple, l'utilisation d'une terminologie uniforme ou de passages normalisés. Il va de soi que cette normalisation n'est profitable que pour certains types de textes (par exemple, les guides techniques, certains types de documents juridiques et administratifs). Le plus souvent, les traducteurs chargés de travailler aux textes ainsi rédigés se conforment aux mêmes exigences. En outre, les normes imposées lors de la traduction sont parfois supérieures aux normes de rédaction. Par exemple, les choix terminologiques sont imposés dans le texte cible, alors qu'ils ne l'étaient pas pour le texte source.

L'intervention dans les textes sources ou cibles devient particulièrement rentable si les textes en question présentent les caractéristiques mentionnées dans les sections précédentes, à savoir une forte densité de mots non ambigus ou une répétition du vocabulaire, de parties de phrases ou de phrases entières. De plus, si un traducteur travaille à des textes de nature semblable, l'intervention permet de gagner beaucoup de temps et d'uniformiser les documents produits. Dans un contexte de traduction en équipe, l'intervention devient pratiquement incontournable.

Le respect de ces normes à la rédaction et à la traduction facilite l'intégration d'outils informatiques. Plus les normes sont strictes, plus l'informatisation peut être importante, puisqu'il devient possible d'anticiper ce qui apparaîtra dans les textes sources et ce qui sera produit dans la traduction. Inversement, plus on s'écarte des normes de rédaction, plus il devient difficile d'informatiser pleinement le processus de traduction. Par exemple, le non-respect d'une terminologie uniforme rend impossible la prévisibilité des désignations apparaissant dans les textes.

**Outils informatiques mobilisables pour les textes dans lesquels il y a eu des interventions**

Pour traduire des textes sur lesquels on intervient, le traducteur peut avoir recours aux outils présentés ci-dessous :

- ☑ un outil de gestion des données de traduction est utilisé pour diffuser les normes de rédaction et de traduction ;
- ☑ un traducteur de vocabulaire rappelle les mots ou termes normalisés ;
- ☑ une mémoire de traduction rappelle les phrases normalisées ;
- ☑ si les normes de rédaction sont assez strictes, l'utilisation d'un logiciel de TA devient rentable.

Lorsque les traducteurs œuvrent au sein d'une équipe (dans un cabinet ou une entreprise), il est intéressant de mobiliser des méthodes pour diffuser l'information relative à ces normes. Les outils informatiques apportent une aide précieuse en ce sens.

**Outils mobilisables pour la diffusion des normes**

Lorsqu'ils travaillent en équipe, les traducteurs gagnent à partager l'information relative à la réalisation de la traduction. Une mise en commun de cette information permet aux membres de l'équipe de gagner du temps et d'uniformiser les documents produits. Quelques possibilités de mise en commun de l'information par des outils informatiques sont énumérées ci-dessous :

- ☑ un outil de gestion des données de traduction diffuse les choix imposés aux traducteurs ;
- ☑ une banque de textes renferme les traductions définitives, par exemple, celles qui ont été approuvées par un réviseur ou un relecteur, qui serviront de modèles pour de nouveaux dossiers ;
- ☑ un bitexte est constitué pour retrouver des solutions toutes faites.

De plus, si les documents à traduire sont rédigés sur place, dans une entreprise par exemple, les services de traduction et de rédaction peuvent interagir pour que chacun fasse valoir différentes modalités afin de simplifier le travail.

**Interaction entre les services de rédaction et de traduction**

Lorsqu'il y a interaction entre les services de rédaction et de traduction, les traducteurs peuvent donner aux rédacteurs des indications afin de faciliter l'intégration d'outils informatiques :

- ☑ normaliser des éléments de vocabulaire dans la langue source ;
- ☑ préférer des formulations stéréotypées et répéter ces formulations.

## Récapitulatif

Dans les pages qui précèdent, nous avons décrit quelques caractéristiques propres aux textes à traduire dont il faut tenir compte lorsqu'on envisage d'intégrer des outils informatiques en traduction. Le tableau 11.2 rappelle ces caractéristiques et le type d'informatisation à considérer en fonction de celles-ci.

**TABLEAU 11.2**
**Récapitulatif des outils informatiques à utiliser selon les caractéristiques des textes à traduire**

| Caractéristiques du texte | Outils informatiques |
|---|---|
| Textes prévisibles<br>Textes imprévisibles | Informatisation lourde<br>Informatisation légère |
| Textes caractérisés par une forte densité de mots non ambigus | Dépouilleur terminologique<br>Outil de gestion des données de traduction<br>Traducteur de vocabulaire<br>Logiciel de traduction automatique |
| Textes comportant des passages répétés | Banque de textes<br>Bitexte<br>Mémoire de traduction<br>Logiciel de traduction automatique |
| Textes de nature semblable | Outil de gestion des données de traduction<br>Banque de textes<br>Traducteur de vocabulaire<br>Mémoire de traduction<br>Logiciel de traduction automatique |
| Mises à jour | Comparaison de versions (traitement de texte)<br>Mémoire de traduction |
| Intervention dans les textes sources ou cibles | Outil de gestion des données de traduction<br>Traducteur de vocabulaire<br>Mémoire de traduction<br>Logiciel de traduction automatique |

Rappelons que l'intérêt de l'informatisation s'accroît avec la prévisibilité du texte à traduire. La « prévisibilité » ou l'« imprévisibilité » des textes n'est pas toujours facile à déterminer au premier abord. Il ne s'agit pas de paramètres exacts, mais plutôt de tendances générales propres à certains types de textes.

La prévisibilité se manifeste par une forte densité de mots non ambigus et par la répétition du vocabulaire, de parties de phrases ou de phrases entières. Ces caractéristiques peuvent être présentes dans un seul texte ou reproduites dans plusieurs textes. Nous avons vu que la prévisibilité est normalement le propre du texte spécialisé ; d'autres types de textes, notamment les textes littéraires, exigent une part importante de créativité et ne peuvent être soumis aussi facilement à une informatisation lourde.

Toutefois, le traducteur qui travaille à des textes prévisibles n'est pas le seul qui peut recourir aux outils informatiques. Il existe des applications qui sont utiles peu importe le type de texte à traduire. Le traducteur doit cependant déterminer laquelle convient le mieux. L'intérêt et l'utilité de l'informatique en traduction ne sont plus mis en cause. C'est la place que celle-ci doit occuper qu'il faut définir adéquatement.

### *Suggestions de lectures*

Melby, dans Newton (1992), décrit quelques facteurs ayant des répercussions sur le choix d'outils informatiques. Par ailleurs, Melby (1995) montre comment les termes spécialisés se prêtent mieux au traitement automatique que les mots associés à la langue générale. Bédard (1992) aborde la question des caractéristiques linguistiques à observer dans les textes à soumettre à un traitement automatique.

Pour un examen des types de textes dans une perspective de traduction, voir Sager (1994) et Snell-Hornby (1995).

Grishman et Kittredge (1986) et Kittredge et Lehrberger (1982) regroupent des travaux de description des sous-langages en vue d'applications en traitement automatique de la langue.

# Bibliographie


ALLEN, J. (2003). « Post-editing », dans *Computers and Translation: A Translator's Guide*, Amsterdam-Philadelphia, John Benjamins, p. 297-317.

ALPAC (1966). *Languages and Machines: Computers in Translation and Linguistics*, rapport de l'Automatic Language Processing Advisory Committee, Division of Behavioral Sciences, Academy of Science, Washington DC, National Research Council Publication A416.

ARCHIBALD, J. (dir.). [2004]. *La localisation : Problématique de la formation*, Brossard (Québec), Linguatech éditeur.

ARNOLD, D., L. BALKAN, R. LEE HUMPHREYS et collab. (1994). *Machine Translation: An Introductory Guide*, Manchester-Oxford, NCC Blackwell.

AUGER, P. (1994). « Les outils de la terminotique », *Terminologies nouvelles*, nº 11, p. 46-52.

AUSTERMÜHL, F. (2001). *Electronic Tools for Translators*, Manchester, St. Jerome Publishing.

BAR-HILLEL, J. (1960). « The Present Status of Automatic Translation of Languages », *Advances in Computers*, nº 1, p. 91-163.

BARNBROOK, G. (1996). *Language and Computers: A Practical Introduction to the Computer Analysis of Language*, Edinburgh, Edinburgh University Press.

BAUDOT, J. (1987). *Introduction aux grammaires formelles*, Montréal, Sodilis.

BÉDARD, C. (1987a). « Les mots de tête de la machine », *Circuit*, nº 19, p. 7-8.

BÉDARD, C. (1987b). « La traduction automatique au quotidien », *Circuit*, nº 19, p. 11-12.

BÉDARD, C. (1987c). « La traductique... Une chimère à prendre au sérieux ? », *Circuit*, nº 19, p. 3-5.

BÉDARD, C. (1989). « GTS: New and Affordable Machine Translation », *Electric Word*, nº 15, septembre-octobre, p. 53-54.

BÉDARD, C. (1990). « Quoi de neuf en traductique ? », *Circuit*, nº 30 (supplément), p. Q1-Q14.

BÉDARD, C. (1992). « La prétraduction automatique : Outil de productivité et d'évolution professionnelle », *Meta*, vol. 37, n° 4, p. 738-760.

BÉDARD, C. (1995). « L'automatisation : Faut-il y croire ? », *Circuit*, n° 48, p. 28-30.

BÉDARD, C. (1999). « Aides informatiques : De quoi le traducteur a-t-il besoin? », *Circuit*, n° 65, p. 26.

BÉDARD, C. (2001). « Vous comprenez ? Moi non plus », *Circuit*, n° 71, p. 5.

BERTRAND, P. (1987). « À la découverte des *ctenophalides bescherellei quebecensis* », *Circuit*, n° 19, p. 37-38.

BESSÉ, B. de, et D. PULITANO (1990). « Les logiciels de gestion de la terminologie », *Terminologie et traduction*, n° 3, p. 131-140.

BIRRIEN, J. Y. (1990). *Histoire de l'informatique*, Paris, Presses universitaires de France, coll. « Que sais-je ? ».

BLAIN, R. (1994). « Le Correcteur 101 : Le correcteur des années 90 », *Québec français*, n° 93, p. 63-65.

BLAMPAIN, D. (1996). « Quand l'informatique tutoie le dictionnaire des difficultés de la langue française », dans A. Clas, P. Thoiron et H. Béjoint (dir.), *Lexicomatique et dictionnairiques : Actes des IV^es^ journées scientifiques LTT*, Lyon, 28-30 septembre 1995, Beyrouth-Montréal, FMA et AUPELF-UREF, p. 371-377.

BLANCHON, E. (1991). « Choisir un logiciel de terminologie », *La banque des mots*, n° 4, p. 5-57.

BOUILLON, P., et A. CLAS (dir.) [1993]. *La traductique*, Montréal, Les Presses de l'Université de Montréal et AUPELF-UREF.

BOUILLON, P., F. VANDOOREN, L. DASYLVA et collab. (1998). *Traitement automatique des langues naturelles*, Bruxelles, AUPELF-UREF et Dunod.

BOURIGAULT, D. (1993). « Analyse syntaxique locale pour le repérage de termes complexes dans un texte », *Traitement automatique des langues (TAL)*, vol. 34, n° 2, p. 117.

BOWKER, L. (2002). *Computer-Aided Translation Technology: A Practical Introduction*, Ottawa, Presses de l'Université d'Ottawa.

BOWKER, L. (2004). « What Does It Take to Work in the Translation Profession in Canada in the 21st Century?: Exploring a Database of Job Advertisements », *Meta*, vol. 49, n° 4, p. 960-972.

BOWKER, L., et J. PEARSON (2002). *Working with Specialized Languages: A Practical Guide to Using Corpora*, London, Routledge.

BROWN, P. F., J. COCKE, S. A. PIETRA et collab. (1990). « A Statistical Approach to Machine Translation », *Computational Linguistics*, vol. 16, n° 2, p. 79-85.

BRILL, E. (1992). « A Simple Rule-based Part of Speech Tagger », dans *Proceedings of the Third Conference on Applied-Natural Language Processing ANLP-1992*, Trento, Italie.

BRYAN, M. (1988). *An Author's Guide to the Standard Generalized Markup Language*, Londres, Addison-Wesley.

BUTLER, C. S. (dir.) [1992]. *Computers and Written Texts*, Oxford-Cambridge, Blackwell.

CHANDIOUX, J. (1989). « Tout sur la détection de fautes d'orthographe », *L'actualité terminologique*, vol. 22, n° 3, p. 15-17.

CHOMSKY, N. (1969). *Structures syntaxiques*, Paris, Seuil. Trad. M. Braudeau.

CHOMSKY, N. (1971). *Aspects de la théorie syntaxique*, Paris, Seuil. Trad. J. C. Milner.

CLAS, A., et H. SAFAR (dir.) [1992]. *L'environnement traductionnel : La station de travail du traducteur de l'an 2001 – Actes du Colloque de Mons 1991*, Sillery-Montréal, Les Presses de l'Université du Québec et AUPELF-UREF.

CLOUTIER, P. (1991a). « Pour trouver une aiguille dans une botte de foin », *Circuit*, n° 32, p. 26-27.

CLOUTIER, P. (1991b). « Il lit... donc il marche », *Circuit*, n° 33, p. 31-32.

CLOUTIER, P., et F. LANCTÔT (1993). « À l'assaut des anglicismes, erreurs d'accord et autres phôtes », *Circuit*, n° 36, p. 24-26.

CRONIN, M. (2003). *Translation and Globalization*, New York-London, Routledge.

DELISLE, J. (1993). *La traduction raisonnée : Manuel d'initiation à la traduction professionnelle de l'anglais vers le français*, Ottawa, Les Presses de l'Université d'Ottawa.

DROUIN, P. (2003). « Term Extraction Using Non-Technical Corpora as a Point of Leverage », *Terminology*, vol. 9, n° 1, p. 99-117.

DROUIN, P., et J. LADOUCEUR (1994). « L'identification automatique des descripteurs complexes dans les textes de spécialité », dans P. Bouillon et D. Estival (dir.), *Proceedings of the Workshop on Compound Nouns: Multilingual Aspects of Nominal Composition*, 2 et 3 décembre, Université de Genève (Genève).

DUBOIS, J., M. GIACOMO, L. GUESPIN et collab. (1973). *Dictionnaire de linguistique*, Paris, Librairie Larousse.

DUBUC, R. (1992). *Manuel pratique de terminologie*, 3e édition, Montréal, Linguatech éditeur.

DUHAMEL, G. (1933). *Le notaire du Havre*, Paris, Mercure de France.

ESSELINK, B. (2000). *A Practical Guide to Localization*, édition révisée, Amsterdam-Philadelphia, John Benjamins.

FILLMORE, C. J. (1968). « The Case for Case », dans E. Bach et R. T. Harns (dir.), *Universals in Linguistic Theory*, New York, Holt, Reinhart, Winston, p. 1-88.

FUCHS, C. (1996). *L'ambiguïté en français*, Paris, Ophrys.

FUCHS, C., et collab. (1993). *Linguistique et traitements automatiques des langues*, Paris, Hachette, coll. « Hachette université – Langue, linguistique, communication ».

GOUADEC, D. (1989). *Le traducteur, la traduction et l'entreprise*, Paris, AFNOR.

GOUADEC, D. (1990). *Terminologie : Constitution de données*, Paris, AFNOR.

GOUADEC, D. (dir.) [1993]. *Terminologie et terminotique : Outils, modèles et méthodes – Actes de la première Université d'automne en terminologie*, Rennes, vol. 2, 21 et 26 septembre 1992, Paris, La Maison du Dictionnaire.

GOUADEC, D. (1994). « Traduction et informatique : Les implications pour la formation », *Langages*, n° 116, p. 59-74.

GOUADEC, D. (2003). « Le bagage spécifique du localiseur/localisateur : Le vrai "nouveau profil" requis », *Meta*, vol. 48, n° 4, p. 526-545.

GREVISSE, M. (1980). *Le bon usage*, 11e édition, Paris, Éditions Duculot.

GRISHMAN, R. (1986). *Computational Linguistics: An Introduction*, Cambridge, Cambridge University Press.

GRISHMAN, R., et R. KITTREDGE (dir.) [1986]. *Analyzing Language in Restricted Domains: Sublanguage Description and Processing*, Hillsdale (New Jersey), L. Erlbaum Associates.

HABERT, B. (2005). *Instruments et ressources électroniques pour le français*, Paris, Ophrys.

HABERT, B., C. FABRE et F. ISSAC (1998). *De l'écrit au numérique : Constituer, normaliser et exploiter les corpus électroniques*, Paris, Masson.

HARRIS, B. (1988). « Bi-text: A New Concept in Translation Theory », *Language Monthly*, n° 54, p. 8-10.

HORGUELIN, P., et L. BRUNETTE (1998). *Pratique de la révision*, 3e édition, Brossard (Québec), Linguatech éditeur.

HOVY, E. (1993). « How MT works », *Byte*, vol. 18, n° 1, p. 167-176.

HUTCHINS, W. J. (1986). *Machine Translation: Past, Present, Future*, Chichester, Ellis Horwood.

HUTCHINS, W. J. (2003). « Commercial Systems: The State of the Art », dans *Computers and Translation: A Translator's Guide*, Amsterdam-Philadelphia, John Benjamins, p. 161-174.

HUTCHINS, W. J., et H. L. SOMERS (1992). *An Introduction to Machine Translation*, Cambridge, Academic Press.

ISABELLE, P. (1992). « La bi-textualité : Vers une nouvelle génération d'aides à la traduction et à la terminologie », *Meta*, vol. 37, n° 4, p. 721-737.

ISABELLE, P., et K. CHURCH (dir.) [1997]. *Machine Translation: Special Issue on New Tools for Human Translators*, vol. 12, nos 1-2.

ISABELLE, P., M. DYMETMAN, G. FOSTER et collab. (1994). *L'analyse de traduction et l'automatisation de la traduction*, Laval, Centre d'innovation en technologies de l'information (CITI).

ISABELLE, P., et S. WARWICK-ARMSTRONG (1993). « Les corpus bilingues : Une nouvelle ressource pour la traduction », dans P. Bouillon et A. Clas (dir.) [1993], p. 288-306.

KAY, M. (1980). *On the Proper Place of Men and Machine in Language Translation*, document de travail CSL-80-11, Palo Alto, Xerox.

KAY, M. (1997). « On the Proper Place of Men and Machine in Language Translation », *Machine Translation*, vol. 12, nos 1-2, p. 3-23.

KING, M. (dir.) [1987]. *Machine Translation Today: The State of the Art*, Edinburgh, Edinburgh University Press.

KING. M. (1992). « L'évaluation des systèmes de traduction automatique dans le cadre d'un service de traduction », *Meta*, vol. 37, n° 4, p. 817-827.

KING, M. (2003). « Traduction et technologie : État de la question », *Revue française de linguistique appliquée*, vol. 8, n° 2, p. 75-89.

KITTREDGE, R., et J. LEHRBERGER (1982). *Sublanguage: Studies of Language in Restricted Semantic Domains*, Berlin-New York, Walter de Gruyter.

LANGÉ, J. M., É. GAUSSIER et B. DAILLE (1997). « Bricks and Skeletons: Some Ideas for the Near Future of MAHT », *Machine Translation*, vol. 12, n[os] 1-2, p. 39-51.

LARSON, V. (dir.) [1985]. *Tools for the Trade: Translating and the Computer 5*, Oxford, Aslib.

LAURISTON, A. (1994). « Automatic Recognition of Complex Terms: The TERMINO Solution », *Terminology*, vol. 1, n° 1, p. 147-170.

LEBART, L., et A. SALEM (1998). *Analyse statistique des données textuelles : Questions ouvertes et lexicométrie*, Paris, Dunod.

LECLERC, J. (1989). *Qu'est-ce que la langue ?*, 2e édition, Laval (Québec), Mondia.

LEHRBERGER, J., et L. BOURBEAU (1988). *Machine Translation: Linguistic Characteristics of MT Systems and General Methodology of Evaluation*, Amsterdam-Philadelphia, John Benjamins.

L'HOMME, M.-C. (2004). *La terminologie : Principes et techniques*, Montréal, Les Presses de l'Université de Montréal.

L'HOMME, M.-C., L. BENALI, C. BERTRAND et P. LAUDUIQUE (1996). « Definition of an Evaluation Grid for Term-Extraction Software », *Terminology*, vol. 3, n° 2, p. 291-312.

LYONS, J. (1970). *Linguistique générale : Introduction à la linguistique théorique*, Paris, Librarie Larousse.

LYONS, J. (1990). *Sémantique linguistique*, Paris, Larousse.

LYONS, J. (1995). *Linguistic Semantics: An Introduction*, Cambridge, Cambridge University Press.

MACKLOVITCH, E. (1987). « The Proper Place of Man and Machines—Revisited », *Circuit*, n° 19, p. 9-10.

MACKLOVITCH, E. (1992). « PTT-2 : La deuxième version du poste de travail du traducteur du CCRIT », dans A. Clas et H. Safar (dir.) [1992], p. 171-182.

MACKLOVITCH, E. (1993a). *PTT-3 : La troisième version du poste de travail du traducteur*, Laval (Québec), Centre d'innovation en technologies de l'information (CITI).

MACKLOVITCH, E. (1993b). *Des outils à base de corpus à l'intention des traducteurs*, Laval (Québec), Centre d'innovation en technologies de l'information (CITI).

MACKLOVITCH, E. (2006). « TransType2: The Last Word », dans *Proceedings of LREC 2006 (Language Resources and Evaluation)*, Genova (Italie).

MARCHAND, P. (1989). « Du bon usage de la recherche-remplacement », *Circuit*, n° 24, p. 27-28.

MARESCHAL, G., et collab. (dir.) [2003]. *La formation à la traduction professionnelle*, Ottawa, Les Presses de l'Université d'Ottawa.

MAYORCAS, P. (dir.) [1990]. *Translating and the Computer 10*, London, Aslib.

MELBY, A. (1981). « Translators and Machines: Can They Cooperate? », *Meta*, vol. 26, n° 1, p. 23-34.

MELBY, A. (1995). *The Possibility of Language: A Discussion of the Nature of Language with Implications for Human and Machine Translation*, Amsterdam-Philadelphia, John Benjamins.

MILLER, C. (1993). « Babelware for the Desktop », *Byte*, vol. 18, n° 1, p. 177-186.

MITKOV, R. (dir.) [2003]. *The Oxford Handbook of Computational Linguistics*, Oxford, Oxford University Press.

NAGAO, M. (1986). *Machine Translation: How Far Can It Go?*, Oxford, Oxford University Press. Trad. N. D. Cook.

NEWMARK, P. (1991). *About Translation*, Clevedon-Philadelphia-Adelaide, Multilingual Matters.

NEWTON, J. (dir.) [1992]. *Computers and Translation: A Practical Appraisal*, London, Routledge.

NIRENBURG, S. (dir.) [1987]. *Machine Translation: Theoretical and Methodological Issues*, Cambridge, Cambridge University Press.

NIRENBURG, S. (1992). « Tools for Machine-aided Translation: The CMU-TWS », *Meta*, vol. 37, n° 4, p. 709-720.

NIRENBURG, S., H. SOMERS et Y. WILKS (dir.) [2003]. *Readings in Machine Translation*, Cambridge-London, MIT Press.

NORMAND, D. (1993). « Quand la terminologie s'automatise », *Circuit*, n° 36, p. 29-30.

OTMAN, G. (1988). « Aide à l'écriture : Les correcteurs orthographiques », *Les langues modernes*, vol. 82, n° 5, p. 73-80.

OTMAN, G. (1991). « Des ambitions et des performances d'un système de dépouillement terminologique assisté par ordinateur », *La banque des mots*, n° 4, p. 59-96.

PERRON, J. (1988). « Le dépouillement terminologique assisté par ordinateur », *Terminogramme*, n° 46, p. 24-31.

PERRON, J. (1996). « Adepte-Nomino : un outil de veille terminologique », *Terminologies nouvelles*, n° 15, p. 32-47.

PICKEN, C. (dir.) [1985]. *Translation and Communication: Translating and the Computer 6*, London, Aslib.

PICKEN, C. (dir.) [1986]. *Translating and the Computer 7*, London, Aslib.

PICKEN, C. (dir.) [1987]. *Translating and the Computer 8: A Profession on the Move*, London, Aslib.

PITRAT, J. (1985). *Textes, ordinateurs et compréhension*, Paris, Eyrolles.

PLASSARD, F. (1989). *Panorama de la traduction assistée par ordinateur*, Paris, Électricité de France (EDF).

PROUST, M. (1954). *Du côté de chez Swann*, Paris, Gallimard.

PYM, A. (2004). *The Moving Text: Localization, translation, and distribution*, Amsterdam-Philadelphia, John Benjamins.

ROUDEAU, B. (1992). « La traduction automatique : L'ordinateur au service des traducteurs », *Meta*, vol. 37, n° 4, p. 828-846.

SABAH, G. (1988). *L'intelligence artificielle et le langage*, vol. 1 : *Représentation des connaissances*, Paris, Hermès.

SAGER, J. C. (1990). *A Practical Course in Terminology Processing*, Amsterdam-Philadelphia, John Benjamins.

SAGER, J. C. (1994). *Language Engineering and Translation: Consequences of Automation*, Amsterdam-Philadelphia, John Benjamins.

SCHAETZEN, C. de (1993). « Un accès rapide aux collocations », *Terminologies nouvelles*, n° 10, p. 109-114.

SCHAETZEN, C. de (1994a). « L'enseignement de l'informatique aux traducteurs », *Meta*, vol. 39, n° 1, p. 57-68.

SCHAETZEN, C. de (1994b). « Un peu d'histoire », *Terminologies nouvelles*, n° 11, p. 61-62.

SCHNEIDER, T. (1992). « User-driven Development: METAL as an Integrated Multilingual System », *Meta*, vol. 37, n° 4, p. 583-594.

SEYMOUR, J. (1988). « Fast, Flexible & Forward-looking », *PC Magazine*, 29 février.

SILBERZTEIN, M. (1993). *Dictionnaires électroniques et analyse automatique de textes : Le système INTEX*, Paris, Masson, coll. « Linguistique et informatique ».

SIMARD, M., G. FOSTER et F. PERREAULT (1993). *TransSearch : un concordancier bilingue*, Laval (Québec), Centre d'innovation en technologies de l'information.

SLOCUM, J. (dir.) [1985]. *Machine Translation Systems*, Cambridge, Cambridge University Press.

SMADJA, F. (1993). « Retrieving Collocations from Text: Xtract », *Computational Linguistics*, vol. 19, n° 1, p. 143-177.

SNELL-HORNBY, M. (1995). *Translation Studies: An Integrated Approach*, Amsterdam-Philadelphia, John Benjamins.

SOMERS, H. (dir.) [2003a]. *Computers and Translation: A Translator's Guide*, Amsterdam-Philadelphia, John Benjamins.

SOMERS, H. (2003b) « Translation Memory Systems », dans *Computers and Translation: A Translator's Guide*, Amsterdam-Philadelphia, John Benjamins, p. 31-47.

TELLIER, C. (1995). *Éléments de syntaxe du français : Méthodes d'analyse en grammaire générative*, Montréal, Les Presses de l'Université de Montréal.

*Terminomètre* (1994). *Spécial logiciels de terminologie* (préparé par É. Blanchon), n° 16, octobre.

TREMBLAY, K. (1992). « La technologie langagière au secrétariat d'État : Une réalité quotidienne », *Meta*, vol. 37, n° 4, p. 761-769.

« Unisys: MT Out, Translator's Workstation in » (1989), *Electric Word*, n° 15, p. 11.

VALIQUETTE, M., et M. WILLIAMS (1989). « Le langagier de l'an 2000 : Les besoins en formation et en information du traducteur et du terminologue », *L'actualité terminologique*, vol. 22, n° 3, p. 4-6.

VASCONCELLOS, M. (dir.) [1988]. *Technology as Translation Strategy*, American Translators Association (ATA) Scholarly Monograph Series, vol. II, Brighampton (New York), State University of New York.

VASCONCELLOS, M. (1993). « Machine Translation », *Byte*, vol. 18, n° 1, p. 153-167.

VINAY, J. P., et J. DARBELNET (1977). *Stylistique comparée du français et de l'anglais*, 2e édition, Montréal, Beauchemin.

VIVALDI, J., et H. RODRIGUEZ (2006). « Some Notes on the Evaluation of Term Extraction Systems », dans *Workshop on Terminology Design: Quality Criteria and Evaluation Methods—Proceedings*, Genova (Italie).

WEAVER, W. (1955). « Translation », dans W. S. Locke et A. D. Booth (dir.), *Machine Translation of Languages*, États-Unis, The Technology Press of the Massachusetts Institute of Technology et John Wiley & Sons.

WEHRLI, É. (1997). *L'analyse syntaxique des langues naturelles : Problèmes et méthodes*, Paris, Masson.

WHITE, J. S. (2003). « How to Evaluate Machine Translation », dans *Computers and Translation: A Translator's Guide*, Amsterdam-Philadelphia, John Benjamins, p. 211-244.

WILKS, Y. (1973). « An Artificial Intelligence Approach to Machine Translation », dans R. C. Schank et K. M. Colby (dir.), *Computer Models of Thought and Language*, San Francisco, W. H. Freeman, p. 114-151.

WILSS, W. (1982). *The Science of Translation: Science and Method*, Tübingen, Gunter Narr.

WILSS, W. (1996). *Knowledge and Skills in Translator Behavior*, Amsterdam-Philadelphia, John Benjamins.

WINOGRAD, T. (1983). *Language as a Cognitive Process*, vol. 1 : *Syntax*, États-Unis, Addison-Wesley Publishing Company.

WOODS, W. (1970). « Transition Network Grammars for Natural Language Analysis », *Communication of the ACM*, n° 13, p. 591-606.

WRIGHT, S. E., et G. BUDIN (dir.) [1994]. *Handbook of Terminology Management*, Amsterdam-Philadelphia, John Benjamins.

# Ressources et logiciels cités

| | |
|---|---|
| *Access* | Microsoft Office Online. http://office.microsoft.com (site consulté le 9 juin 2006) |
| *Acrobat* | Adobe. http://www.adobe.com/ (site consulté le 9 juin 2006) |
| *AlphaWorks* | IBM. AlphaWorks. http://www.alphaworks.ibm.com/aw.nsf/html/mt (site consulté le 12 juin 2006) |
| *Antidote* | Druide informatique. http://www.druide.com/ (site consulté le 9 juin 2006) |
| *Approach* | Lotus Smart Suite. http://www-306.ibm.com/software/fr/lotus/ (site consulté le 9 juin 2006) |
| *Banque de terminologie du Québec (BTQ)* | Précurseur du *Grand dictionnaire terminologique* |
| *Concordance* | Concordance. http://www.concordancesoftware.co.uk/ (site consulté le 12 novembre 2007) |
| *Cordial* | Synapse développement. http://www.synapse-fr.com/ (site consulté le 9 juin 2006) |
| *Correcteur 101* | Documens. http://www.documens.com/francais/compagnie.htm (site consulté le 9 juin 2006) |
| *dBASE* | dBASE. http://www.dbase.com (site consulté le 12 juillet 2007) |
| *Déjà Vu* | Déjà Vu, Translation memory and productivity system. http://www.atril.com/ (site consulté le 9 juin 2006) |
| ELRA | Association européenne pour les ressources linguistiques (ELRA). http://www.elra.info/fr/ (site consulté le 6 juin 2006) |
| *Eurodicautom* | Eurodicautom, European Terminology Database. http://europa.eu.int/eurodicautom/Controller (site consulté le 18 juin 2006) |
| *FileMaker Pro* | FileMaker. http://www.filemaker.fr/ (site consulté le 9 juin 2006) |
| *Grand dictionnaire terminologique (GDT)* | Office québécois de la langue française. *Le grand dictionnaire terminologique*. http://www.granddictionnaire.com/ (site consulté le 18 juin 2006) |
| *Language Assistant* | Globalink. http://www.globalink.com/ (site consulté le 12 juin 2006) |
| *LogiTerm* | Terminotix. http://www.terminotix.com (site consulté le 6 juin 2006) |
| *Logos* | Logos. http://www.logos.net/index.html (site consulté le 9 juin 2006) |
| *MicroConcord* | BALL, C. N. et K. TAYLOR (1995). *MicroConcord and Corpus Collections*. http://www.georgetown.edu/faculty/ballc/preprints/microconcord.html (site consulté le 9 juin 2006) |
| *MultiTerm* | Trados, The Global Business Accelerator. http://www.trados.com/ (site consulté le 9 juin 2006) |
| *MultiTrans* | Multicorpora, Translation Tools. http://www.multicorpora.ca (site consulté le 9 juin 2006) |
| *NatQuest* | Agir, Agence de gestion d'information et de recherche. http://www.natquest.com (site consulté le 9 juin 2006) |
| *Nomino* | Nomino technologies. http://www.nominotechnologies.com/ (site consulté le 9 juin 2006) |

| | |
|---|---|
| *Oracle* | Oracle Corporation. http://www.oracle.com/index.html (site consulté le 9 juin 2006) |
| *Power Translator* | Globalink. http://www.globalink.com/ (site consulté le 12 juin 2006) |
| *Promt's Translator* | Promt Online. http://translation2.paralink.com/ (site consulté le 12 juin 2006) |
| *Reverso* | Reverso, logiciel de traduction. http://www.reverso.net/ (site consulté le 9 juin 2006) |
| *SDLX* | SDL International, Trados. http://www.sdl.com/ (site consulté le 9 juin 2006) |
| *Systran* | Systran, Language Translation Technologies. http://www.systran.fr/index.html (site consulté le 9 juin 2006) |
| *Termex* | BLANCHON, E. (1991). « Choisir un logiciel de terminologie », *La banque des mots*, n° 4, p. 5-57. |
| *TERMIUM* | Travaux publics et services gouvernementaux Canada, Termium Plus. http://www.termiumplus.com/ (site consulté le 18 juin 2006) |
| *TermoStat* | DROUIN, P. (2003). « Term Extraction Using Non-Technical Corpora as a Point of Leverage», *Terminology*, vol. 9, n° 1, p. 99-117. |
| *TermStar* | Star group. http://www.star-group.net/ (site consulté le 9 juin 2006) |
| *TextStat* | Dutch Linguistics, Free University of Berlin. TextSTAT. http://www.niederlandistik.fu-berlin.de/textstat/software-en.html (site consulté le 12 novembre 2007) |
| *Transit* | Star group. http://www.star-group.net/ (site consulté le 9 juin 2006) |
| *Trados Translation Memory* | Trados, The Global Business Accelerator. http://www.trados.com/ (site consulté le 9 juin 2006) |
| *TransSearch* | Accès TransSearch, Terminotix. http://www.tsrali.com/ (site consulté le 9 juin 2006) |
| *TransType* | MACKLOVITCH, E. (2006). « TransType2: The Last Word », dans *Proceedings of LREC 2006 (Language Resources and Evaluation)*, Genova (Italie). |
| *Word* | Microsoft Office Online. http://office.microsoft.com (site consulté le 9 juin 2006) |
| *Word Pro* | Lotus Smart Suite. http://www-306.ibm.com/software/fr/lotus/ (site consulté le 9 juin 2006) |
| *WordPerfect* | Corel Corporation. http://www.corel.com/ (site consulté le 9 juin 2006) |
| *WordSmith Tools* | Mike Scott's Web. http://www.lexically.net/wordsmith/index.html (site consulté le 9 juin 2006) |

# Index

## A



## B



## C

## D



## E



## F



## G



## H



## I



## K



## L

## M



## N



## O



## P



## R

## S



## T



## V



## X

# Table des matières

# Liste des tableaux

# Liste des figures

## Du même éditeur

### Ouvrages didactiques

ARCHIBALD, James (sous la direction de). *La localisation – Problématique de la formation*, 2004.

AVOLONTO, Aimé. *Au contact des mots*, 2004. Pour enrichir le vocabulaire en français langue seconde.

BÉDARD, Claude. *La traduction technique – Principes et pratiques*, 1986.

DUBUC, Robert. *Terminology—A Practical Approach*, 1997. Adapté par Elaine Kennedy.

— *En français dans le texte*, 2e édition, 2000. Méthode autodidactique pour affermir sa maîtrise du vocabulaire et des structures du français.

— *Manuel pratique de terminologie*, 4e édition, 2002.

— *Une grammaire pour écrire – Essai de grammaire stylistique*, 2e édition, 2007.

HORGUELIN, Paul. *Structure et style*, 1985.

— *Traducteurs français des XVIe et XVIIe siècles*, 1996.

HORGUELIN, Paul et Louise BRUNETTE. *Pratique de la révision*, 3e édition, 1998.

LAVALLÉE, François. *Le traducteur averti – Pour des traductions idiomatiques*, 2005.

LECLERC, Jacques. *Le français scientifique – Guide de rédaction et de vulgarisation*, 1999.

ROULEAU, Maurice. *La traduction médicale – Une approche méthodique*, 1994.

— *La traduction médicale – Livre du maître*, 1996.

— *Initiation à la traduction générale – Du mot au texte*, 2001.

— *Pratique de la traduction – L'approche par questionnement*, 2007.

TREMBLAY, Gilles. *L'ABC du style publicitaire français*, 1982.

**Dictionnaires et vocabulaires**

CAIGNON, Philippe. *Vocabulaire et cooccurrents de la comptabilité*, 2001.

COHEN, Betty. *Lexique de cooccurrents – Bourse et conjoncture économique*, 1986.

DUBUC, Robert. *Vocabulaire bilingue de la publicité*, 1991.

DUGAS, Jean-Yves. *Dictionnaire universel des gentilés en français*, 2006.

MEYNARD, Isabelle. *Internet – Répertoire bilingue de combinaisons lexicales spécialisées anglais-français / Bilingual Inventory of Lexical Combinations English-French*, 2000.

POIRIER, Éric. *Le Bestiaire*, 1995. Dictionnaire anglais-français des expressions animalières, de leurs variantes et synonymes.

ROULEAU, Maurice. *Est-ce* à, de, en, par, pour, sur *ou* avec? *– La préposition vue par un praticien*, 2002.

**Collection Madeleine Bouvier**

DESCHÊNES, Louise. *L'âge de toutes les peurs – Poèmes*, 2006. Illustré par Corinne Poignant.

DUBUC, Lucie. *La maison – Poèmes*, 2002. Illustré par Corinne Poignant.

KERPAN, Nada. *Ressac – Poésie*, 2005. Illustré par Vladimir Krpan.

LAVALLÉE, François. *Quand la fontaine coule dans la vallée – Fables d'ici pour maintenant*, 2007. Illustré par Marie-Luce Lavallée et André Brassard.

LÉTOURNEAU, Lorenzo. *17 Eldorado – Le journal d'un chercheur d'or au Klondike 1898-1902*, 2006. Édité par le petit-neveu de l'auteur, François Gauthier, trad. a.

RECYCLÉ
Papier fait à partir de matériaux recyclés
FSC® C021757
FSC www.fsc.org

MARQUIS
Marquis imprimeur inc.
Québec, Canada
2010

Imprimé sur du papier Silva Enviro 100% postconsommation traité sans chlore, accrédité Éco-Logo et fait à partir de biogaz.

100%
PERMANENT
BIO GAZ ÉNERGIE